U0139571

华章经管

HZBOOKS | Economics Finance Business & Management

资 本 的 游 戏

拯救欧元
德拉吉时代

MARIO DRAGHI
L'ARTEFICE

LA VERA STORIA DELL'UOMO
CHE HA SALVATO L'EURO

[德] 亚娜·兰多
Jana Randow
　　　　　　　著　雷曜 译
[意] 亚历山德罗·斯佩恰莱
Alessandro Speciale

机械工业出版社
China Machine Press

图书在版编目（CIP）数据

拯救欧元：德拉吉时代 /（德）亚娜·兰多，（意）亚历山德罗·斯佩恰莱著；雷曜译 . -- 北京：机械工业出版社，2021.4
（资本的游戏）
ISBN 978-7-111-67882-3

I. ① 拯… II. ① 亚… ② 亚… ③ 雷… III. ① 马里奥·德拉吉 – 访问记 ② 欧元 – 货币政策 – 研究 IV. ① K837.125.34 ② F825.00

中国版本图书馆 CIP 数据核字（2021）第 057303 号

本书版权登记号：图字 01-2021-0697

Jana Randow, Alessandro Speciale. Mario Draghi l'artefice: La vera storia dell'uomo che ha salvato l'euro

Copyright © 2019 Mondadori Libri S.p.A., Milano

Simplified Chinese Translation Copyright © 2020 by China Machine Press. This edition is authorized for sale in the People's Republic of China only, excluding Hong Kong, Macao SAR and Taiwan.

拯救欧元：德拉吉时代

出版发行：机械工业出版社（北京市西城区百万庄大街 22 号　邮政编码：100037）
责任编辑：杨熙越　李昭　　　　　　　　　责任校对：殷虹
印　　刷：大厂回族自治县益利印刷有限公司
开　　本：170mm×230mm　1/16　　　　　版　　次：2021 年 4 月第 1 版第 1 次印刷
书　　号：ISBN 978-7-111-67882-3　　　　印　　张：14.5
　　　　　　　　　　　　　　　　　　　　定　　价：69.00 元

客服电话：（010）88361066　88379833　68326294　　投稿热线：（010）88379007
华章网站：www.hzbook.com　　　　　　　　　　　读者信箱：hzjg@hzbook.com

Mario Draghi
l'artefice

目　录

Mario Draghi
l'artefice

前　言

　　我很荣幸为本书撰写前言，介绍马里奥·德拉吉（Mario Draghi）作为欧洲中央银行⊖（European Central Bank, ECB）行长的卓越贡献。

　　马里奥对欧洲央行乃至全球经济的特殊贡献是什么呢？完整的答案就在这本由亚娜·兰多（Jana Randow）和亚历山德罗·斯佩恰莱（Alessandro Speciale）精心撰写的书中。

　　我认为，这归功于他的三大管理特质：智慧、正直和超高的领导力。

　　他有智慧。为什么人们亲切地称他为"超级马里奥"？很简单，他非常聪明。

　　管理覆盖 19 个不同经济体、人口超过 3.4 亿、GDP 达 11 万亿欧元的欧洲央行绝非易事。它所需要实现的通货膨胀（简称通胀）目标，是以所有成员国的平均水平度量的，而这些国家往往处于经济周期的不同位置。

　　⊖　中央银行简称央行。

更为复杂的是，欧洲央行执行单一监管机制。这就要求监管职能和货币政策职能既保持真正的相互独立，又能够协调运作。

欧洲央行确实是一个独特的机构。马里奥以其敏锐的技术洞察力，以及高超的智慧和外交技巧，有效且出色地驾驭了这一机构。

为什么他的六字真言"不惜一切代价"被认为是欧洲央行历史上最有力的六个字呢？简单地说，这是由于马里奥的正直和信誉。正如我当时在场感受到的那样，这句话一掷千金，既体现了他卓越的才能，又代表了他全力追求的美好前景：欧洲货币联盟（European Monetary Union）及欧元区经济的未来。

大家总是希望从他的言论中汲取智慧。马里奥和我都曾在世界各地参加过许多首脑峰会和其他会议。在每一次会议上，人们都盼望马里奥能够消除各方的矛盾，准确指出问题本质，并提出一针见血的解决办法。

他在制定经济政策时，遵循了他早期的导师、著名意大利经济学家费代里科·卡费（Federico Caffè）所倡导的方法，即"将理论分析框架作为实践的指南"。

是什么让他成了一名富有魅力的领袖？他带领欧洲央行，甚至在某种意义上带领整个欧元区度过了一场关键的危机（实际上是一场关乎生死存亡的危机）并使其变得更加强大。

如果你这样评价马里奥，他的第一反应一定是说这些成就不属于他，而属于整个欧洲央行及其全体成员。这种风度、慷慨、勇气和信心正是他领导力的突出特点。

我非常喜欢阅读这本关于我的朋友马里奥的著作。正如但丁所说，美好生活不能缺少朋友。

致朋友，致马里奥！

克里斯蒂娜·拉加德（Christine Lagarde）

Mario Draghi
l'artefice

译 者 序

从三次危机看欧元面临的挑战和机遇

从出版社得到这本马里奥·德拉吉职业传记的英文草稿还是在 2019 年 10 月。快速浏览一遍，可以看出，这位欧洲央行第三任行长的履历和众多欧美财金权威（如珍妮特·耶伦（Janet Yellen）、克里斯蒂娜·拉加德和亨利·保尔森（Henry Paulson））非常相似——于 20 世纪四五十年代出生，经历了欧洲战后恢复期和 60 年代横卷欧美的学生运动，接受过顶尖的经济学教育并曾全职从事学术研究，有跨欧美主要国家、跨政商两界的历练。而特别的是，他 2011～2019 年的八年任期跨越了欧洲三次经济金融危机。从行动上看，德拉吉不断加码非常规货币政策措施，最终采取了量化宽松和负利率政策。政策效果毁誉参半，虽挽救了濒临崩溃的欧元，但始终没有让欧元摆脱"没有国家主权"的尴尬身份。

可以说，马里奥的经历给我们提供了一个从欧洲看西方乃至全球金融治理格局的极佳视角。我当然欣然接下了翻译重任。可惜，由于原书是在英文草稿基础上以意大利语正式出版的，我们到 2020 年 4 月才收到从意大利文版再次转换的英文稿。翻译的任务在全球新冠疫情不断发展的背景下开始推进。

欧洲为了谋求更大的"战略自主",近年来一直希望提振欧元的国际地位,进而推进欧洲一体化,以增强经济和金融弹性,防范美国的制裁。但是,欧元发展面临着先天的结构性缺陷、缓慢的改革、欧元区内部复杂的结构性制约因素以及新冠疫情引发的经济长期衰退趋势。世界银行发布的报告《2021年全球经济展望》显示,继2010年以来全球债务猛增之后,新兴市场和发展中经济体的债务规模进一步提增,构成了新的风险。本书从欧洲央行行长的独特角度,对欧洲主权债务危机以来欧洲央行的应对措施加以回顾,重新审视了金融财政危机交叉传导、非常规货币政策干预、结构性改革协同等难点焦点问题,可以为疫情后的复苏提供参考。

为了更好地理解本书,可以对10来年欧洲经历的三次经济金融危机加以回顾。

国际金融危机给欧洲金融市场带来了巨大冲击。2007年美国次级房贷增速见顶并开始迅速恶化,8月就波及了欧洲,法国巴黎银行(BNP Paribas)旗下的三只对冲基金难以估值并停止兑付。美国第四大投资银行雷曼兄弟(Lehman Brothers)破产,引发全球金融危机,也将欧洲经济带入自20世纪30年代以来最严重的衰退。⊖以意大利为例,根据彭博的数据,在截至2015年的五年中,意大利银行的不良贷款增加了85%,至3600亿欧元,约占贷款总额的18%,其中坏账占近12%,面临全面崩溃的风险(见图0-1和图0-2)。⊜直到2016年,修复意大利银行业的资产负债表仍然是"促进新贷款和支持经济复苏的首要任务"。⊜

⊖ 欧盟委员会2009年的报告《欧洲经济危机:原因、后果和应对措施》(*Economic Crisis in Europe: Causes, Consequences and Responses*),https://ec.europa.eu/economy_finance/publications/pages/publication15887_en.pdf.

⊜ 金融时报,https://www.ft.com/content/921dee0a-4737-11e6-b387-64ab0a67014c.

⊜ 国际货币基金组织官网,https://www.imf.org/external/pubs/ft/scr/2016/cr16223.pdf.

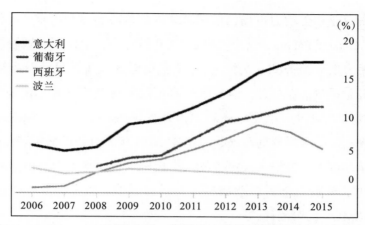

图 0-1　2006 ～ 2015 年意大利、葡萄牙、西班牙和德国银行不良贷款占
　　　　贷款总额的比重

资料来源：路孚特 Datastream，金融时报。

图 0-2　2006 ～ 2015 年意大利银行的坏账占贷款总额的比重

资料来源：路孚特 Datastream，金融时报。

　　随之而来的是，财政刺激使欧洲各国预算加剧恶化，引发多个国家主权债务危机。欧盟于 2008 年 11 月 26 日启动了欧洲经济复苏计划（European Economic Recovery Plan，EERP），该计划的财政刺激规模约占欧盟 GDP 的 5%，目标是通过协调一致地向经济注入购买力，辅以战略投资、提振商业和劳动力市场的措施，来恢复信心和提升需求。乔治·帕潘德里欧（George Papandreou）政府 2009 年秋宣布，上任政府做假账掩盖了希腊已无力偿还债务的真实情况。[一]人们这时才发现，尽管希腊经济只占欧盟经济总量的 2% 左右，但希腊政府不仅要在公共财政上面临每年 310 亿欧元的巨大缺口，还要偿还对国内外各种机构的债务约 3000 亿欧元。由于政治和财政领导层的分歧，希腊于 2015 年 6 月依旧面临着主权违约。希腊领导人将责任推给了公民投票，而投票结果拒绝了当时提出的救助计划，增加了希腊完全离开欧洲经济与货币联盟（Economic and Monetary Union，EMU）的可能性。[二]

尽管 17 个欧元区国家在 2010 年投票建立了欧洲金融稳定基金（European Financial Stability Facility，EFSF），但外围成员国与德国之间的主权债券收益率利差仍不断上升，主权债券信用评级不断降低，欧洲主权债务危机在 2010～2012 年达到顶峰。问题最为严重的是葡萄牙、意大利、爱尔兰、希腊和西班牙。以希腊为例，其 2010 年的预算赤字、政府债务总额占 GDP 的比重均明显高于往年（见图 0-3 和图 0-4）。

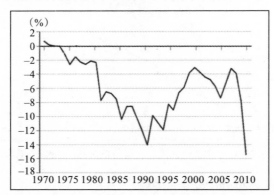

图 0-3　1970～2010 年希腊预算赤字占 GDP 的比重

资料来源：经济合作与发展组织 2017 年数据。

[一]　Gibson H D，Hall S G，Tavlas G S. The Greek Financial Crisis: Growing Imbalances and Sovereign Spreads. Working Paper 124，Bank of Greece，Athens，2011.

[二]　Roos J. Why Not Default: The Political Economy of Sovereign Debt. Princeton University Press，2019.

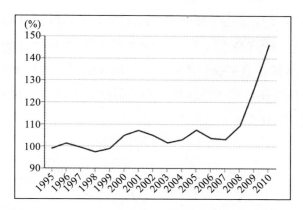

图 0-4 1995 ～ 2010 年希腊政府债务总额占 GDP 的比重

资料来源：欧盟统计局 2017 年数据。

对金融危机和主权债务危机的应对导致欧洲经济进入停滞状态。为防止希腊背弃其对外债务，欧盟其他成员国联合欧洲央行和国际货币基金组织筹备了有史以来规模最大的国际紧急贷款。"先后三项救助计划附加的苛刻条件，加速了希腊经济的下滑，使其陷入深度萧条，失去了几乎 1/3 的经济产出，1/4 的人口失业。"这是和平时期发达资本主义经济经历的最严重的收缩之一。

欧洲央行处于欧元体系和单一监管机制的核心，也处于欧洲危机冲击的核心。对欧洲央行运行机制及其货币政策也可以做简单的概括。

在第二次世界大战后，欧洲社会普遍认为，只有依靠一体化才能对抗极端民族主义的恐怖破坏力。欧元于 1999 年 1 月 1 日由 11 国创立，以 1 ∶ 1（1.1743 美元）取代欧洲货币单位⊖，目前是 19 个成员国的共同货币和世界第二大货币。欧盟委员会主席让 – 克洛德·容克（Jean-Claude Juncker）曾说："欧元已经成为团结、主权和稳定的象征。"

⊖ 欧洲货币单位（European Currency Unit，ECU）是欧洲经济共同体使用的会计单位，由一篮子成员国货币组成。

欧元汇率在发行之初（2000 年 10 月 26 日）曾跌至 0.83 美元，但是自 2002 年底以来一直高于 1 美元，2008 年 7 月 18 日曾达到 1.60 美元的峰值。2009 年欧洲遭遇主权债务危机后，欧元跌回至发行价附近，引发了建立欧洲金融稳定基金等一系列稳定和增强欧元的改革。欧元汇率的月度均值变化情况如图 0-5 所示。

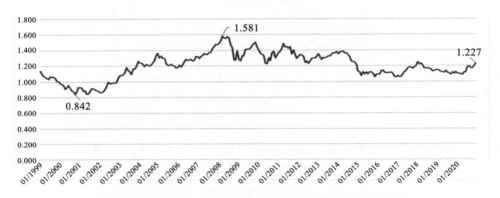

图 0-5　1999 ～ 2020 年欧元 / 美元汇率变化情况（月度均值）

资料来源：欧洲央行。

从组织机构设置看，欧洲央行竭力平衡各成员国利益和整体利益。欧洲央行的决策机构是理事会（Governing Council），由执行委员会（Executive Board）的 6 名成员加上欧元区 19 个成员国的央行行长组成。㊀根据《欧洲联盟条约》，一旦理事人数超过 18 人就必须实施轮换制。㊁

㊀　根据欧洲央行官网，理事会每月召开两次例会，评估经济和货币发展情况，每六周举行一次新闻发布会，详细解释货币政策决定。

㊁　欧洲联盟宪法基础的两项主要条约是《欧洲联盟运行条约》(TFEU) 和《欧洲联盟条约》(TEU)。1992 年的《马斯特里赫特条约》为《欧洲联盟条约》的旧版本，现行版本是继《里斯本条约》2007 年修订之后于 2009 年生效的。立陶宛于 2015 年 1 月 1 日加入欧元区，触发了轮换制度。条约规定 19 个成员国的央行行长轮流持有在理事会的表决权。欧元区国家根据其经济规模和金融部门的大小被分成两组：第一组是排名前 5 的国家（目前是德国、法国、意大利、西班牙和荷兰），享有 4 个投票权；第二组是其他 14 个国家，拥有 11 个投票权。目前，理事会共有 21 个投票权，欧洲央行执行委员会的 6 名成员拥有永久投票权（共 6 个），19 个成员国的央行行长轮流享有投票权（共 15 个）。

从职责设置看，欧洲央行的创始原则之一是将财政政策和货币政策严格分开，欧洲央行的主要目标是维持价格稳定。欧洲央行的决策者作为非民选（直接任命）的技术官僚，唯一的任务是保持物价稳定，这也是德国央行长期运行的准则。欧洲央行被禁止为欧元区各国政府融资，因此政治家就不能指望欧洲央行在经济困难时刺激经济或购买主权债务。

从政策工具看，欧洲央行理事会主要依靠设定三大政策利率来影响经济的融资状况。银行以再融资利率获得欧元体系提供的抵押融资，以更低的存款利率向欧元体系进行隔夜存款，以高于再融资利率的边际贷款利率从欧元体系获得隔夜信贷。由此，边际贷款利率和存款利率就分别是银行间隔夜利率走廊的上下限。

自 2007 年金融危机爆发以来，欧洲央行不得不采取越来越多的非常规货币政策措施。在危机的第一阶段（2008 ~ 2010 年），欧洲央行的主要任务是维护流动性。此时金融机构之间的信用拆借难以进行，欧洲央行以固定利率向银行提供无限制的信贷，将到期日大大延长，并扩大了抵押品的合格范围。

在危机的第二阶段（2010 ~ 2013 年），在成员国融资条件存在巨大差异之下，欧洲央行极力维护欧元的存续。希腊主权债务危机被认为是自 2001 年阿根廷创纪录违约以来最大的主权债务危机。人们担心希腊的无序违约可能会破坏欧洲银行体系的稳定，导致金融危机蔓延至负债累累的欧元区外围国家。英国脱欧公投等事件进一步加大了问题银行筹集资本、消化不良贷款的难度。欧洲货币和财政当局不得不开始设立救助机制。欧洲央行通过创新证券市场计划（Securities Markets Programme）、非常长期的再融资操作（very long-term refinancing operations，VLTROs）和直接货币交易（outright monetary transactions，OMT），行使了"最后贷款人"的职能。欧洲央行正式建立单一监管机制，直接监管 120 家重要性银行。欧盟一方面通过设立欧洲稳定机制（European Stability Mechanism，ESM）为成员国提供财务援助，另一方面通过签署《稳定与增长公约》，希望将25 个成员国（捷克和英国除外）的结构性财政赤字控制在本国国内生产总值的 0.5% 以内。

在危机的第三阶段（2013 年开始），欧洲央行开始关注信贷紧缩和通货紧缩的风险。基于欧元区通货膨胀率将长期保持在 2% 以下的判断，欧洲央行理事会决定实施负利率存款便利，将存款利率下调至 −0.10% 来维持利率走廊；实施定向长期再融资操作（targeted longer-term refinancing operations，TLTRO）支持银行放贷；实施涉及私人和公共部门证券的资产购买计划（Asset Purchase Programme，APP），对利率期限结构施加下行压力；积极对市场开展前瞻性指引。在"杰克逊霍尔共识"和欧洲法院将货币政策自由裁量权授予欧洲央行之后，欧洲央行行长马里奥·德拉吉公布了总额至少为 1.1 万亿欧元的扩大资产购买计划（Expanded Asset Purchase Programme），即欧元区量化宽松计划。2016 年 3 月，欧洲央行将其每月从各类公共机构购债的规模从 600 亿欧元增加至 800 亿欧元，将公司债券纳入购买范围，并向银行提供新的四年期超低价贷款。

自 2007 年金融危机爆发以来，欧洲央行的存款利率、再融资利率这两大主要利率的变化如图 0-6 所示。

新冠疫情发生时，德拉吉已经交班。新任欧洲央行行长拉加德面临的首先是以欧元国际化支持欧洲一体化的任务。2020 年 9 月，欧盟委员会发布了一份促进资本市场联盟的新行动计划，目的是降低欧盟内部融资成本、简化税收程序、统一包括破产制度在内的各项政策。11 月 20 日，拉加德在欧洲银行业大会开幕致辞中呼吁，在后疫情时代，缔结资本市场联

⊖ 全称《欧洲经济货币联盟稳定、协调与治理公约》(*Treaty on Stability, Coordination and Governance in the Economic and Monetary Union, TSCG*)，也称为"欧洲财政公约"。

⊖ "杰克逊霍尔共识"（Jackson Hole Consensus）是指 2014 年在美国怀俄明州的杰克逊霍尔召开的经济政策讨论会上形成的观点，其中以欧洲央行行长德拉吉发表的讲话最受关注。它是在经济学理论和制度上达成的新共识，主要强调总需求、反周期投资和财政政策的重要性，这与"华盛顿共识"和"柏林观点"的紧缩政策背道而驰，却为 2015 年欧洲央行开启的量化宽松铺平了道路。

盟并非选择，而是必须，并希望为进一步推动金融一体化和全面的资本市
场联盟铺平道路。2021 年 1 月 19 日，欧盟委员会提出了一项新战略，希
望通过加强欧元的国际参考货币地位，加强欧洲经济和金融体系的开放
性、实力和弹性，更好地使欧洲在全球经济治理中发挥领导作用。⊖

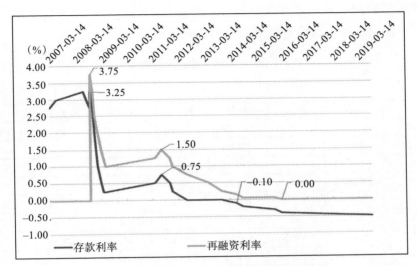

图 0-6 2007～2020 年欧洲央行主要利率

资料来源：欧洲央行。

欧元区货币政策同时还承担着应对新冠疫情对全球经济和全球化的冲
击的任务。2020 年 3 月 18 日，欧洲央行宣布了一项 7500 亿欧元的大流行
性紧急采购计划⊜（Pandemic Emergency Purchase Programme，PEPP），以
帮助经济体降低借款成本并增加欧元区的贷款。

然而，要实现真正从危机中复苏并完成这两大任务，欧洲央行要面临
以下挑战。

首先，欧洲存在财政负债过重、过度依赖银行间接融资、企业破产难

⊖ 欧盟委员会官网，https://ec.europa.eu/commission/presscorner/detail/en/ip_21_108.
⊜ 欧洲央行官网，"Our response to the coronavirus pandemic"，https://www.ecb.europa.
eu/home/search/coronavirus/html/index.en.html.

等社会深层次问题。中共中央政治局委员、国务院副总理刘鹤认为："超出收入能力的过度财政负债和福利主义相应成为一种习惯，这种习惯在政府和民间相互影响，其破坏力在目前的欧债危机中得到充分体现。"⊖欧元区成员国主权债务一直居高不下，自有疫情以来持续上升，与经济就业形势等形成强烈反差。无论是以希腊、爱尔兰为代表的成员国，还是德国、法国等强国，其主权债务规模一直都在不断增加（见表0-1）。

表 0-1　2008 ~ 2019 年部分欧元区国家政府总债务规模

（10 亿欧元）

年份	德国	法国	希腊	爱尔兰	意大利	葡萄牙	西班牙
2008	1 668.52	1 370.33	264.78	79.62	1 738.52	135.48	440.62
2009	1 785.14	1 607.98	301.06	104.69	1 839.11	154.01	569.54
2010	2 112.59	1 701.12	330.57	144.23	1 920.66	180.00	649.15
2011	2 149.49	1 807.96	356.24	189.73	1 973.48	201.46	743.04
2012	2 225.87	1 892.54	305.09	210.04	2 054.70	217.16	889.91
2013	2 211.42	1 977.73	320.50	215.35	2 136.18	224.08	977.31
2014	2 213.57	2 039.88	319.63	203.38	2 202.95	230.06	1 039.39
2015	2 188.40	2 101.26	311.73	201.62	2 239.36	235.75	1 070.08
2016	2 171.65	2 188.48	315.01	200.62	2 285.63	245.24	1 104.55
2017	2 122.25	2 258.62	317.48	201.25	2 329.36	247.17	1 145.10
2018	2 073.59	2 314.88	334.72	205.88	2 380.95	249.26	1 173.35
2019	2 057.17	2 380.04	331.07	204.20	2 409.90	249.99	1 188.86

资料来源：国际货币基金组织世界经济展望数据库，2020。

危机后欧洲复苏远慢于美国，社会、文化、经济、政治交织，严重拖慢了银行和企业资产负债表的修复速度。2010 ~ 2016 年欧元区失业率始终在 10% 以上（见表 0-2），远高于同期世界平均失业率，加剧了社会问题。

⊖　刘鹤.两次全球大危机的比较研究 [M].北京：中国经济出版社，2013。

表 0-2　2009 ～ 2016 年欧元区的失业率、GDP 和 CPI 同比　　（%）

年　份	失业率（%）	GDP（10 亿美元）	CPI 同比（%）
2008	7.6	14 151.4	3.3
2009	9.7	12 922.3	0.3
2010	10.2	12 650.8	1.6
2011	10.2	13 638.0	2.7
2012	11.4	12 646.7	2.5
2013	12.0	13 193.8	1.3
2014	11.6	13 512.3	0.4
2015	10.9	11 674.1	0.2
2016	10.0	11 970.3	0.2
2017	9.1	12 672.1	1.5
2018	8.2	13 686.0	1.8
2019	7.6	13 361.5	1.2

资料来源：国际货币基金组织世界经济展望数据库，2020。

　　结构性改革是解决危机的三大支柱中的治本之策，⊖但往往会使部分人的利益受损，在经济、金融市场和政治下行周期推进结构性改革更易引发社会动荡。在危机缓解后，又会出现压力不足进而动力不足的情况，使"病去如抽丝"的结构性改革往往难以落实或推进缓慢。各主要经济体为应对危机推出的临时性减税或补贴、量化宽松乃至负利率等政策往往会在缓解危机的同时掩盖结构性改革的必要性和紧迫感。

　　其次，在成员国经济社会发展极不平衡的条件下，"没有国家主权"的欧元政策面临着结构性创新困难。欧盟各成员国在关键改革中面临的利益集团阻力不同，相应的做法、时间表和效果也大不相同。德国、法国、荷兰等更发达的国家和意大利、希腊等边缘国家在经济实力、产业结构乃至政治结构等方面都存在明显差异，加上难民危机、反全球化浪潮、新冠疫情引发的经济长期衰退趋势，部分成员国还需要照顾弱势群体或本国特有的社会政治生态。一般而言，更发达的国家倾向于紧缩政策以求经济稳定，边缘国家

　　⊖　另外两大支柱分别是资本性救助和流动性救助，又可分别称为自救和外救。

XVIII

倾向于宽松政策以求刺激经济甚至减缓政府快速更迭的势头。

因此，欧洲央行依然面临与成员国政府各自掌握财政政策制定权和关键改革的政治进程、手里缺乏主权信用作为支撑的窘境。例如，欧盟构建资本市场联盟的进展缓慢。实际上，由于存在集中协调和主权国家自主的两难困境，欧洲主权债务危机救助之初的一些条款由"三驾马车"⊖来宣布而非由受援国政府主动提出，就被认为是德国的意志而遭到抵制和诟病。欧洲央行设立的政策目标、组织机构和政策工具都将面临重重困难和挑战。

最后，长期忽视对私人债务的管控，使公共部门面临金融和实体部门危机扩散的挑战。通常认为，应在公共部门和私营部门之间设置防火墙，如《马斯特里赫特条约》就强调约束公共财政的资产负债表。中国人民银行行长易纲指出，在一定的条件下，主权债务危机和清偿金融危机是可以互相转化的。"为了救市，政府和中央银行承担了大量的债务，帮助一些机构渡过了难关，稳定了市场。但是，如果政府承担大量债务导致了主权债务危机的话，实际上有可能诱发新一轮的金融市场动荡。"⊜

在高风险机构处置层面，即使建立了"生前遗嘱"和自救（bail-in）规则，也很难执行。在国际金融危机后，面对巨大的道德风险和"大而不能倒"问题，国际金融治理体系希望高风险金融机构可按事前议定的程序，先用股权和债权依次清偿，再动用纳税人的钱。但在危机真正发生时，公共部门和私营部门之间的风险仍极易传染，自救规则仍面临挑战，危机救助最终依靠的是整个国家的综合实力。例如，爱尔兰政府债务在危机前仅为不到 GDP 的 30%，对银行的救助在短短两年内就将政府债务推高到 GDP 的 100%。

翻译本书的那段时间，正是中国全力抗疫取得战略性胜利的关键时

⊖ 欧洲"三驾马车"（European troika）指由欧盟委员会、欧洲央行和国际货币基金组织三方形成的决策群体，其起源可以追溯到 2010 年 5 月的希腊贷款计划。

⊜ 易纲. 关于国际金融危机的反思与启示 [J]. 求是，2010（20）：33-35。

期。作为与机械工业出版社华章公司合作的第七本书，感谢王磊、杨熙越和李昭老师的支持。这次利用业余时间投入翻译，同样得到了家人的全力"支持"——特别是3岁半的小女予扬占领了我几乎全部在家时间，这是翻译工作需要克服的两个困难之一。另一个困难是，从意大利文转译而来的英文带来不少挑战。本书第3章承老友中国人民银行办公厅罗延枫出手相助，译者序中的不少数据由中国人民银行研究局国际处张文婷帮助查找，特此致谢。

Mario Draghi
l'artefice

引　言

　　故事的开头似乎比较老套：一个有权势的人（通常是男性）凝视着办公室的窗外。接下来是对他脚下景色的令人惊叹的描述，通常饱含着与其重要职责及所面临挑战的共鸣。不过，恐怕马里奥·德拉吉不会花太多时间去考虑窗外景色伟大的象征意义。他的办公座位朝向房间的中心，美好的景色留给了坐在他前面的访客。他总是忙于公务，而且经常离开位于欧洲央行总部大楼 40 层的办公室外出工作，甚至根本不在法兰克福。

　　在某种程度上，这令人感到很遗憾，因为德拉吉办公室外的景色真是值得一看。这里是城市的金融中心，摩天大楼林立，但只有几座大楼高过了 185 米的欧洲央行总部大楼，所以整个环境令人印象深刻，却不咄咄逼人。法兰克福重建后的旧城坐落在金融城和欧洲央行孤零零的塔楼之间，很像一个毗邻古堡和大教堂的中世纪小镇，世俗和宗教的权威在各自的山丘上隔空相对。

　　远处，平缓的陶努斯山绵延不断，天空中的飞机像串珠一样排成一行降落在法兰克福机场。

在欧洲央行的玻璃和钢结构建筑旁边，一座铁路桥横跨美因河。铁轨通向一个繁忙的集装箱码头，这似乎在暗示这座金融城所依赖的实体经济，大部分都不在欧洲央行总部大楼上的德拉吉的视野之中。然而，如果有人真的认为实际情况就是如此，那么这位央行行长就会提醒他，过去6年欧元区创造了1000多万个就业岗位。德拉吉有资格说，他从内心深处从来没有忽视过实体经济。

这就是我们要介绍的全景照。此外，建议到访欧洲央行总部大楼南塔第二高层的游客注意发掘那些隐藏在办公楼装饰中的信息。

以文艺复兴时期的大幅欧洲地图作为会议桌的背景，可不是随随便便的布置。在德拉吉的前任让－克洛德·特里谢（Jean-Claude Trichet）任行长时，它就是办公室的重要装饰。办公室角落里一个矮架子上的大金币，是送给欧洲央行第一任行长、荷兰人维姆·德伊森贝赫（Wim Duisenberg）的礼物。它刻画了法兰克福的城市和美因河的景观，是17世纪晚期泰勒铸币的复制品。2011年，当特里谢将接力棒交给德拉吉时，德拉吉决定保留这些物品。3年后，他搬到欧洲央行新总部，仍然保留了这些装饰。现在它们还是办公室最引人注目的部分。

要想找寻德拉吉在欧洲央行工作8年所留下的特有印迹，就必须把目光投向角落，甚至要检查一下夹藏在书中的物品：德国《图片报》（*Bild*）送给他的著名礼物普鲁士头盔、一块装有2013年新发行的5欧元纸币的星形玻璃、一个半藏在低矮储物架上的雪铁龙汽车模型。

在执掌欧洲货币联盟的时代即将结束之际，德拉吉没有考虑太多自己会如何载入史册，但是关于他的贡献，我们通过一个物品可窥见一斑。在那幅欧洲地图下的一个边柜中有一块小银牌，那是他在最后一次正式访问布鲁塞尔时，欧盟议会赠给他的，上面写道："向拯救了欧元的马里奥·德拉吉致敬。"

历史可以证明，在面对自第二次世界大战以来最严重的危机之时，将19个不同语言文化、不同经济状况、不同法律政治制度的国家，像拼接最为复杂的拼图一样绑在一起，是欧洲自欧元创立以来最伟大的成就。目前，可以清楚地看到，这一地区的许多政治家甚至是广大人民群众似乎都悲观地认为，在这一自第二次世界大战灰烬中诞生的大胆的项目逐渐衰亡之际，德拉吉勇敢地提供了一条切实可行的道路来制止这一危机，并描绘出从危机中重生的愿景。

有人认为，德拉吉能做到这一切，主要是因为2012年夏天他在伦敦演讲时所说的"不惜一切代价"（whatever it takes）。考虑到当时希腊经济正面临毁灭性的打击，并"传染"到欧盟其他国家，欧元似乎已经没有未来，德拉吉的成就更成为神话般的传奇。实际上，他所做出的这一承诺影响非常深远。许多人认为这是欧洲危机的转折点。用德拉吉的导师斯坦利·费希尔的话来说，这是"绝妙的一击"。

如果拉近镜头仔细观察，画面就变得更复杂了。严格地说，作为第三任欧洲央行行长，拯救欧元并不在这位意大利经济学家的工作职责范围内。根据欧盟法律，德拉吉的任务是维持欧元区的物价稳定。正如官方定义的那样，通货膨胀"在中期内低于但接近2%"（尽管你可以说，如果没有欧元作为单一货币的话，所有这些努力都毫无意义）。从这个角度来看，德拉吉远不如前任特里谢和德伊森贝赫成功。在德拉吉的任期内，欧元区的平均通货膨胀率仅为1.2%，而从1999年到他接任时的平均通货膨胀率则恰好为2%。

这位意大利人不得不负责收拾70年来最严重的衰退这个烂摊子，包括避免欧元崩溃和抗击通货紧缩，以及连带的一切问题。没有人能责怪他不够努力：他推出了其他大型央行从未尝试过的负利率政策，完成了超过2.5万亿欧元的资产购买，以极其优惠的条件向银行提供了巨额贷款，尝试了基于现代货币政策设计出来的大多数新工具，还在一个由若干争吵不休、分歧重重的主权国家组成的不平衡经济体中，扩展了政策工具的应用边界。

一开始，批评人士（他们主要受到德国央行传统货币理论的影响）警告称，欧元区充斥廉价货币，最终会将欧洲央行带入通货膨胀失控的困境。当通货膨胀失控的情况没有出现，价格增速反而下滑至零及以下时，批评人士坚称通货紧缩并不是真正的风险。可以想象，如果欧洲央行（特别是德拉吉）听凭德国强硬派灌输关于德国20世纪20年代恶性通货膨胀的集体记忆，忘记随之而来的通货紧缩实际上支持了纳粹的上台，那么会发生什么。

可以确定的是，由于期望不断降低，经济学家的通货膨胀噩梦不会真正发生。尽管欧洲央行采取了所有刺激措施，但物价上涨的速度仍似蜗牛一般。这一危机表明，维持通货膨胀率略低于2%的政策还不足以保证欧元正常的存续发展。

正如德拉吉经常说的那样，欧洲需要的是经济增长。在这一方面，人们对目前局面的判断无疑更为正面。欧元区已经挽回了在两次衰退中的损失，失业率创出历史新低，各国国内支出和投资稳步上升。德拉吉在2019年夏天的讲话㊀中说：“现在很难得出悲观的结论，因为目前形势正在明显向好。”

不过，故事的另一条主线就不由欧元区决定了，且这条故事线明显不那么乐观。美国难以预测的政治议程、全球贸易战的发展演化、中国从进口导向的国家转变为日益自力更生的全球大国、英国无序脱离欧盟的风险加大㊁——这些因素都在经济上留下了印记。在一年多的时间里，政策制

㊀　Mario Draghi: Press conference following Governing Council meeting. 25 July 2019. https://www.ecb.europa.eu/press/pressconf/2019/html/ecb.is190725~547f29c369.en.html.

㊁　本书原书出版于2019年，当时英国尚未脱欧。

定者满足于观察事态的发展，他们称之为透过噪声观察。但在这个时候，有必要采取有效行动来确保欧元区的经济持续增长。

批评人士认为，自任期最后几个月开始的政策转变，是德拉吉的决策一直存在缺陷的证据。2017年，经济扩张的速度达到了近10年来的最高。但由于通货膨胀率仍然维持在较低水平，各方面都没有提出结束这次空前的货币刺激政策的要求。但欧洲央行政策的支持力度逐渐减弱，经济增长实际也已乏力。现在，欧洲央行的政策工具储备已经捉襟见肘，维持其效力的战略尚不明朗。这也使得欧洲央行在欧元区某些地区（如意大利和德国）的地位受到损害。

那么，与8年前上任时相比，德拉吉离任时的欧洲央行权威是否有所减弱呢？答案是很可能没有减弱。如果没有欧洲央行的支持，那么经济增长将会更加疲软，这一点几乎没有人会质疑。尽管有来自各个方面的威胁，但经济仍有望增长。当然，德拉吉留下的是几乎耗尽的政策工具箱。他留给继任者的主要任务之一，就是发明新的工具。但现在的欧洲央行比8年前更加强大。

现在，对欧洲央行的决断力及其独立做出重大决定的能力的任何怀疑，都已经被消除了。欧洲央行在地区领导者中具有很高的地位。（这种地位高到在政治家中形成了条件反射，即有困难就会求助于法兰克福。）欧洲央行的职权范围变大了，政策工具更加有力和多样化，内部组织已经升级至足以应对管理世界第二重要货币的挑战。

但在某种程度上，欧洲央行也更容易受到冲击。其原因首先是欧洲央行作为银行监管者，在金融机构陷入困境或破产时会面临声誉和法律的考验。其次是欧洲央行还持有数万亿欧元的政府债券，是债券市场上的"巨无霸"，其所做出的决定对各国财政乃至相关政治人物的选票都会构成直接影响。怀疑论者认为，这种影响力将削弱欧洲央行的独立性。不过，在某种程度上，所谓的独立机构永远是各国政府在经济陷入困境时的替罪羊。尤其是欧洲央行在做出决定时，还得从整体上考虑欧元区19个国家的利益。这意味着，在任何时候，总会有几个甚至更多国家在抱怨欧洲央行的决策。这是这个系统固有的不平衡性。

最初的问题仍然是悬而未决的：欧元还会继续存在吗？德拉吉真的拯救了欧元吗？"言之过早了"，聪明人可能会这样回答，但这个回答太敷衍了。让我们来评估目前的情况。

从某种程度上说，德拉吉自2012年夏天以来制定的所有政策都是他当年在伦敦提出的六字真言的后续。2003～2013年担任英国央行行长的默文·金（Mervyn King）曾说："要从整体上来看德拉吉在货币政策方面所做的工作。换句话说，不惜一切代价的表述，不仅仅是他用来应对危机的权宜说辞，实际上也是他整个任期的首要目标。"

欧元无疑更加坚挺了。欧元区不仅成功地保留了包括希腊在内的所有成员国，度过了其短暂历史上最严重的危机，还将成员范围扩大到了立陶宛和拉脱维亚。欧洲东部更多的国家也希望加入。一只旨在救助陷入危机的国家的基金已经到位并开始运作。至少在纸面上，各国之间建立了财政协调机制和财政纪律。目前，欧洲央行已对欧元区各地的银行进行了联合监管，以消除国别歧视。这种歧视曾让投资者怀疑任何一家银行的账目都隐藏着腐败。尽管人们担心欧元会在2012年消亡，但德拉吉和各国央行行长们完全不理会这一想法。"我们从不相信欧元会崩溃。"2012～2014年担任希腊财政部部长（简称财长）的雅尼斯·斯托尔纳拉斯（Yannis Stournaras）说。他后来成为希腊央行行长。

尽管在布鲁塞尔召开的无数次通宵峰会中，各国政要的努力取得了进展，但要提高货币政策的效率，仍有许多政治工作要做。欧元区仍然缺乏一个联合预算来平衡好年景和坏年景，银行业联盟不完整，资本、商品和工人在区域内的流动仍受到限制，这使得欧元区经济脆弱，内部的差异易被放大而不是被消除。

　　当出现问题时，投资者和商人（更不用说政治家）的自然反应仍然是躲在国内、缩减开支。是的，在德拉吉任期结束前约5个月举行的2019年春季欧洲议会选举，标志着对欧元持怀疑态度的民粹主义者的受挫。这表明，将欧洲大陆团结在一起的政策对欧元区3.4亿公民来说仍然很重要。但是，民族主义者传递出来的信息也具有强大的吸引力。"夺回控制权"，对这句口号产生共鸣的，是那些希望重新获得对自己事务的主权的人，他们对在布鲁塞尔或那些大国首都做出的决定总是表示怀疑。

　　德拉吉的祖国意大利的现状更是证明了这一点。意大利是欧元区第三大经济体和欧盟的创始成员国，但德拉吉的许多作为在这里却得到了褒贬不一的评价。相当部分的意大利人对欧元持怀疑态度，让德拉吉尤为担忧的是，许多高层政治人物也持有负面看法。

　　危机后席卷欧洲的民族主义浪潮是对暴露出的问题的回应，这在某种程度上是合乎逻辑的。在意大利发生的一切更有力地证明了这一点。经过一系列的改革和创新，意大利于1999年成为欧元区11个创始成员国之一，但政治和金融精英却无法充分利用单一货币为意大利的巨额债务提供廉价资金，也无法为意大利的商品和服务提供广阔的市场。

　　当危机来袭时，意大利已经经历了数十年的停滞，这成为民粹主义者得以成长的沃土。他们公开呼吁打破单一货币，或者破坏与单一货币有关的脆弱的规则。2018年选举后组建的政府由联盟党和五星运动党组成，这使得德拉吉这位领航意大利政坛20年的"航海家"几乎丧失了对意大利新政治精英的影响力。对于少数对他的想法感兴趣的人，比如总统塞尔焦·马塔雷拉（Sergio Mattarella）和总理府国务秘书贾恩卡洛·焦尔杰蒂（Giancarlo Giorgetti），他偶尔会提些建议，但这些建议往往很快就淹没在意大利喧嚣的政治讨论之中。政府里的其他人对德拉吉来说都是陌生人。为了安抚市场而被选任为财政部部长的是经济学教授乔瓦尼·特里亚（Giovanni Tria），而德拉吉与他从未见过面。

　　这又是一届不打算长期执政的意大利政府，最终被五星运动党和民主党之间同样脆弱的联盟所取代。

　　如果一定要给罗马传递一个紧急信息的话，那就是要小心意大利很可能是欧洲未来繁荣与否的关键所在。这与规模有关：意大利的经济占欧元区的 15%，但债务几乎占到 1/4。与希腊给邻国带来 3000 亿欧元的负担不同，如果投资者失去信心，意大利政府超过 2 万亿欧元的负债就将拉响警报。当意大利面临这样的危机时，就可能变成欧洲团结的终结地。

　　尽管德拉吉的"巴祖卡火箭筒"可以购买数万亿欧元的政府债券，强大到几乎可以向金融市场无限量注入流动性，但他和任何一位欧洲央行行长一样，都只能在欧元整体面临风险时才可以采取行动。归根结底，一个简单的事实是无法逃避的：意大利将不得不解决自己的问题，且不能依靠法兰克福的"奇迹之手"。

　　在危机期间，由于思想和政治意愿的缺乏，欧洲几近陷于瘫痪。此时，德拉吉不仅针对摆在桌面上的问题提出了务实的解决方案，更重要的是，他还提出了一个愿景，一个可以继续推进的思路。然而，尽管他之前的成功为他在欧元区领导人中赢得了威望，但这位欧洲央行行长还没有完美地将自己的联盟变得更加团结。

　　对德拉吉来说，欧元不仅仅是一项金融和经济事业。欧元代表的是欧洲统一的长期政治计划，是对 20 世纪上半叶蹂躏欧洲大陆的两次世界大战的回应，也是防止未来战争的"桥头堡"。这就是为什么，对他来说，谈论希腊退出、意大利退出或任何其他国家退出都是荒谬的、危险的。

　　更重要的是，要应对全球化，应对这个更加危险的世界带来的恐惧和挑战，欧元是唯一有效的措施的一部分。欧洲小国只要联合起来，就能获得更大的发言权。当然，这些小国注定要参与到竞争中去，因为历史的进程是在华盛顿等地方确定的。对于德拉吉这一代人来说，要解决欧元的疑虑和缺点，唯一现实的答案就是加快推进整合：

> "在以建设自由、和平、民主和繁荣的欧洲一体化为核心目标的政治框架中，货币联盟……有其符号象征与边界约束而自成一体，具有完整性并能发挥决定性作用。这是对这个世纪所经历的独裁、战争和苦难的独特反应……但时至今日，对很多人而言，这些记忆所激发的道路选择已经变得遥远且无关紧要，背后的理论基础也被过去十年金融危机所造成的苦难所破坏。走出危机并不重要。一些地方正变得故步自封，甚至还倒退了一小步。这就是为什么我们的欧洲项目在今天显得更为重要。只有继续向前推进，激发个人才能，促进社会公平，我们才能以民主的机制和团结一致的目标来挽救它。"⊖

这是年轻一代应该担负起来的任务。这一代人不像德拉吉那样，是在第二次世界大战留下的灾难记忆中成长起来的。这一代人生于和平年代，受益于 20 世纪 60 年代和 70 年代日益增长的社会和家庭财富。"毫无疑问，德拉吉是拯救欧元的人。这一遗产非常宝贵，但还有很多工作要做。"曾在奥巴马总统任期担任美国财政部副部长的内森·希茨（Nathan Sheets）说，"可惜德拉吉不能再连任 8 年。他的任务还没有完成。无论是谁接手，都要在巩固他的'遗产'方面发挥重要作用。"

德拉吉本人能否发挥作用，很大程度上取决于意大利的局势。许多人认为，如果意大利再次陷入周期性危机，他将在总理府基吉宫（Palazzo Chigi）或总统府奎里纳尔宫（Palazzo del Quirinale）发挥作用。如果真是这样，意大利在欧元体系中的地位将受到严重质疑，拯救欧元的任务将比 2012 年更加困难。

⊖　Mario Draghi: Europe and the euro 20 years on. 15 December 2018. https://www.ecb.europa.eu/press/key/date/2018/html/ecb.sp181215.en.html.

在欧洲央行任期即将结束之际，在决定下一步行动之前，德拉吉可能会希望休息一段时间。位于法兰克福40层楼办公室窗外的景色就要属于继任者克里斯蒂娜·拉加德（Christine Lagarde）。她是会被这美景所吸引并为之赞叹，还是在一眼略过之后埋头工作呢？如果新行长的工作能因这景色变得轻松一点，那就足够了。

Mario Draghi
l'artefice

| 第 1 章 |

马里奥，定了

　　当让－克洛德·特里谢离开一群欧洲领导人去打电话时，时间已经接近中午了。"马里奥，定了！"他大声说，声音里不仅显露出骄傲和兴奋，还有一种释然的感觉。经过几个月的考虑，安格拉·默克尔（Angela Merkel）、尼古拉·萨科齐（Nicolas Sarkozy）、西尔维奥·贝卢斯科尼（Silvio Berlusconi）和其他欧洲国家首脑刚刚签署了马里奥·德拉吉担任欧洲央行第三任行长的任命。特里谢正是这一人事决定的发布人。德拉吉是意大利人，在意大利政府、学术界、央行和投资银行业度过了漫长的职业生涯。他曾面临各种挑战，但总是游刃有余。

　　2011 年 6 月，欧洲正深深陷于危机之中。3 年前开始于美国的金融危机已经蔓延到银行体系之外，对世界经济的巨大打击足以载入史册，并与历史上著名的大萧条相提并论。各国为提振经济采取了代价高昂的刺激措施，并对财政部门的超支视而不见，使主权债务的偿付能力成为人们关注的焦点。希腊就是这样一个遭受重创的国家。于 2001 年才加入欧元区的希腊不得不承认其存在令人难以置信的预算赤字，投资者已经完全对其失去了信心。由于无法进入金融市场获得资金，希腊只能靠它欧洲邻居们的救助贷款维持生计，还必须满足进行痛苦的改革以及削减开支等条件。

欧元区对具备这一性质、规模和后果的危机完全没有准备。欧元区由 17 个国家组成，拥有一种共同货币，受欧洲央行的监管。但是，对维持欧元区统一和帮助其繁荣的关键权力仍保留在德国、法国、意大利、西班牙等国的政府中，欧元区也没有建立起维护其金融体系的关键机构，如统一的银行监管机构、针对陷入困境的国家和贷款人的救助基金。政治人士似乎更热衷于指责雅典的失误，还没有意识到现在真正需要的是采取行动。

在金融市场上，人们普遍认为希腊主权债务将要违约。这使得希腊主权债务违约保险的价格达到全球最高。将在 2011 年到期的希腊 10 年期国债，其收益率仅略低于 35%$^{\ominus}$。在雅典和希腊其他地区的街道上，危机就表现得更为具体了：工厂和商店关门，失业率迅速上升，经常爆发的数万人规模的暴力抗议使国家陷入瘫痪。在世界各地，大多数投资者和权威专家都认为，希腊能够留在欧元区的日子已屈指可数。

更让人担忧的是欧洲央行。欧元区越来越不像一个真正的货币联盟，越来越不像一个共享单一货币的经济联合体。银行只愿意持有本国债券，而抛售其他国家的资产。银行间的跨境融资正在枯竭。在德国和意大利，家庭和公司所负担的贷款利差开始迅速扩大。这表明，投资者和银行家不是认为某一个国家将要离开欧元区，而是根本不相信欧元还有未来。他们正在做最坏的打算。

在欧洲人中，特里谢对欧元绝对是深信不疑的，因为正是他帮助创造了欧元，并从 2003 年开始负责维护欧元。他在 2011 年夏天警告说："如今，

$\ominus$ 本书所有金融数据（包括汇率、股票和债券的价格、经济统计数据）均来自彭博（Bloomberg）。

'欧洲'及其带来的好处被视为理所当然。"他呼吁"量子跃迁"式地加强欧元区的规则和机制，以及"欧盟公民容易理解和分享的愿景"。[○]

　　欧洲需要一位真正的领袖，一位能够弥合地域差异、确保欧洲和欧元能够长治久安的人。在第二次世界大战结束66年后，国际社会将目光投向了德国总理默克尔。她在铁幕下长大，是一位新教牧师的女儿，也是赫尔穆特·科尔（Helmut Kohl）的支持者，并将有可能成为欧洲最有权力的政治家。但实际上，是德拉吉这位从未担任过民选职位的意大利技术官僚，被大多数人认为是拯救欧元的功臣。

　　他对加强和维持货币联盟的愿景，以及推动其政治领导地位的决心，从一开始就表现得淋漓尽致。在2011年6月初，在欧洲央行行长的任命听证会之前，德拉吉就告诉欧洲议会，债务危机"在真正考验欧洲是否具有采取一切必要措施确保经济和货币一体化成就的政治意愿"[○]。这当然是德拉吉希望立法机构表达政治决心的诉求，但他所选择的措辞很有趣。大约13个月后，德拉吉承诺，欧洲央行将"不惜一切代价"保护欧元，以度过最严重的危急时刻。

　　欧元是世界第二大货币，其历史并不长。1999年，欧元作为记账货币被引入欧洲11个国家。2002年，欧元的纸币和硬币开始流通。在德拉吉任期结束前，欧元作为19个成员国的共同货币，可以说成了一种维持和平的机制。人们认为，只有依靠第二次世界大战后的一体化，才能对抗极端民族主义的恐怖破坏力。1946年，带领英国度过战火的温斯顿·丘吉尔（Winston Churchill）就曾经宣布："有一种解决方案可以在几年后让整个

○　Jean-Claude Trichet: "Revitalising the European Dream: A Corporate View," speech in Brussels, 28 June 2011. https://www.ecb.europa.eu/press/key/date/2011/html/sp110628.en.html.

○　Mario Draghi: Written answers to questions posed by European lawmakers. 16 June 2011. http://www.europarl.europa.eu/sides/getDoc.do?pubRef=-//EP//TEXT+REPORT+A7-2011-0229+0+DOC+XML+V0//EN&language=EN.

欧洲……自由和幸福。这就是重建欧洲大家庭，或尽可能地重建欧洲大家庭，以提供一个和平、安全和自由的生活空间。我们必须建立起这样的欧洲合众国（United States of Europe）。" ⊖

　　现在的欧盟与丘吉尔设想的大不相同。作为一个国家联盟，欧盟不可能像美国一样以单一国家的模式发挥作用。但欧盟从 20 世纪 50 年代的欧洲煤钢共同体以及欧洲经济共同体起步，已经得到长足的发展。1992 年，欧盟根据《马斯特里赫特条约》（Maastricht Treaty）正式成立。《马斯特里赫特条约》还规定了共同货币的框架。1995 年，这一共同货币被正式命名为欧元。尽管危机引发了人们对欧元未来的诸多投机行为，尽管欧洲货币联盟存在着这样和那样的不足和挑战，但无论成员国决定退出甚至整个欧元项目被解体的可能性有多大，包括德拉吉在内的欧元建设者们都坚信欧元将继续存在。德拉吉经常说，欧元是"不可逆的"，退出欧元区的说法既不现实，也不负责任。

　　2011 年 6 月 24 日上午 11 时 52 分，在布鲁塞尔举行的为期两天的欧洲领导人峰会后，德拉吉被任命为欧洲央行行长。他是继荷兰政治人物兼经济学家德伊森贝赫和法国政府官员特里谢之后的第三任欧洲央行行长。在这一决定发布前历时两年的政治博弈中，人们普遍认为将是一位德国人而绝不是意大利人占据这一全球最具影响力的金融职位，但欧洲债务危机阻碍了这一进程。德国候选人、德国央行行长阿克塞尔·韦伯（Axel Weber）在特里谢任期结束前约 9 个月辞职，以抗议欧洲央行的非常规政策。此后，留下的这位仅有的竞争者前景已然明朗。顺便提一句，德拉吉也是这一职位第一个被提名的候选人。

　　2009 年 9 月底，意大利开始为德拉吉展开公开游说。尽管贝卢斯科

⊖　Winston Churchill: Speech delivered at the University of Zurich, 19 September 1946. https://rm.coe.int/16806981f3.

尼的第四届内阁和德拉吉之间仍存在许多分歧，但意大利外交部部长佛朗哥·弗拉蒂尼（Franco Frattini）表示，如果德拉吉成为欧洲央行行长，他的国家将"感到荣幸"。⊖

　　历数德拉吉所具有的优势，这似乎是一场没有希望的竞选。人们普遍认为，应该轮到德国来管理这个已经建立了13年的货币联盟，这是因为欧洲央行被认为是建立在德国央行蓝图之上的，它致力于稳定价格，并独立于政府行政控制。当时，默克尔已经赢得了萨科齐对德国候选人的支持。2010年3月，葡萄牙的维托尔·康斯坦西奥（Vítor Constâncio）被提名为欧洲央行副行长，进一步为韦伯铺平了当选之路。当时，还有一种观点，认为欧洲央行行长和副行长这两个职位应该在核心国家和外围国家、较大经济体和较小经济体、政治背景候选人和经济背景候选人之间找到平衡。⊖而作为欧洲最大的经济体，自1958～1967年瓦尔特·哈尔斯坦（Walter Hallstein）领导欧洲经济共同体委员会以来，德国就再也没有在欧洲机构把持过重要职位。1998年，欧洲央行选出了第一任行长并签下一名法国人作为继任者，德国没有提出候选人，而是换取了将欧洲央行总部设在德国法兰克福的机会。

　　到2010年春天，德国人的打算逐步落空。当时，希腊债务危机愈发严重，欧元区陷入了困境，更难以组织力量来挽回几年来全球金融危机造成的损失。金融危机的迹象首先于2007年出现在美国。当时次级房贷的增长达到了顶峰，并开始以惊人的速度恶化。危机在同年8月波及欧洲，起初是法国巴黎银行因无法对其持有的资产进行估值，叫停了

⊖　Steve Scherer: Italy Would Be 'Honored' if Draghi Were ECB Chief, Minister Says. Bloomberg, 29 September 2009.

⊖　Unnamed: Frankreich für Axel Weber als EZB-Präsident. Die Welt, 13 February 2010. https://www.welt.de/finanzen/article6377998/Frankreich-fuer-Axel-Weber-als-EZB-Praesident.html.

其三只对冲基金对客户的支付。危机持续发酵了一年，到 2008 年 9 月，美国第四大投资银行雷曼兄弟申请破产，引发了金融市场的全线崩溃、国际贸易的急剧下降以及随之而来的失业率飙升，使世界陷入了巨大的灾难之中，迫使各国政府和央行大规模干预以支撑经济。在欧洲，财政刺激使已经捉襟见肘的国家预算加剧恶化。希腊无力偿还债务，各国领导人正在筹备一次紧急峰会，欧洲央行官员也在里斯本举行了例行会议。到 2010 年 5 月 6 日下午，特里谢面临的最大问题是，欧洲央行是否准备购买希腊的债券。"我们没有讨论这个选项。"他回答说。⊖几个小时后，美国股市暴跌。道琼斯工业平均指数下跌近 1000 点，创下 1987 年股市崩盘以来的最大单日跌幅。决策者们普遍猜测是不是因为欧洲央行拒绝参与直接救助引发了股市崩盘。晚饭后，他们在私下里讨论了可能的选项。

欧盟的创始原则之一是将财政政策和货币政策严格分开，也就是将税收的征收和支出决定权与利率的决定权分离。这就是在欧元区，欧洲央行被禁止为各国政府融资的原因。政治家们不能指望欧洲央行在经济困难时刺激经济或购买主权债务。作为非民选而直接任命的技术官僚，央行决策者的唯一任务是保持物价稳定。这一原则在德国尤其受到推崇，德国央行就曾长期按照这一标准运行。

因此，韦伯在 2010 年 5 月的提议不同寻常。他在当晚第一个发言，建议欧洲央行购买政府债券。尽管韦伯几乎在提议的同时"退了几步"，声称这只是面临棘手问题时理论的、纯学术的解决办法，但这想法本身已经被提了出来。

特里谢从里斯本出发前往布鲁塞尔，第二天领导人会议将在那里举行。磋商进行了一整晚，到 5 月 8 日（星期六）的凌晨，各国元首准备宣布欧洲将设立一个紧急基金，以防止希腊的财政困境蔓延到整个

⊖　Jean-Claude Trichet: Comments in press conference following Governing Council meeting. 6 May 2010. https://www.ecb.europa.eu/press/pressconf/2010/html/is100506.en.html.

欧洲大陆。各国财长将继续在周日进行详细讨论，那时亚洲金融市场即将开盘。

会谈的时间安排本就极为紧凑，但一开始就被大大延迟。磋商原定于周日下午3点开始，但德国的沃尔夫冈·朔伊布勒（Wolfgang Schäuble）在抵达比利时首都后就被紧急送往医院。朔伊布勒在担任内政部部长期间，于1990年被一个精神错乱的人从背后开枪击中，此后一直依靠轮椅行动，健康状况最近一直不太好。年初，他接受的背部手术在伤口愈合方面存在严重问题，导致他在医院卧床数周，而服用的新药物又使他的呼吸出现了问题。由于朔伊布勒无法领导此次磋商，德国方面陷入了尴尬的境地。朔伊布勒的副手是约尔格·阿斯穆森（Jörg Asmussen），作为默克尔上一届社会民主党政府时期财政部留下的官员，他没有得到总理的授权。而接任的经济部部长赖纳·布吕德勒（Rainer Brüderle）也无法到达。默克尔紧急派出内政部部长托马斯·德迈齐埃（Thomas de Maizière）前往，他是1990年前德意志民主共和国最后一位也是唯一一位民选总理洛塔尔·德梅齐埃（Lothar de Maizière）的亲信和表亲。之后，默克尔在当天晚上9点召集了政府主要部门的部长到总理府，讨论如何在不违反现行法律的前提下来给予支持。

与此同时，各国央行行长正前往巴塞尔，参加由国际清算银行（Bank for International Settlements）举行的双月例会。会议地址就在火车站附近、国际清算银行总部对面的希尔顿酒店。这座酒店是瑞士建筑师马丁·布尔克哈特（Martin Burckhardt）在20世纪70年代建造的，是一座别具一格的塔楼。国际清算银行于1930年成立，其当时的任务是在第一次世界大战后负责结清德国的赔款，可以说是"央行的央行"。会议的气氛非常沉重。政策制定者们通常会愿意与等候在希尔顿酒店大堂的记者们交流几句话，此时却忙于进出大楼去参加七国集团（G7）和二十国集团（G20）的电话会议。他们默默地向在外面等候的记者们摇头，示意他们不会接受采访。在布鲁塞尔召开的欧洲财长会议已经持续到深夜，央行行长们在焦急地等

待消息。当时的法国财政部部长克里斯蒂娜·拉加德每半小时就会打一次电话，汇报进度。[⊖]

最初关于欧洲救援计划规模的数字是在晚上 10 点 30 分左右泄露给媒体的。这些数字可靠吗？在幕后推动协议达成的特里谢对长时间的谈判感到焦躁。午夜过后，在没有达成协议的状态下，惠灵顿的证券交易所开盘了。悉尼和东京市场开盘的时间也在凌晨 2 点默默地到来。欧洲央行准备宣布实施救援计划的消息，但并不想做第一个宣布消息的机构。到凌晨 2 点 08 分，各国财长终于握手达成一致，主持会议的西班牙经济和财政大臣埃莱娜·萨尔加多（Elena Salgado）领头冲到一间挤满记者的房间，紧随其后的是欧盟委员会经济和货币事务委员奥利·雷恩（Olli Rehn）。欧洲决定拿出 5000 亿欧元，国际货币基金组织另外提供 2200 亿欧元，来应对危机。1 小时后，欧洲央行承诺将购买政府和私人债务，提供长期银行融资，通过与美联储的互换交易向市场提供美元。随后不久，国际货币基金组织表示赞成这一决定。美国财长蒂莫西·盖特纳（Timothy Geithner）在一通私人电话中表示了祝贺，并提出愿意给予可能的任何援助。上午，默克尔将救援计划称作是"历史上独一无二的"。[⊜]

对这一揽子（至少是暂时性地）有助于遏制危机的计划，德国媒体在社论中做出了明显偏于负面的判断。德国《世界报》（*Die Welt*）当天就写道："在能想到的措施中，购买政府债券是对欧洲央行独立性最严重的侵犯。"[⊜]这些负面的反馈让特里谢大吃一惊，他在下午早些时候面对记者时进行了辩护。他强调，欧洲央行没有购买政府债券的压力，实际上欧洲央行在 2009 年 7 月就已经开始购买担保债券（covered bonds）了，而且保持

⊖　Richard Tomlinson and Sandrine Rastello: Strauss-Kahn Bailouts Give IMF Chief Popularity Over Sarkozy. Bloomberg, 26 January 2011.

⊜　Brian Parkin: Merkel Says EU Leaders Making 'Concerted Effort' to Save Euro. Bloomberg, 10 May 2010.

⊜　Martin Greive and Florian Hasseln: Woher kommt das ganze Geld für das Auffangnetz? Die Welt, 10 May 2010. https://www.welt.de/wirtschaft/article7563528/Woher-kommt-das-ganze-Geld-fuer-das-Auffangnetz.html.

了高度的独立性。⊖然而不久之后，当特里谢在一次电视采访中被追问当晚的细节时，传出了爆炸性消息。欧洲央行理事会做出的购买主权债务的决定并不是全体成员一致同意的。⊜这条消息只对那些密切关注央行的人有价值，他们知道理事会作为欧洲央行的决策机构通常不会对货币政策进行投票，而一旦做出共同决策，它就会希望每个理事会成员都能给予支持。

特里谢拒绝指认是哪位理事会成员特立独行，但这很快就不是什么秘密了。阿克塞尔·韦伯对德国《证券报》（*Börsen Zeitung*）表示："购买政府债券会带来重大的稳定风险，这就是为什么我对欧洲央行理事会的这一决定持批评态度，即使是在这种特殊情况下。"许多央行官员都喜欢这家报纸。⊜

就在 2010 年 5 月 10 日下午巴塞尔的一个阴霾天里，德国官员在欧洲处于危机之时扰动了天平，而德拉吉开始真正迈向欧洲央行一把手的位置。

意大利领导人不断加大公开支持德拉吉的力度，而德国总理府却保持着沉默，使得关于特里谢继任者的猜测在 2010 年年底开始升温。11 月，意大利前总理罗马诺·普罗迪（Romano Prodi）坚称，德拉吉应该得到这个职位，因为他是一个"聪明、诚实"的人。"我只想告诉你，德拉吉是最优秀的。"⊛时任总理西尔维奥·贝卢斯科尼在 2011 年 1 月加入了支持

⊖　Jana Randow and Zijing Wu: Trichet Says ECB Wasn't Pressured Into Buying Government Bonds. Bloomberg, 10 May 2010.

⊜　David Tweed and Simone Meier: Trichet Indicates Bond Purchases Not Supported By Whole Council. Bloomberg, 10 May 2010.

⊜　Jürgen Schaaf: Interview mit Bundesbankpräsident Axel Weber. "Kaufprogramm birgt erhebliche Risiken." Börsen-Zeitung, 10 May 2010 https://www.boersen-zeitung.de/index.php?li=1&artid=2010089001.

⊛　Flavia Rotondi and Lorenzo Totaro: Merkel Made Investors Fear 'Unthinkable Problems,' Prodi Says. Bloomberg, 26 November 2010.

者的队伍。当时，他在记者面前有些难为情地告诉默克尔，如果德拉吉得到这份工作，意大利"将感到荣幸"。⊖这本是默克尔提出自己候选人的最佳时机，但默克尔做了她最擅长的事——等待时机。而在法兰克福，韦伯正在考虑他的选择。

在幕后，德拉吉逐渐成为欧元的有力捍卫者。2010 年年底，在国际清算银行举行的一次闭门会议上，这位一贯沉着冷静的意大利央行行长几乎失去了耐心，因为他听到了新任美联储副主席珍妮特·耶伦对欧元最新的批评。

即便是今天，耶伦也坦承自己从来没有"对欧元抱有热情"。在央行行长们于巴塞尔举行的晚餐会上的坦诚对话中，她比媒体报道的更少有外交辞令。据当晚的两位在场人士称，她对欧元存在的问题进行了详细的阐述。再加上当时国际清算银行批评欧洲央行的非常规政策正在为未来的危机埋下隐患，德拉吉这位候任欧洲央行行长已经难以容忍了。他厉声说道："嘿，你的意见没什么帮助。"他的回答大致意思是："我们意识到风险了，但很明显我们必须为经济运行提供货币政策支持。作为评论者，不应该轻易地开口喊'狼来了'，并在 2 年甚至 10 年后说'看！早就说过会有问题'。应该以分析的方式提供意见。"⊜

韦伯将辞去德国央行职务的传闻出现在 2011 年 2 月 9 日上午，而韦伯此前也曾在内部暗示无意连任。这对默克尔来说是一个警钟。默克尔坚持认为，只有在他们面对面交谈之后，韦伯才会发表正式声明。在两天后的

⊖ Jeffrey Donovan: Berlusconi Says Italy Would Be Honored If Draghi Headed ECB. Bloomberg, 12 January 2011.

⊜ All unsourced quotes in this book were collected during interviews with some 60 officials past and present from central banks, governments, international organizations and financial institutions.

一次会议上，韦伯"表达了辞职的愿望"，默克尔接受了。[⊖]德国社会民主党在默克尔第二任期选举中成为反对党，要求默克尔对这次政治博弈的失败负责。德国外交部前部长、2017年就任德国总统的弗兰克-瓦尔特·施泰因迈尔（Frank-Walter Steinmeier）当时表示："默克尔让德国候选人悬而不决，现在韦伯就要承担后果。"[⊜]默克尔的犹豫不决可能是韦伯选择另谋他职的一个原因，但真正的原因在于韦伯拒绝接受欧洲央行自2010年5月以来开展的政府债券购买计划。而如果韦伯真的成为欧洲央行的负责人，他将不得不继续捍卫这一政策。韦伯在一次采访中解释道："欧洲央行行长扮演着特殊的角色。不过，如果他在关键问题上持少数意见，那对整个团队的信誉就会产生负面影响。"[⊗]

欧洲政界人士对这一出乎意料的转变感到惊讶。拉加德告诉记者，她对韦伯的退出感到"目瞪口呆"。德拉吉当时也不太确定是否会选择德国人担任欧洲央行行长。当时曾与他交流过这一问题的人回忆说，德拉吉非常清楚，成功的关键将是接受德国对执行价格稳定政策的强硬态度，同时向欧元区其他国家发出信号，表明他意识到了各国的担忧。

在韦伯辞职后的一周内，爱尔兰博彩公司帕迪·鲍尔（Paddy Power）给出了德拉吉接替特里谢的赔率，为4：9，对应的德拉吉被任命的概率为69%。[⊛]两个月后，德国开始提供支持。德国外交部副部长维尔纳·霍耶（Werner Hoyer）认为，德拉吉将成为一名"非常出色"的欧洲央行行

⊖　Press and Information Office of the Federal Government: Gespräch von Bundeskanzlerin Merkel mit Bundesbankpräsident Weber. 11 February 2011.

⊜　Veit Medick and Roland Nelles: SPD fordert Mitsprache bei Weber-Nachfolge. Spiegel Online, 11 February 2011. https://www.spiegel.de/politik/deutschland/reaktionen-auf-bundesbank-rueckzug-spd-fordert-mitsprache-bei-weber-nachfolge-a-745039.html.

⊗　Armin Mahler and Christoph Pauly: 'It Is Not Important Which Nation Puts Forward the ECB President.' Der Spiegel, 14 February 2011. https://www.spiegel.de/international/germany/spiegel-interview-with-axel-weber-it-is-not-important-which-nation-puts-forward-the-ecb-president-a-745350.html.

⊛　Simon Kennedy: Draghi Favorite to Succeed Trichet at ECB, Paddy Power Says. Bloomberg, 16 February 2011.

长，尽管他仍仅将德拉吉视为可能的人选之一。[⊖]5 月中旬，在法国总统萨科齐上任两周后，默克尔在接受一家报纸采访时对这位意大利人表达了热烈的欢迎。但她的支持并不是无条件的。她毫不含糊地表示，德国始终牢记着 20 世纪 20 年代的恶性通货膨胀，希望德拉吉接受这个国家所珍视的谨慎的货币传统。"我认识德拉吉。他非常有趣，也很有经验。他非常接近我们重视稳定的文化和立足实际的经济政策。德国将支持他作为欧洲央行行长的候选人。"[⊜]在被正式提名前，德拉吉回答了欧洲议会的提问，承诺奉行"渐进主义"政策，并会与前任一样"按实际需要调整政策"。[⊜]

德国部分公众和媒体贬低德拉吉，担心他可能按照意大利传统推行低利率政策，来支持南欧部分财政纪律不佳的国家。而默克尔对德拉吉可能采取的举措并不担心。两人在接下来的八年里建立起了密切的关系：当欧元临近深渊时，德国的怀疑态度有可能削弱欧洲央行的行动能力，这使得德拉吉从中受益；默克尔努力制定出一个摆脱危机的战略，这也让她受益匪浅。

5 月 11 日，意大利财政部部长朱利奥·特雷蒙蒂（Giulio Tremonti）证实，德拉吉是意大利推选的正式候选人。[⊕]六天后，由欧元区成员国财政部部长组成的欧元集团（Eurogroup）在布鲁塞尔的一次会议上对德拉吉表示背书支持。随后，欧洲议会在 6 月 23 日表示支持这一任命。

当德拉吉踏入法兰克福欧元塔 35 层转角处的新办公室时，对 1998 年

⊖　Tony Czuczka: Draghi Would Make 'Very Good' ECB Chief, Germany's Hoyer Says. Bloomberg, 15 April 2011.

⊜　Unnamed: Merkel stützt Draghi als EZB-Chef. Die Zeit, 11 May 2011. https://www.zeit.de/wirtschaft/2011-05/merkel-draghi-ezb-praesident.

⊜　Mario Draghi: Written answers to questions posed by European lawmakers. 16 June 2011. http://www.europarl.europa.eu/sides/getDoc.do?pubRef=-//EP//TEXT+REPORT+A7-2011-0229+0+DOC+XML+V0//EN&language=EN.

⊕　Alessandra Migliaccio: Tremonti Says He Supports Draghi's Candidacy to Head the ECB. Bloomberg, 5 May 2011.

成立的欧洲央行而言，已经没有时间可浪费了。

自德拉吉成为行长候选人以来的两年内，欧元区已经从与美国雷曼兄弟破产引发的大衰退（great recession）做斗争，转变为面临更多的本土问题。突然间，投资者开始意识到，希腊、意大利和德国这些国家只是共享了一种货币，它们的政府和银行可不一定会以同样谨慎的水平运作。银行（尤其是欧洲外围国家的银行）发放的大量不良贷款是家庭和企业无法偿还的，而且这些贷款往往根本就是不应发放的。随着各国政府推出大规模刺激计划以替代私营部门快速缩减的需求，主权债务在整个欧元区呈急剧上升态势，金融市场最薄弱的环节将要受到考验。继 2010 年的希腊、葡萄牙和爱尔兰之后，现在是西班牙和德拉吉所在的意大利。部分问题在于，投资者正把欧洲决定处理希腊债务的方式当作处理其他国家问题的模板。2011 年7 月，各国政府迫使债券持有人接受超过 50% 的损失。同时，被希腊媒体称为"三驾马车"的国际货币基金组织、欧洲央行和欧盟委员会联合起来，监督希腊按照要求实施改革，以使希腊的债务负担处于可接受范围。

在被正式提名为欧洲央行行长大概三周后，德拉吉警告称，欧洲危机已进入"新阶段"，他敦促政界人士拿出"清晰的"应对措施以阻止危机蔓延。金融市场的资金已经枯竭，私人和公共票据的再融资已经停滞，欧洲央行正在幕后研究如何将资金直接注入该体系以保持经济运行。在罗马，德拉吉在演讲时对听众说："现在，如果要管理好主权债务危机，就必须给出确定的方案，明确界定政治目标、政策工具的使用范围和可用资源的数量。主权国家的偿付能力不能停留在过去具备的条件上，而是要通过未来高速和可持续的增长来获得。今天的信贷成本就反映了这一新的现实。"㊀就在这之前，意大利债券和股票市场因担心本国难以削减债务而暴跌，将 10 年期债券收益率推至 1997 年以来的最高。造成德拉吉竞争对手退出的资产购

㊀ Mario Draghi: Speech at Annual Meeting of Italian Banking Association. 13 July 2011. https://www.bancaditalia.it/pubblicazioni/interventi-governatore/integov2011/en_draghi_080711.pdf?language_id=1.

买计划已经等待了大约 15 个星期，欧元区的央行官员们在缺少政府再次承诺完成相关职责的情况下，根本不愿意启动购买计划。

一封由德拉吉和特里谢联署的信函在 8 月初被送抵罗马。信中写道："意大利当局采取紧急行动对恢复投资者信心至关重要。"信中要求采取"重大措施"以支持经济增长、促进服务业自由化和恢复就业，同时建议意大利在此之前应平衡预算。㊀何塞·路易斯·罗德里格斯·萨帕特罗（José Luis Rodríguez Zapatero）在马德里也收到了类似的信件。此时，欧洲央行没有做出干预的承诺。大棒之下，没有胡萝卜作为补充，这是为了避免欧洲央行货币政策行动的独立性受到质疑，但其给予的暗示已经足够明显。

要说这封信没有得到基吉宫的认真对待，肯定是不合适的。实际上，在信函抵达意大利的当天（星期五），意大利总理贝卢斯科尼和他的财政部部长朱利奥·特雷蒙蒂就宣布，意大利将加快实施改革并减少赤字。周一，欧洲央行开始购买意大利和西班牙的债券。特里谢说："欧洲央行理事会欢迎意大利和西班牙政府所宣布的，在财政政策和结构性政策领域的新措施和改革……正是基于上述评估，欧洲央行将积极实施其证券市场计划（Securities Markets Programme，SMP）。"㊁

对欧洲央行来说，如果要使债券购买产生实际效果，这些承诺至关重要。但对贝卢斯科尼来说，这不过是一个空洞的承诺。几周后，他就降低了对高收入者的附加税，减少了对地区支出的削减幅度，并取消了降低养老金支出的措施。这又给央行官员们和投资者们上了一课：在形成法律之前，政治人物的承诺毫无意义。

秋季，在德拉吉赴任前不久，欧元区经济正处于衰退的边缘（在当时

㊀ Jean-Claude Trichet and Mario Draghi: Letter to Prime Minister Silvio Berlusconi from 5 August 2011, as published by Corriere della Sera on 29 September 2011. https://www.corriere.it/economia/11_settembre_29/trichet_draghi_inglese_304a5f1e-ea59-11e0-ae06-4da866778017.shtml?fr=correlati.

㊁ Jean-Claude Trichet: Statement. 7 August 2011. https://www.ecb.europa.eu/press/pr/date/2011/html/pr110807.en.html.

已经是欧元历史上最长的一次衰退），意大利也陷入了政治瘫痪。考虑到有证据表明贝卢斯科尼政府将可能下台，标准普尔和穆迪两大评级公司下调了意大利的债务评级。欧洲央行官员正在为降息和为欧元区银行提供新的紧急融资做准备。他们已经认识到，自当年早些时候开始加息以来，经济前景已经明显恶化。与此同时，欧洲央行购买国债的行动使另一名德国官员从欧洲央行辞职。欧洲央行六名执行委员会委员之一、首席经济学家于尔根·斯塔克（Jürgen Stark）宣布，他将于当年年底离开欧洲央行。

希腊陷入了更深的困境，全世界都在关注着它。在美国，政府刚刚通过了就业法案，以应对居高不下的失业率；美联储宣布将采取扭转操作（operation twist），以保持刺激措施流入经济。美国的决策者担心，欧洲不能阻止危机，并将把世界其他地区拖入灾难。正是在这种背景下，盖特纳9月在波兰弗罗茨瓦夫的一次会议上对欧洲同行表示，他们必须"做出选择"——解决欧元区的债务危机，并与欧洲央行合作，避免危机的蔓延和长期低迷。"从外面看，最具破坏性的不是关于更广泛的辩论和战略的分歧，而是各国政府和央行之间的冲突正在持续。"如果欧元崩溃的威胁不能被明确地消除，"届时，市场将不得不大量对冲不可能发生的低概率事件的风险，这将大大削弱正面建设的力量。"⊖

到2011年年底，从芬兰到马耳他，从爱尔兰到塞浦路斯，17个受益于稳定欧元汇率和快捷跨境贸易的经济体，都面临着巨大的风险。

希腊正踯躅于退出欧元区。希腊总理乔治·帕潘德里欧在同意了历史上最大的主权债务违约（2000亿欧元的债务重组将使希腊债务减半）4天后，宣布就希腊面临的最新救助方案举行全民公投。如果这一方案被否决，将意味着希腊与单一货币的决裂。萨科齐和默克尔就像被自己人打蒙了一样，赶紧把希腊领导人请到二十国集团领导人戛纳峰会。而正是在戛纳，马里奥·德拉吉首次以欧洲央行行长的身份出现在国际舞台上。

⊖　Jim Brunsden and Rebecca Christie: Geithner Says EU Must Avoid Leaving Its Fate With Others. Bloomberg, 16 September 2011.

Mario Draghi
l'artefice

| 第 2 章 |

接 受 挑 战

戛纳电影节（Cannes Film Festival）的举办场地被称为戛纳电影宫，位于城市的老港口，庞大，还略显丑陋。对于大多数聚集在戛纳电影宫的世界领导人来说，新一任欧洲央行行长几乎是一个未知的人物。这位温文尔雅的意大利人在过去的 25 年里一直是首脑会议和国际会议的常客，并以精明能干、沉默寡言、从容镇定而著称。对于那些还没有机会认识他的人来说，两周前在法兰克福发生的一件事让他们体会到了这个人的风格。

2011 年 10 月 19 日，德国金融之都的一个秋日，空气清新、白云朵朵，汽车、自行车和行人挤满了街道，街道像峡谷一样切分着密集的摩天大楼群。一股轻风把落叶吹散在法兰克福老歌剧院（Alte Oper）前的广场上。法兰克福老歌剧院是一座建于 19 世纪的大型歌剧院，现在是一个音乐厅和会议场所。这一天，黑色的汽车在大楼前排起长队，各路欧洲政治精英走下车来。有德国总理，有若泽·曼努埃尔·巴罗佐（José Manuel Barroso）、赫尔曼·范龙佩（Herman van Rompuy）和让－克洛德·容克（Jean-Claude Juncker）三位在布鲁塞尔掌管欧盟机构的高级官员，有来自欧洲大陆的众多政治家，甚至还有克里斯蒂娜·拉加德。3 个月前，她从法国财政部赴任国际货币基金组织总裁。从法兰克福老歌剧院向南几条街就到了欧洲央行总部所在地。法国政府前官员让－克洛德·特里谢结束了执掌欧洲央行的 8 年任期，正准备把这份当时世界上最困难的工作之一交给马里奥·德拉吉，所有人来到这里是为了参加特里谢的告别晚会。在晚会期间，两人花了很大一部分时间与欧洲领导人举行了另一场紧急会议，以进行危机磋商。为了参加这一在法兰克福举行的紧急会议，法国总统萨科齐甚至没有顾上正在巴黎分娩生下女儿茉莉亚的妻子卡拉·布鲁尼（Carla Bruni）。德拉吉对未来不抱任何幻想。那天晚上，他以少有的自信口吻说："我的朋友告诉我，我很少回避那些看似不可能完成的任务。"⊖ 他计划在 2011 年 11 月 1 日正式履职。

　　德拉吉在接受他有生以来最大的挑战之时，刚满 64 岁。或许可以说，做什么样的准备都难以让人真正面对拯救欧元的挑战——这一货币集 17 个不同国家的经济、政治和文化于一体，而德拉吉只能站在欧洲央行这样一个拥有极宽泛权力和极局限授权的非民选技术型机构的顶端。如果要为面对这种形势的人加以培训的话，德拉吉在 2011 年 11 月之前的职业生涯似乎就是非常合适的案例。

　　德拉吉出生于 1947 年 9 月 3 日。他的父亲卡罗曾在意大利央行和其他机构工作，母亲吉尔达·曼奇尼是一名药剂师。父母在他十几岁时就相继去世。几乎一夜之间，小马里奥发现自己变成了家里的老大，在一位阿姨

⊖　Jeff Black and Simon Kennedy: Draghi in Battle Mode From Day One as Debt Crisis Torments ECB. Bloomberg, 31 October 2011.

的帮助下照顾弟弟妹妹。"我记得在 16 岁的时候，我和一个朋友从海上度假回来。朋友回家后可以做他喜欢做的事，我却面临着一摞需要支付的账单。"在接受德国《时代周报》（*Die Zeit*）采访时，他曾少有地透露过自己的个人生活。[⊖]痛苦的经历使德拉吉坚定了从父母那里获得的"努力工作的信念"。这样的经历对于年轻人来说是沉重的负担，特别是在德拉吉所说的那个"只能接受一切"的年龄。避免"完全被短期困难牵着鼻子走"的能力，帮助他们走出了生活的困境。德拉吉和家人都努力过上了自己想要的生活：弟弟马尔切洛成了一名企业家，妹妹安德烈娜成了一名艺术史学家。

在第二次世界大战（简称二战）后，德拉吉和弟弟妹妹的成长环境很恶劣。和整个欧洲一样，第二次世界大战对意大利整个社会造成了极大的破坏。在物质上，盟军通过连续轰炸和激烈战斗缓慢而痛苦地向斯蒂维尔（Stivale）推进，使意大利大部分地区沦为废墟。在社会结构上，两年的内战把意大利人深深地割裂为两个群体：支持或至少同情法西斯政权的人，反对法西斯政权的人（包括受到广泛尊敬的游击队员，其中大多数是共产党人）。这些分歧留下了痛苦的伤疤，但很快被战后重建和经济繁荣所掩盖。

二战后，意大利发展迅速，可以与世界顶级经济体并驾齐驱。数以百万计的工人从意大利南部迁移到北部的工业中心，推动意大利成为欧洲制造业强国之一。高速公路开始在全国纵横交错，使这个以农业为主的欠发达国家逐步实现城市化。

尽管德拉吉在青年时期失去了父母，但他在整个社会积极乐观的氛围中成长，面临的几乎是无限的机会——只要你愿意付出努力。"我记得我

⊖ Giovanni di Lorenzo: Interview with Mario Draghi. Die Zeit, 15 January 2015. https://www.ecb.europa.eu/press/inter/date/2015/html/sp150115.de.html.

和大多数大学同学在毕业后都得到了很多工作机会。它们是由大学秘书处直接转交给我们的。"⊖

在 20 世纪 60 年代后期，和欧洲其他国家一样，整个意大利社会被学生运动所分裂，中产阶级出现了各种新诉求。德拉吉在情感上对 1968 年运动中的一些事件有所偏向，但从未真正认同过他们的观点和方法。就像他也留着长发，但没那么长。他对德国《时代周报》冷幽默道："先别说那些，我没有父母去反抗。"

十几岁的时候，德拉吉曾就读于罗马的马西莫学院（Istituto Massimo）。这是一所由耶稣会开办的高中，受到精英阶层的青睐。他记得法拉利首席执行官卢卡·科尔代罗·迪蒙泰泽莫洛（Luca Cordero di Montezemolo）和意大利电视明星吉安卡洛·马加利（Giancarlo Magalli）都是他的同班同学。马加利回忆说："学业要求非常严格。一大早就要做弥撒，一整天都要看书。"⊜德拉吉"非常有礼貌，受过良好教育，而且很有趣"。科尔代罗·迪蒙泰泽莫洛记得，德拉吉是一个"严肃的男孩"，同学们会在考试时向他求助，也会取笑他的着装过于精致。他说："马里奥从不衣着邋遢，他总是很整洁。我们这些在教室坐在他身后的人总想找出他装扮中的疏忽。但他总是那么完美、注重细节。"⊜德拉吉对学习努力的声誉总是很谦虚："同学的表扬太夸张了。我觉得自己从未做到过最好，根本没有过。我只是按部就班去上学而已。"⑩

耶稣会教育的印记是强大的。校长、哲学教授佛朗哥·罗齐（Franco Rozzi）神父总是喜欢向学生提问"为什么"。德拉吉也继承了这种向合作者提出尖锐问题的习惯，这也有助于形成特殊的纽带。德拉吉经常与

⊖　Giovanni di Lorenzo: Interview with Mario Draghi. Die Zeit, 15 January 2015. https://www.ecb.europa.eu/press/inter/date/2015/html/sp150115.de.html.

⊜⊜　Lorenzo Totaro and Simon Kennedy: Draghi Channeling Bradley Deploys Self-Reliance in Crisis at ECB. Bloomberg, 25 May 2011.

⑩　Giovanni di Lorenzo: Interview with Mario Draghi. Die Zeit, 15 January 2015. https://www.ecb.europa.eu/press/inter/date/2015/html/sp150115.de.html.

2004～2012年任欧洲央行理事会成员的何塞·曼努埃·冈萨雷斯－帕拉莫（José Manuel González-Páramo）在理事会晚宴上回忆他们的耶稣会经历。危机期间，德拉吉曾发现自己在凌晨4点与首任欧洲理事会主席赫尔曼·范龙佩、意大利总理马里奥·蒙蒂（Mario Monti）和西班牙首相马里亚诺·拉霍伊（Mariano Rajoy）在一个会议桌上研究最新的草案，范龙佩说："我们这4个耶稣会的学生正试图找到一个折中的办法——这肯定能行。"

在马西莫学院的篮球场上，德拉吉的打法模仿了篮球名将比尔·布拉德利（Bill Bradley）。布拉德利后来入选了名人堂并当选了美国参议员，他还曾效力于意大利米兰奥林匹亚队（Olimpia Milano）。德拉吉的前队友表示，布拉德利在细节上的驱动力和注意力同样也是德拉吉的标志。"他是一个完美主义者，绝对敢于竞争，富有团队精神。他总是会把这些精神带进他所有的工作。"电力贸易公司 Acquirente Unico 的首席执行官保罗·维杰瓦诺（Paolo Vigevano）说。⊖他曾是德拉吉所在球队的中锋。

德拉吉从马西莫来到罗马大学求学，于1970年毕业。他在著名经济学家费代里科·卡费的指导下，完成了题为"经济一体化与汇率波动"的毕业论文。⊜

将年轻的德拉吉转变为"超级马里奥"的这段经历是从他毕业后开始的。应弗兰科·莫迪利亚尼（Franco Modigliani）教授的邀请，德拉吉横渡大西洋，前往麻省理工学院攻读博士学位。在那里，他发现自己走在了经济思想的前沿，并接触到了不少这一领域最聪明的人。他的老师中

⊖　Lorenzo Totaro and Simon Kennedy: Draghi Channeling Bradley Deploys Self-Reliance in Crisis at ECB. Bloomberg, 25 May 2011.

⊜　Mario Draghi: Written answers to questions posed by European lawmakers. 16 June 2011. http://www.europarl.europa.eu/sides/getDoc.do?pubRef=-//EP//TEXT+REPORT+A7-2011-0229+0+DOC+XML+V0//EN&language=EN.

有五人是或后来是诺贝尔经济学奖获得者，其中包括他的两位论文导师莫迪利亚尼和鲍勃·索洛[⊖]（Bob Solow）。国际货币基金组织前首席经济学家奥利维尔·布兰查德（Olivier Blanchard）、欧洲央行前副行长希腊人卢卡斯·帕帕季莫斯（Lucas Papademos）以及意大利经济学家弗朗切斯科·贾瓦齐（Francesco Giavazzi）都是他的同学。芬兰著名经济学家、后来成为风险投资家的彭蒂·科里（Pentti Kouri）就是他的室友。2006 ～ 2014 年担任美联储主席的本·伯南克（Ben Bernanke）比他晚两年从这个学校毕业。

在麻省理工学院这样一个英才汇聚的学府中，生存并非易事。德拉吉回忆说："你每天都得为自己能立足而努力。"[⊜]当时，意大利经济学家的声望还没有达到最高水平，其他教职人员似乎都在背后埋怨莫迪利亚尼又招收一位同胞进来。德拉吉是最早改变这种成见的人之一。他最初是按照短期模式来学习的，在说服教授们相信他"值得留校"之后，他成了一名普通学生。在若干年后他又做了一次这样的事。当时，要做到这样，需要在课堂内外都付出艰苦的努力。身为玛丽亚·塞雷内拉·卡佩洛（Maria Serenella Cappello）的丈夫，德拉吉的奖学金只够支付学费和房租，其他的一切都得靠他额外努力挣钱。"幸运的是，麻省理工学院会安排学生参加教学工作并支付费用来帮助学生。后来，当我女儿出生时，我在离波士顿 40 英里[⊜]的一家电脑公司找到了一份工作。"当时，德拉吉通常一天要忙 18 个小时：上课、准备考试、写论文、教学和打工。"那真正教人知道什么叫作努力工作。"

这也是他多年来一直坚持的态度。他在欧洲央行一名最亲密的助手介绍说，德拉吉会阅读所有发给他的材料，并从一大早开始向工作伙伴们发送信息。"他是个不分昼夜的人，不需要太多睡眠。"

⊖　即罗伯特·索洛（Robert Solow）。鲍勃是罗伯特的昵称。

⊜　Giovanni di Lorenzo: Interview with Mario Draghi. Die Zeit, 15 January 2015. https://www.ecb.europa.eu/press/inter/date/2015/html/sp150115.de.html.

⊜　1 英里 =1609.344 米。

1977 年，德拉吉成为第一个获得麻省理工学院经济学博士学位的意大利人。他的论文题目是"经济理论与应用"，其中探讨的主题是短期稳定政策与长期计划之间的权衡——这将是他职业生涯中多次面临的问题。⊖
"马里奥很沉默，也很优秀。"他在学校的老师之一、诺贝尔奖获得者罗伯特·索洛说，"我原以为他会成为一名教授，在意大利成为享有很高学术声誉的经济学家。"⊜

从麻省理工学院毕业后，德拉吉继续他的学术生涯，先后在特伦托、帕多瓦、威尼斯和佛罗伦萨的大学任教。他也开始走出学术界。1983 年，他成为意大利财政部部长乔瓦尼·戈里亚（Giovanni Goria）的顾问。一年后，他被任命为意大利在世界银行的代表，这一角色将使他接触到未来几十年在无数峰会和会议上他必须面对的许多关键人物。维托尔·康斯坦西奥就是他早年的一位熟人，曾担任葡萄牙央行副行长，也是他未来在欧洲央行的第二号人物。

德拉吉也成了科赫宫（Palazzo Koch）的常客。科赫宫是一座新文艺复兴时期修建的宫殿，现在是意大利央行总部所在地。作为意大利央行的经济顾问，德拉吉分到了一间办公室，并能够出席董事会会议。在 20 世纪80 年代，他的地位得以稳步提升，他还担任了意大利财政部总干事的职位，这为他赢得了"超级马里奥"的绰号，成为全球金融界和政策界家喻户晓的人物。

在获得意大利总理朱利奥·安德雷奥蒂（Giulio Anderotti）任命后的10 年里，德拉吉的工作需要在技术驱动和政治驱动之间加以小心平衡。德拉吉是意大利政局变动中少有的常青树，曾在 10 届政府中任职——更确

⊖ Mario Draghi: Essays on economic theory and applications. November 1976. https://
dspace.mit.edu/bitstream/handle/1721.1/54263/04184143-MIT.pdf?sequence=2.

⊜ Jeff Black and Simon Kennedy: Draghi in Battle Mode From Day One as Debt Crisis
Torments ECB. Bloomberg, 31 October 2011.

切地说，按照一位老熟人的玩笑话，有 10 位财政部部长在他手下任过职。（实际上，他在任职期间曾与 11 届政府的 7 位财政部部长共事）。

在不到一年的时间里，财政部部长圭多·卡利（Guido Carli）重组了财政部，赋予了总干事更大的权力。德拉吉成了部长的得力助手，所有关键的投资组合都掌握在他手中。他在财政部的成就包括：整顿了整个部门并提高了其研究工作的质量，领导了意大利有史以来最大规模的私有化行动之一，管理并减少了意大利的巨额债务，推动通过了一项新的法律来监管意大利的金融部门。德拉吉还参与了《马斯特里赫特条约》的谈判以及欧元创立的筹备工作，为确保意大利在 1999 年成为欧元创始成员国发挥了重要作用。

除了语气还比较生硬之外，他当时的公开言论与他几十年后作为欧洲央行行长发表的言论极为相似。他在 1992 年 6 月说："意大利已经失去了制定预算政策的主权。"当时，意大利的债务快速上升，使得意大利在欧洲固定汇率制度中的地位岌岌可危。"考虑到意大利体系的对外脆弱性，除了修正预算之外别无选择，主要是因为意大利现有公共债务大大超过了GDP。"㊀但他的建议并未得到重视。市场将迫使里拉（和英镑）在 9 月退出当时作为欧元前身的机制。

德拉吉所承担的角色，尽管有技术官僚的味道，但完全是政治性的任命。由他在 1993 年至 2001 年担任主席的私有化委员会取得了重大成就。据估计，1992 年至 2001 年间，出售国有公司为意大利带来了 1020 亿欧元的收入。㊁在同一时期，意大利的公共债务从 1994 年占国内生产总值127% 的高位降低到 105%。

当时，德拉吉与盎格鲁－撒克逊金融精英的关系已经成为人们怀疑的对象。1992 年 6 月，他于意大利托斯卡纳南部的海岸登上了伊丽莎白

㊀　"Draghi: 'Riacquisirela sovranita su bilancio.'" Ansa, June 5, 1992.

㊁　Treasury ministry: Libro bianco sulle privatizzazioni. April 2001. http://www.dt.tesoro.it/export/sites/sitodt/modules/documenti_it/finanza_privatizzazioni/finanza_privatizzazioni/Libro_bianco_privatizzazioni_4603028-1-136.pdf.

女王的皇家游艇"不列颠尼亚号"。他在游艇上发现了一批来自意大利国有企业的高管。这些国有企业都是可能被很快出售的企业，从石油巨头埃尼（ENI）到电话公司 STET，从高速公路运营商 Autostrade 到保险公司 Generali。高管们受邀于伦敦的投资银行，包括华宝（Warburg）、巴克莱（Barclays）和巴林兄弟（Baring Brothers）。德拉吉代表财政部部长卡利出席了游艇上的会议，在发表了简短的演讲后就上岸了。意大利国有企业的高管们则留下来跟随游艇出海，积极向银行家们推介他们企业的情况。

游艇会议大获成功，来自伦敦金融城的银行家们承诺将在意大利投资。这一事件深深地印在许多意大利人的脑海中，他们认为德拉吉与国际金融界的亲密关系令人怀疑。2001 年，他在财政部的任职结束后的新职业增加了人们的疑虑。

德拉吉在哈佛短暂任职后，于 2002 年 1 月 28 日被任命为高盛（Goldman Sachs）国际业务部的董事总经理兼副主席。这对于一位政府前高官来说是一份美差，因为他只要利用在意大利以及世界各地企业家和政治精英中的广泛人脉关系，就可以发掘出新的业务机会——尽管他明确表示不会开发政府客户。

这在很多方面都是一种文化冲击。对于习惯走意大利政治"钢丝"的人来说，高盛以交易为核心的行为模式看起来似乎很野蛮。德拉吉不愿意只是做花瓶或者只是说点场面话，他希望从内部了解交易员和银行家是如何工作和思考的。"我们每周一和周四都会与交易员们开会。"当时担任高盛首席经济学家的吉姆·奥尼尔（Jim O'Neill）表示，"我记得马里奥有一次问我：'你认为他们会介意我偶尔过来吗？这样我就可以从他们那里了解到发生了什么事。'我告诉他：'相反，他们会非常高兴的。'"

2004 年 11 月，德拉吉加入了高盛的全球管理委员会。这是一个 20 多人的组织，其中有时任首席执行官并于后来任美国财长的亨利·保尔森。

早上，德拉吉总是乘坐地铁去伦敦办公室，而不是坐公司付费的豪华轿车。

在高盛3年的工作经历，使德拉吉获得了一种罕见的能力，能够理解金融市场是如何思考和行动的，这是大多数具有政府工作和学术背景的央行行长所缺乏的。"他过去就很强大，但这之后就更加令人敬畏了。"一位长期密切关注德拉吉职业生涯的人说。与在欧洲央行的两位前任特里谢和德伊森贝赫相比，德拉吉在投资银行业的工作经历让他"对事情有了更好的视角"。

在欧元区危机期间，德拉吉谙熟投资者的意图，这将在他应对可能使欧元崩溃的动荡时，起到至关重要的作用。

尽管德拉吉在高盛获得了宝贵的经验和知识，但他开始渴望重返公共部门。2005年，他在与一位老熟人于纽约共进晚餐时，就礼貌地询问过是否有潜在的任职机会。那时，在罗马出现了一个头条丑闻，为他提供了一个合适的机会。

1993年，在卡洛·阿泽利奥·钱皮（Carlo Azeglio Ciampi）成为意大利总理后，安东尼奥·法齐奥（Antonio Fazio）接替了钱皮的意大利央行行长职位。在20世纪60年代初，法齐奥也是莫迪利亚尼在麻省理工学院的旁听生，比德拉吉到那里大约还早10年。不同的是，他没有留下来成为一名正式学生。他回到科赫宫，开发了意大利央行的第一个经济计量模型，并进入了精英汇聚的研究部门。1990年左右，当德拉吉作为经济顾问进入意大利央行时，法齐奥已经升任副总干事了。1993年，当需要选择新行长的时候，他从毕业以来整个职业生涯都在为意大利央行服务的事实，成为他击败竞争者兰贝托·迪尼（Lamberto Dini）和托马索·帕多阿·斯基奥帕（Tommaso Padoa-Schioppa）的关键因素。

身为意大利央行行长，法齐奥最初表态支持总理西尔维奥·贝卢斯科尼的经济政策。但到了 2005 年，他与这位媒体大亨主持的政府及其经济助手朱利奥·特雷蒙蒂意见相左。这一年 7 月，贝卢斯科尼旗下的《意大利日报》（ *il Giornale* ）公布的窃听记录显示，他支持安东维内塔银行（ Banca Antonveneta ）的国内收购要约，这导致他在政界和舆论的压力下辞职。（法齐奥最终在 2012 年被判入狱。）

　　早在 2003 年，意大利央行的声誉就因为未能发现帕玛拉特公司（ Parmalat ）破产背后的财务欺诈而蒙上阴影，现在它的声誉进一步受到了损害。尽管过去存在分歧，贝卢斯科尼还是求助于德拉吉，以恢复意大利央行的公信力——这家机构是意大利为数不多的受人尊敬的机构之一。同时，曾与德拉吉密切合作的钱皮现在已经是意大利总统并备受国人尊敬，这帮助德拉吉在 2006 年大选竞争进入白热化之前就获得了贝卢斯科尼的支持，并最终得到意大利央行行长的任命。

　　德拉吉于 2005 年 12 月 29 日正式就职。他给科赫宫带来了一丝现代感，在人们的办公桌上增加了黑莓手机和互联网。与过去划清界限的标志不止于此。法齐奥是一位激进的天主教徒，他的办公桌上挂着一幅布满箭头的圣塞巴斯蒂安的肖像。而德拉吉则选择了意大利艺术家的抽象作品。他还带来了他标志性的管理风格：充分放权。一个流行的办公室笑话是："德拉吉在哪里？反正不在这里。"

　　在上任 5 个月后，德拉吉第一次在年度股东大会上发表了总结讲话。这也是央行行长每年一度的高光时刻。他以确定而平淡的口吻说道："收购银行控股权的审批，在收购方将收购计划提交给银行董事会之前，无须再报告意大利央行。"这一政策可以在演讲文件的第 18 页⊖看到，事前并没有大肆宣扬。德拉吉取消了意大利央行在控制、指导意大利银行业发展方面的重要权力。过去，正是这一制度安排让法齐奥享受到权力的滋

⊖　Mario Draghi: Speech at the ordinary general meeting of shareholders. 31 May 2006. https://www.bancaditalia.it/pubblicazioni/interventi-governatore/integov2006/en_cf_2005.pdf?language_id=1.

味，也最终因此而下台。当然，意大利央行仍然保留了对银行并购行为的否决权。

2007 年 11 月，锡耶纳牧山银行（Banca Monte dei Paschi di Siena）宣布以 90 亿欧元从西班牙桑坦德银行手中收购安东维内塔银行。如果收购完成，该银行将成为意大利第三大银行集团。考虑到收购价很高，意大利央行要求锡耶纳牧山银行先行募集更多资金，以便完成收购。⊖这一要求就发生在全球危机全面爆发几个月前，后来受到了广泛赞扬。若非如此，这家世界上历史最悠久的银行原本希望获得的新资产，将很快以巨额债务的形式出现。

随着美国次贷危机在全球金融体系中蔓延，锡耶纳牧山银行被迫采取了一些遮遮掩掩的行动，以维持生存。意大利央行的检查人员发现了锡耶纳牧山银行账户中的一些异常情况，并在 2010 年 8 月要求该银行筹集更多资金。这场纷争的内幕在很久以后才显露出来。意大利政府被迫投入数十亿欧元救助锡耶纳牧山银行，截至本书撰写之时，意大利政府仍持有该银行的多数股权。尽管德拉吉本人并没有被指控有任何不当行为，但立法者仍批评德拉吉没有更早、更有力地干预。2013 年，当记者问及德拉吉对这家陷入困境的银行的监管时，他说："意大利央行已经尽了一切努力。"⊜

作为意大利央行行长，德拉吉也是欧洲央行理事会的成员。理事会是欧洲央行的决策机构，由欧元区各国央行行长和在法兰克福负责日常业务的 6 个执行委员会成员组成。凭借他出色的学术背景和欧元区第三大经济体的影响力，德拉吉有能力促进理事会凝聚共识，但他更倾向于相对较

⊖　Carmelo Barbagallo: Banca Monte dei Paschi di Siena. Senato della Repubblica – Camera dei Deputati，12 July 2017. https://www.bancaditalia.it/pubblicazioni/interventi-vari/int-var-2017/Barbagallo-22112017.pdf.

⊜　Mario Draghi: Press conference following Governing Council meeting. 7 February 2013. https://www.ecb.europa.eu/press/pressconf/2013/html/is130207.en.html#qa.

少地干预。他在会议期间经常休息处理其他事务的习惯没有帮助。他当时的一位同事说："他没有完全发挥他的影响力，不是在行动的质量上，而是在频率和决断力上。"他很少反对多数人的观点，即使是在欧洲央行于2011年春季和夏季两次加息的时候——当时欧元区正处于衰退的边缘。很快，作为欧洲央行行长的德拉吉就不得不解除其作为意大利央行行长签署的决定。

进入科赫宫不久，德拉吉获得了另一个身份——他被任命为金融稳定论坛（Financial Stability Forum）的主席。金融稳定论坛是由七国集团于1999年成立的组织，汇集了世界顶级的金融和货币当局。2009年，当美国次贷危机使世界陷入1929年以来最严重的衰退时，德拉吉被要求领导金融稳定论坛向金融稳定委员会（Financial Stability Board）转型。金融稳定委员会的国际代表范围更广，其中包括发展中经济体。

金融稳定委员会由国际清算银行主办。这家位于瑞士巴塞尔的机构由60家央行所有，产出约占全球的95%，负责为世界金融体系提出建议。用一位央行人士的话来说，德拉吉"出色地"在短时间内建立了金融稳定委员会。他率先进行了所谓的《巴塞尔协议Ⅲ》改革，旨在改善全球金融的稳健度和抗危机能力。他很快就确立了一些关键原则：银行需要留出更多的资本，必须有可靠的渠道获得流动资金，同时建立一种机制，允许金融机构有秩序地破产，而不让整个行业陷入困境。即使是在意图于全球范围内实施新规而进行的漫长谈判中，这些原则也没有被破坏。他在2008年10月对意大利参议院表示："新的金融体系将需要更多的资本、更少的债务和更多的规则。"这是他所总结的、以"结构性反应"应对危机的第一步。⊖

《巴塞尔协议Ⅲ》是全球应对金融危机的重要遗产之一，也是由世界

⊖　Mario Draghi: Testimony in front of the sixth committee of the Italian Senate. 21 October 2008. https://www.bancaditalia.it/pubblicazioni/interventi-governatore/integov2008/draghi_211008_en.pdf?language_id=1.

最大的国家组成的二十国集团最显著的成就之一。一位央行行长说，在确定改革目标并让所有人支持改革的过程中，德拉吉是"伟大的催化剂"。

当德拉吉忙于改写国际金融规则时，意大利国内正酝酿着新的麻烦。2009年，在希腊爆发危机两年后，欧洲主权债务危机开始在欧元区外围的其他国家肆虐，背负巨额公共债务的意大利陷入衰退。

贝卢斯科尼的财政部部长特雷蒙蒂和德拉吉的交往不多。特雷蒙蒂指责德拉吉等技术官僚放任经济脱轨；德拉吉则不厌其烦地提醒，甚至以命令的口吻告诫特雷蒙蒂和其他政治人物，经济结构的调整取决于他们。

2011年夏天，一封由德拉吉和特里谢签署、呼吁全面改革的信抵达罗马。这封信让贝卢斯科尼政府以及意大利各个阵营的政界人士感到愤怒，并被视为对意大利主权的侵犯，绝对不可接受——一个未经民选的技术机构怎么有权为主权国家制定政策呢？更何况这个政策将使6000万民众的处境雪上加霜。

一位当时参与政策制定的人士说："我们天真地以为这封信不会公开发表。"尽管发起人是特里谢，但意大利的愤怒集中在德拉吉身上。

德拉吉后悔参与联署吗？不。因为意大利央行随后执行的债券购买操作，必须在结构性改革同时进行的情况下才有效。否则，这将沦为投资者向央行抛售不良资产来赚钱的机会。在没有救助计划的情况下，写这封信是最好的选择。另外，欧元区各个成员国难道不希望得到保证——它们的钱不会被浪费吗？

事实证明，意大利形势的改善只是暂时的。由于投资者对继续持有意大利债券要求更多的溢价，并质疑该国在欧元区的未来乃至欧元的未来，贝卢斯科尼政府进一步陷入争吵和瘫痪中。正是在这样的背景下，德拉吉准备从罗马启程到法兰克福就职——他恰好进入了风暴中心。

Mario Draghi
l'artefice

| 第 3 章 |

危机初至

2011 年 11 月，马里奥·德拉吉抵达法兰克福。此前几天，欧洲似乎终于开始控制住债务危机了。形势仍然不稳定，但领导人已同意将区域救助基金（欧洲金融稳定基金）的"火力"提高至 1 万亿欧元，其中专为希腊预留 1000 亿欧元，并安排债务互换，以显著减少该国的债务。这一协议具有一定的迷惑性，似乎整个欧洲可以对已经暴露出货币联盟缺陷的危机不管不顾，仅仅专注于经济的重建。尽管协议在 10 月 27 日达成，但放松的感觉仅仅维持了 4 天，便被时任希腊总理的乔治·帕潘德里欧就新的财政紧缩承诺等问题举行的全民公投一扫而空。11 月 1 日是德拉吉担任欧洲央行行长的第一天。当这一天结束时，希腊 2 年期债券的收益率已飙升至 87%；与德国债券相比，10 年期的意大利债券利息攀升至欧元诞生以来的最高水平；欧洲 Stoxx 600 指数下跌了 3.6%；受几乎是两倍跌幅的银行股拖累，欧元下跌了1%以上。危机又重回火烧眉毛的地步。

　　爱尔兰和葡萄牙分别于2010年11月和2011年5月达成了救助计划，此时相对安全。但爱尔兰为陷入困境的国内银行提供了十分宽泛的政府担保，已花费了超过政府承受能力的资金。葡萄牙则成为深度经济危机的受害者，市场对其主权债务的信心已十分低迷，政府财力严重受损。而西班牙和意大利仍在挣扎中。

　　当德拉吉于11月2日搬进让－克洛德·特里谢的旧办公室时，墙上的油漆还未干。这只是这个俯瞰法兰克福金融区的转角套房有新住客的迹象之一。在欧元塔的其他地方，事务运转如常。政策会议正在准备中。

　　与此同时，欧洲领导人正涌向戛纳。在二十国集团峰会上，他们曾打算向全球各国领导人提出明确的计划，以消除历时两年之久的危机对全球经济的威胁。但实际上，紧急磋商仍在背对背的阶段。意大利背负着将近2万亿欧元的债务负担，正在加速失去金融市场的信任，而希腊也正步入深渊。法国总统尼古拉·萨科齐和德国总理安格拉·默克尔邀请希腊总理乔治·帕潘德里欧前来会晤。此前，他们与欧盟高级别官员们让－克洛德·容克、若泽·曼努埃尔·巴罗佐、赫尔曼·范龙佩以及国际货币基金组织总裁克里斯蒂娜·拉加德共商对策。待希腊总理帕潘德里欧进入房间，他们向他提出了包含六个要点的计划，其中最重要的一点就是：如果帕潘德里欧坚持要举行全民公投，那应该是对希腊保留或脱离欧元区的投票。这是欧元诞生以来第一次关于自愿退出欧元区的动议，也是欧洲领导人第一次表现出一定程度的挫败感，这已足以危及这个成立将近13年的货币联盟，因为一旦有成员国脱离欧元区，欧元能否继续存在将难以预期。这是一场帕潘德里欧未曾预料到的冒险。在全民公投被取消后的8天内，2010年前担任欧洲央行副行长的卢卡斯·帕帕季莫斯宣誓就职临时总理。他的任务是严格削减预算，以使救助资金能够流入，并保住希腊在欧盟的位置。

　　在法兰克福，德拉吉度过了他作为欧洲央行行长的第一个政策日。当登上发布台向媒体简要介绍理事会会议成果时，他告诉记者，欧元区将走向"轻度衰退"，决策者们刚刚决定降息。这两句话令观察员们感到惊讶。"他应该是第一位在衰退实际发生前说出这个词的欧洲央行行长。"经验丰富的欧洲央行观察员朱利安·卡洛（Julian Callow）沉思道。⊖他与绝大多数人一样，尽管知道内部一直在酝酿，但并未预料到当月就会降息。与外界猜测相反，并不是德拉吉推动了特里谢在 2011 年早些时候宣布的对放松加息的努力（在德国，越来越多人怀疑德拉吉将接受宽松货币政策），该提议是由欧洲央行即将卸任的首席经济学家、德国央行前副行长于尔根·斯塔克提出的。

已经很清楚的是，欧洲央行在下个月将被迫下调其增长预期。而且，为避免在 12 月采取更大的行动，大家已同意将利率按常规下调 0.25 个百分点。此时，理事会显然认为应采取行动，而且需要全体一致地做出决策。降息似乎正好说明德拉吉是欧洲央行中的"鸽派"。但实际上，对于增加债券的购入数量以降低政府借贷成本，他表示了拒绝。不仅是希腊，意大利也在承诺紧缩行动上步履维艰。

在戛纳，领导人们围绕在默克尔周围，试图说服这位欧洲最大经济体的总理。而在法国的这个晚上，美国总统巴拉克·奥巴马（Barack Obama）就是其中一位说客。奥巴马的专家们毫不犹豫地告诉他，美国双底衰退的唯一严重风险来自欧洲，这个理由比达成政治协议更能推动生成解决方案。

在磋商结束时，德国总理眼含泪水，因为欧元区看上去距分崩离析只有一步之遥了。⊖在默克尔的反对下，关于构建一道防火墙来抵御恐慌投资者的谈判以失败告终。贝卢斯科尼抱着骄傲与宿命论的混合情绪，固执地拒绝了德国和法国支持的保护意大利并将其纳入一项

⊖　Matthew Brockett and Gabi Thesing: Draghi Chooses ECB Rates Over Printing Press as Recession Looms. Bloomberg, 4 November 2011.

⊜　Peter Spiegel: How the euro was saved. Financial Times, 11 May 2014. https://www.ft.com/content/f6f4d6b4-ca2e-11e3-ac05-00144feabdc0.

800 亿欧元预防性计划的安排。他担心的是，如果向投资者发出的信号是意大利不能自行解决其危机，这带来的破坏将远远超出预防性计划的支持。

这是德拉吉担任欧洲央行行长后第一次出席 G20 峰会，也是他最后一次担任金融稳定委员会主席。欧洲的不作为加剧了正燃遍整个欧洲大陆的债务危机。

2011 年 12 月初，于尔根·斯塔克向政策制定者报告欧洲央行工作人员的最新经济预测。欧洲央行已做好充分准备，计划下调下一年度的增长预期。在欧元塔 36 层一个拥挤的房间里，理事会成员们围坐在一张木桌旁，拉上窗帘遮挡阳光，以便每个角落都可以看到大屏幕上的图表。他们讨论着全球需求如何减弱了，企业和消费者的信心如何显著地加剧了金融市场的紧张局势和股市暴跌。

将 2012 年的增长预期降低整整 1 个百分点是很重大的调整。这让人想起 2009 年全球经济衰退对欧元区的迎头重击，最终使其 GDP 下降了4.5 个百分点。在斯塔克提议保持利率不变后，辩论开始了。突然，会上出现了一个相反的建议——下调利率 0.25 个百分点。理事会成员、重量级智囊阿萨纳西奥斯·欧菲尼德斯（Athanasios Orphanides）强烈赞成再次降低借贷成本。欧菲尼德斯和德拉吉一样，拥有麻省理工学院的经济学博士学位，他曾是美联储理事会的高级顾问，之后他重返在欧元区仅超过马耳他和爱沙尼亚的第三小经济体塞浦路斯，并于 2008 年成为塞浦路斯央行行长。

两轮连续降息会有两种截然不同的解读。首先，利率将重归特里谢主导的两次加息之前春季时的水平。其次，更重要的是，这表明欧元区经济仍在困境中或将再次陷入困境，迫切需要刺激。在 2011 年，利率仍然是欧洲央行影响价格和增长速度的主要工具。用广义且简单的术语来讲，利率工具的工作原理是这样的：如果央行降低利率，金融机构将从央行借入更便宜的现金，理想情况下，公司和家庭的银行借款也将变得更便宜，支出和投资得到鼓励，经济活动回升，随之而来的还有通货膨胀。如果提高利率，则会发生相反的情况。

在经济濒临崩溃的环境中，降低利率的举措显得很有吸引力，但能否得到足够的支持就很难说了。德拉吉并不想把手里的这张牌打出去，而是让讨论放开进行。与德拉吉的风格不同，特里谢也许会在评估斯塔克的提议后，宣布自己的偏好并引导会议讨论。当按照斯塔克的要求将此问题付诸表决后，德拉吉委托理事会秘书皮埃尔·范·德·海根（Pierre van der Haegen）进行了清点。海根坐在行长左侧，仔细记录了会议的所有程序。根据他的清点，同意降息的人略多于一半。

在公布政策会议的结果时，德拉吉的表现并没有比 11 月第一次亮相时好太多。"第一个问题的答案为'否'。第二个问题的答案为'否'。第三个问题的答案为'我们从未事先承诺过'。因此，这是两个'否'和一个'从未事先承诺过'。"⊖欧洲央行新闻发布会通常会在彭博社和 CNBC 等商业频道上现场直播，在发布厅的媒体和全球的电视观众扬起了眉毛，发出了笑声。欧洲央行没有任何增加债券购买的打算，一些行长投票反对了降息，会议没有对下一步行动进行讨论。投资者很快便表示了失望。德拉吉是否放弃了他关于加强欧洲央行干预力度的承诺呢？

一周前，德拉吉第一次在布鲁塞尔参加了欧洲议会的听证会。此后，他还多次与欧洲议会以及欧洲议会经济和货币事务委员会进行交流。在听证会上，德拉吉先以四种语言（英语、法语、德语和意大利语）做了介绍性发言，描绘了欧元区当下的可怕景象：金融市场的紧张状况使得资金匮乏、信心低落。尽管欧洲央行尽了最大努力，但债券市场失灵意味着欧洲央行的货币政策并未影响到欧元区部分国家的企业和家庭。"我认为我们

⊖　Mario Draghi: Press conference following Governing Council meeting. 8 December 2011. https://www.ecb.europa.eu/press/pressconf/2011/html/is111208.en.html.

的经济和货币联盟需要的是新的财政上的紧密联系，从根本上重构财政规则，同时伴以欧元区政府间相互做出的财政性承诺……这绝对是开始恢复公信力最重要的因素，"德拉吉说，"之后可能才是其他安排。"⊖最后一部分得到了特别关注，并被解释为一个信号，即如果各国政府加强欧洲的财政联盟以寻求持续性解决危机的方案，那么作为交换条件，欧洲央行就有可能购买更多的主权债券。

在欧元区，财政政策由各成员国政府制定。1997 年的《稳定与增长公约》遵循了《马斯特里赫特条约》确立的一些基本准则以加强财政约束，如规定预算赤字不得超过 GDP 的 3%，债务负担不得超过总产出的 60%，如果已经超过，就必须朝着目标逐步减少。

事实上，2011 年大多数成员国都超过了这些限制。其原因可以归咎于许多方面：经济危机的严峻性及随后几年的泛滥，成员国之间的融合进程远未完成，还有德国（作为公约首倡者）与法国的一项干预措施，以使两国在 2003 年违反公约时不会被制裁。

德拉吉志在恢复欧元区财政纪律的公信力。他在法兰克福对记者说："对我发言的隐含含义所做的解读，让我感到有些惊讶。"⊖他心目中的"三支柱协议"越快建立越好，核心是针对稳定、增长和创造就业的国别经济政策，包含赤字和债务的欧盟层面的自动规则，以及配备完善、运作稳定的机制。它不仅仅是执行紧缩政策（人们普遍认为这是救助陷入困境的国家的灵丹妙药），不仅仅是通过降低养老金和社会保障支出、解雇公共部门员工来削减政府开支，也不仅仅是通过提高税收和国有资产私有化来增加收入。

德拉吉呼吁达成财政协定，这是他第一次在政治层面发言，第一次将建立更强大的欧洲作为愿景，也是他将要塑造的欧洲央行行长形象的首次

⊖ Mario Draghi: Hearing before the Plenary of the European Parliament. 1 December 2011. https://www.ecb.europa.eu/press/key/date/2011/html/sp111201.en.html.

⊖ Mario Draghi: Press conference following Governing Council meeting. 8 December 2011. https://www.ecb.europa.eu/press/pressconf/2011/html/is111208.en.html.

展示。他的呼吁巩固了他作为以稳定为导向的政策制定者的可信度，并被各方聆听。在 8 天之内，各国元首齐聚布鲁塞尔，并在 12 个小时通宵谈判之后宣布，同意收紧反赤字规则，并加快启动欧洲稳定机制作为欧洲救助基金。他们还同意从欧元区各成员国的央行募集 1500 亿欧元资金，以贷款形式提供给国际货币基金组织。此外，欧元区以外的其他欧盟国家央行还将投入 500 亿欧元。"对欧元区成员国而言，这是一个非常好的结果，它将成为欧元区国家良好的财政协定和更有约束力的经济政策的基础。"德拉吉在峰会后表示。在峰会期间，他多次积极参与，并促成了更多有力的承诺。⊖

　　在处理政治关系方面，德拉吉从特里谢那里得到了启发。他们在工作交接前的几周里定期进行会谈，内容包括欧洲央行的内部运作机制、欧洲央行非凡而又才华横溢的工作人员，以及德拉吉在危机十字路口面临的各国政府能否兑现承诺的挑战。"我非常强调与各国首脑的关系。我告诉他：'你必须时不时地确定各国政府正在兑现他们并不情愿完成的承诺。'这是我给马里奥的许多忠告之一。"特里谢回忆道。特里谢传递给继任者的另一个忠告是：要特别关注欧元区成员国之间的分歧。对于特里谢来说，困难在于需要强调只有通过结构性改革和内部贬值才能产生竞争力，一旦有机会，他就会不厌其烦地提醒领导者们。德拉吉的做法将会有所不同。

　　2012 年，随着约尔格·阿斯穆森和贝诺伊特·库雷（Benoît Cœuré）加入执行委员会，欧洲央行迎来了新的气息。这两个人都是从各自国家的财政部中选拔出来的，前者是沃尔夫冈·朔伊布勒的副部长，后者是法国财政部的首席经济学家。有时候选拔出的是技术官僚而不是学者，

⊖ Rebecca Christie: Draghi Says Summit Lays Framework for 'Good Fiscal Compact'. Bloomberg, 9 December 2011.

是为了确保在关键时刻能与央行密切合作。阿斯穆森是一位政治人物，尽管他在经济学方面有很强的背景，但他对这项工作没有太大兴趣，只是因为德国总理默克尔坚持由他成为自己在欧洲央行的代言人。默克尔正在深入考查危机重重的货币联盟，她深度参与了一些问题的细节，给她的合作伙伴留下了深刻印象。在峰会和其他国际会议期间，只要有可能，德拉吉都会寻求她的认同。默克尔的领导力给他留下了深刻的印象。他们会在走廊上漫步或安静地站在角落，就欧元区面临的最紧迫的需求，展开热烈的对话。

到 2012 年 1 月中旬，德拉吉确信自己的危机应对策略已经开始发挥作用。通过被称为长期再融资操作（longer-term refinancing operations，LTRO）的工具，欧洲央行可以尽可能多地借给银行所需的 3 年期资金，开始让冻结的信贷市场流动起来。这项创新操作始于德拉吉时代之前的夏季，当时的情况很明朗，在证券市场计划框架下进行的资产购买极为有限，不足以平抑市场并吸引投资者下场承担银行债务。截至 2012 年 3 月，金融机构的资金需求超过 1 万亿欧元。尽管仍存在"重大下行风险"，但考虑到德拉吉认为出现了经济稳定的"初步迹象"，各国政府在最新的议案中对预算赤字设定了更严格的约束。

2012 年 2 月，德拉吉停止了欧洲央行购买债券的行为，在过去半年里欧洲央行已经花费了约 1450 亿欧元来抑制西班牙和意大利借贷成本的激增。他的批评是：证券市场计划缺乏明确的操作目标，也缺乏对政府改革的激励。对于已经找到替代客户的债券市场，欧洲央行的缺席无关紧要。在欧洲央行的资金撤出后，欧元区的贷款人迅速填补了空缺，正如在德拉吉宣布长期再融资操作计划后萨科齐所提出的："感谢欧洲央行的决定，我们不需要一位伟大的专家就可以理解，下一步意大利政府可以要求意大利银行以相对当前市场利率更低的利率为其部分债务提供融资……这只是以意大利为例，也可以以西班牙为例。这意味着每个国家都可以求助于其国内银行从而获得流动性。"⊖被讽刺为"萨科齐交易"（Sarko-Trade）的行为很快成为一些央行行长的眼中钉，他们警告欧洲央行应意识到这类融资操作可能会引发的风险。

延斯·魏德曼（Jens Weidmann）在给德拉吉的一封信中总结了他的担忧。他不仅担心在金融体系中充斥的巨额资金，还担心近期弱化的抵押品规则允许银行抵押不太安全的资产来换取贷款。按照德国在第二代泛欧实时全额自动清算系统（简称 Target2）中的份额计算，若货币联盟无序解散，德国联邦银行的损失可能会突破 5000 亿欧元。与良好状况下欧元区各国央行资产负债表的会计头寸相比，资金流向指标更能反映实际情况，并将成为政治方面的首要考虑因素，特别是在最差的经济预测也迟迟未能兑现的情况下。似乎是要证明过多的央行支持会减轻政府压力这一观点，在欧洲央行第二次提供 3 年期贷款仅几天后，西班牙首相马里亚诺·拉霍伊于 3 月初放宽了削减赤字的承诺。

尽管情况仍然脆弱，但决策者们（包括一些较为谨慎的决策者）的脑海里已经有了结束非常规刺激措施的想法。"金融市场的状况有所改善，紧张的局势有所缓解，我们已经看到银行和企业的融资都得到了改善……这当然是十分重要的，在时机恰当的时候，要有控制地、及时地退出。"埃尔基·利卡宁（Erkki Liikanen）在 2012 年 3 月中旬说道。⊖直到 2018 年夏天退休之前，这位芬兰人一直是德拉吉在理事会中最亲密的伙伴之一，承担着说服持怀疑态度的官员的任务，以确保他认为绝对有必要实施的倡议获得多数支持。利卡宁在 2012 年春季的评论表明，欧洲央行早期的危机应对措施尝试针对的是一个特定的问题，该问题是被动的，并且非常明确地被视为例外。政策制定者尚未意识到采取小规模且易于撤回的措施不

⊖ Neil Unmack: Sarkozy courts danger with ECB-bank-sovereign plan. Reuters Breakingviews. 9 December 2011. https://www.breakingviews.com/considered-view/sarkozy-courts-danger-with-ecb-bank-sovereign-plan/.

⊖ Kati Pohjanpalo and Gabi Thesing: Liikanen Says ECB's Crisis Measures Will Need a 'Timely' Exit. Bloomberg，16 March 2012.

会帮助欧元，他们需要全力以赴。不久以后，他们确实不得不全力以赴了。

　　欧洲央行长期贷款的效果正在缓慢地减弱。由于债券购买计划仍处于休眠状态，不论是各国政府还是欧洲央行都没有一劳永逸彻底解决危机的办法，意大利和西班牙的主权债务收益率开始攀升，并朝着长期不可持续的水平发展。2012年11月，马里奥·蒙蒂在接任贝卢斯科尼意大利总理的职位后，立即受到冲击。默克尔、朔伊布勒和萨科齐每次在危机峰会期间遇到他，都会从口袋里掏出一张单子，检查下一次债券还款的时间，然后再问他："你能做到吗？"尤其是德国总理。默克尔和她的财政部部长都深信，足够的市场压力最终将促使各国政府采取紧缩政策，这对于解决欧洲危机至关重要。他们认为，一旦实现更深层次的一体化，欧元债券作为意大利及其周边国家通过相互持有债务来降低主权借贷成本的一个概念，便可以在稍后的阶段考虑。

　　2013年4月，西班牙首相拉霍伊努力说服投资者相信西班牙有可能控制其财政状况。当10年期债券收益率逼近曾触发救助希腊、爱尔兰和葡萄牙所安排的水平时，他敦促欧洲央行重新启动债券购买。德拉吉不为所动，同时也反对国际货币基金组织提出的降低利率和保持对抗危机的流动性措施以支持银行的建议。在华盛顿基金组织的春季例会上，德拉吉告诉世界金融精英："至少在最近的一段时间内，欧洲央行理事会没有讨论过国际货币基金组织提出的任何建议。"同时，他大加赞赏他们已取得的成就，试图用这种"甜言蜜语"来说服西班牙和意大利加入游戏。⊖魏德曼则比较直白地提出："欧洲的问题不能通过货币政策措施来解决。"⊜为打破缺乏具体建议的僵局，美国财政部部长蒂莫西·盖特纳也敦促采取更多的果断行动。"下一阶段危机应对能否成功将取决于欧洲的意愿和能力，

⊖　Jeff Black, Rainer Bürgin and Meera Louis: Draghi's ECB Rejects Geithner-IMF Push for More Crisis-Fighting. Bloomberg, 23 April 2012.

⊜　Rainer Bürgin: Weidmann Says Europe's Woes Can't Be Solved by Monetary Policy. Bloomberg, 21 April 2012.

以及欧洲央行创造性地、灵活和积极地运用其工具和流程以支持各国实施改革并保持领先于市场的能力。"他说。⊖

　　不久之后，马里奥·德拉吉对欧洲的愿景进一步成形。他回到母校罗马大学，在纪念他的导师费代里科·卡费的演讲中提出，欧洲央行的各项非常规措施，包括他从前任接手的无限额的银行资金、长期贷款、针对公共和私人债务问题的各种购买计划、宽松的抵押规定和低利率，已经帮助欧洲大陆赢得了时间。这些措施确保欧洲央行的政策在经过金融市场各层级过滤后，仍然可以以较低的贷款利率形式到达公司和家庭。它们还防止了银行体系的崩溃。考虑到欧元区在2012年春季陷入了一个会持续到下一年的衰退泥潭，保持银行体系的相对完整对生产和劳动力市场的影响尤为重要。自2008年年初的峰值以来，欧元区已经失去了430万个工作岗位，在新的复苏开始之前，这一数字将增加到560万。对经济的信心已经所剩无几，几近2009年雷曼兄弟破产导致整个世界陷入大萧条时的水平。"但是我们现在已经到达一个临界点，为了生存，欧洲一体化需要政治想象力的大胆飞跃。"德拉吉说，"正是在这个意义上，我曾提出除了现有的财政协定，还有必要制定一份增长协定。"⊜而距此约4周前，他提出了一个构建以财政联盟、结构性改革和公共投资为重点的"三支柱协议"的想法。2012年4月底，在布鲁塞尔与欧洲议会经济和货币事务委员会定期会晤时，德拉吉首次谈到了这个想法。

　　由于各国央行专注于政治解决方案，金融市场各方逐渐意识到，面对正以惊人的速度接近崩溃的局面，欧洲央行这一次下决心要袖手旁观，不

⊖　Timothy Geithner: Statement at the International Monetary and Financial Committee (IMFC) Meeting. 21 April 2012. https://www.treasury.gov/press-center/press-releases/Pages/tg1544.aspx.

⊜　Mario Draghi: A route for Europe. Speech in memory of Federico Caffè. 24 May 2012. https://www.ecb.europa.eu/press/key/date/2012/html/sp120524_1.en.html.

再插手干预。欧洲央行的长期贷款计划和债券购买将成为遥远的回忆。流动性从欧洲流出，而担忧的情绪正在流入。2012 年 6 月初，西班牙发布警告称其债务负担太大，可能无法偿还。外国投资者不断地买入德国国债，推高德国国债的溢价。德国是金融市场每每感到压力时的避风港，其债券溢价纪录不断攀升。法国大选的结果是尼古拉·萨科齐仅执政了一个任期，换由弗朗索瓦·奥朗德（Francois Hollande）担任总统，这也增加了不确定性。这位法国社会党人士在竞选时就提出了反紧缩纲领，并发誓将把工作重点放在促进增长的政策上，以抵消德国处理其自身危机带来的影响。意大利努力地发行国债，一部分原因是其自身的严峻形势（该国正处于 2001 年以来的第四轮衰退），另一部分原因是危机还在整个欧元区蔓延。而在希腊，由于 5 月 6 日的选举结果尚未确定，街头抗议活动加剧了本就严峻的局势。

"从事态走势及当前结构看，欧元区出现了非常明显的崩溃风险。"[⊖]于 2018 年出任芬兰央行行长的欧盟委员会经济和货币事务委员奥利·雷恩，在 6 月 1 日发表演讲时给出了直接警告，"我们要么任由欧元区的局势恶化，要么必须逐步加强欧盟。"

在美国，这种观点令人恐惧。"从数据中我们知道，事态是存在的，欧洲确实失去了流动性，"一位美国财政部前高级官员回忆道。欧元区的一些系统重要性金融机构濒临失去市场准入资格的边缘，这意味着它们将无法为日常业务（如支付存款和发放贷款）提供资金。整个经济就要崩溃了。"经过诊断分析，更令人恐惧的是，我们认识到欧洲没有能够应对这种情况的体制机制。"美国的经济专家认为，解决方案不是市场压力，而是稳健的财政政策、促进增长的战略以及能同时实现这两者的规则和制度的健康的结合。这是美国总统巴拉克·奥巴马于春季的末尾一直试图向欧洲领导人传达的观点。

⊖ Kasper Viita: Euro Area Is Running Significant Risk of Breakup, Rehn Says. Bloomberg, 1 June 2012.

在欧洲央行，德拉吉组织决策者、专家和经济学家进行了大量讨论，内容是欧洲央行如何帮助欧元区和在过去一年里相对美元贬值约 15% 的欧元恢复信心。德拉吉认真审议各个提议，并不停地提问，想知道各种策略如何、何时以及在何种情况下可能有用，同时在获取答案的过程中，建立大多数人认可的思维导图。他没有提出新的购买计划或推动其他的举措，而是从值得信赖的顾问那里寻求建议，或是思考到底什么可以打破欧洲的恶性循环。德拉吉的时代即将到来。但就目前而言，用美联储前副主席斯坦利·费希尔的话来说，"我们还不知道马里奥有什么能耐"。20 世纪 70 年代德拉吉在麻省理工学院攻读博士学位时，费希尔是他的导师。

2012 年 6 月下旬，解决方案的第一个支柱开始形成。6 月 29 日是一个星期日，领导人们在这一天凌晨结束了第 19 次危机峰会，他们围绕联合银行监管、预算协调和制定更加集中的经济政策做出了一系列承诺。在这个阶段，这充其量只是一个计划的计划，但它明确，欧盟成员国仍将恪守对一体化和欧元的承诺，不忘初心，尽管投资者持怀疑态度，而且整个欧洲大陆似乎遍布着永无止境的危机。

那是一个漫长的夜晚。在领导人们结束了关于欧盟预算的首轮会商后，赫尔曼·范龙佩在 22：30 向新闻界做了简要的公告，称会议批准了一项旨在促进 27 国经济增长的 1200 亿欧元的计划。随着经济更广泛地走向衰退，奥朗德促增长的努力甚至在德国都吸引了许多支持者。当晚的协议包括向欧洲投资银行注资 100 亿欧元，这可能使其贷款能力增加 600 亿欧元，并获得三倍于该规模的额外投资。下一个议题则更加棘手，是如何防止欧元区因西班牙和意大利而陷入金融危机泥沼。对此，默克尔显得颇为低落。

德国总理默克尔是一位广为人知的足球迷。当天傍晚，在谈判的短暂休息间隙，默克尔关注了德国国家足球队，该队正在欧洲锦标赛半决赛中与意大利队对决。她与马里奥·蒙蒂和马里奥·德拉吉一起，在靠近会议室的酒吧角落的一台小电视上看了会儿比赛。蒙蒂希望减免高企的借贷成本，德拉吉则在为他的政治路线图和一体化游说。在电视屏幕上，马里奥·巴洛特利（Mario Balotelli）进球了。多年以后蒙蒂会想，那时默克尔一定觉得至少有一个马里奥是多余的。

回到会议室后，范龙佩、德拉吉、巴罗佐、容克四位主席做了联合报告，这是为了呼应德拉吉提出的旨在使经济更加良好运行的 10 年路线建议而做的。联合报告呼吁收紧银行监管，采取寻求发行共同债券的可能性、更多集中式的经济努力等综合财政政策，同时各国议会和欧洲议会要进行更加密切的监督。领导人们一直讨论到凌晨，房间里没有再传出什么消息。

当领导人们于凌晨走出房间时，他们已经达成了一致意见，承诺将在欧洲层面实施银行监管。这是欧洲一体化的一次飞跃，也是打破银行与国家困境之间恶性循环的关键。这也为欧洲稳定机制开辟了直接向陷入困境的贷款人注资的途径——当时，这似乎是一个大问题。

对许多观察员而言，在这个周末达成的决定的重要性要在过后才会体现出来。对于德拉吉来说，这是一个转折点。他这位欧洲央行行长终于放心了，在经历了两年半同危机的斗争之后，各国政府最终给予了欧元更稳固的地位。"我对这一结果感到非常满意，"他在离开峰会时说道，"它既显示了所有欧元区成员国对欧元的长期承诺，也在短期内取得了明显的成果。"⊖

第二天早上，他到范龙佩的办公室拜访对方。他想感谢这位欧洲理事会主席为建立更强大的联盟而采取的主动行动。"赫尔曼，你知道自己昨晚都做了什么吗？"他问道，"你就是我们所需要的改变游戏规则的人。"⊖

⊖ James G. Neuger: Draghi Lured by Fractious EU Leaders to Build Bridge to Euro 2.0. Bloomberg, 7 September 2012.

⊖ Herman van Rompuy: Europe in the storm: promise and prejudice. Davidsfonds, 2014.

虽然欧洲各国政府在政治上实现了飞跃，但是金融市场看空欧元的投机操作仍在继续。在 2012 年 7 月的会议上，欧洲央行将其存款利率降至零。这是一个大动作，没有哪个央行敢这样做。各个央行都在担心，金融市场利率如果再得不到有效控制，负利率的问题就会被提上议事日程。这个夏天，欧洲央行准备维持零利率。市场加剧了投资者对降息的猜测，即不久后欧洲央行将被迫采取量化宽松政策，就像美联储和英格兰银行于 2009 年开始大规模购买资产的政策那样。欧洲央行的回应是：我们能做的有限。

金融市场动荡不安。欧元区外围国家的主权债务收益率只有一个方向：上涨。欧元下挫至两年来的最低点，认为欧元即将崩溃的声音在增加。穆迪投资者服务公司年内第二次下调了意大利的信用评级至"垃圾级"第二级（即 Baa2 级），并警告称，由于经济恶化，可能会进一步调低意大利的评级。当西班牙政府预计下一年将陷入衰退时，财长们终于同意向西班牙的银行提供高达 1000 亿欧元的贷款。与此同时，希腊雅典市中心的宪法广场（Syntagma Square）正在燃烧，身穿防暴服的警察试图阻止抗议活动。这个国家仿佛已经处于战争状态。

欧元能否存续，甚至欧盟是否有未来，这都是挥之不去的疑问。就连最亲密的盟友都不知道，德拉吉正在默默地寻找答案。

Mario Draghi
l'artefice

| 第 4 章 |

不惜一切代价[⊖]

　　一场金融市场的黑暗风暴正在酝酿，但伦敦这座城市似乎全然没有预感。2012 年 7 月 26 日早晨，伦敦沐浴在金色的阳光中，白金汉宫和圣詹姆斯宫依然笼罩着庄严的静谧，兰开斯特宫（Lancaster House）则热闹非凡。英国首相戴维·卡梅伦（David Cameron）即将在这座建于乔治王朝时期的三层宅邸款待宾客。电影和电视节目经常用这座建筑来代替白金汉宫——在电视剧《王冠》（*The Crown*）中，克莱尔·福伊（Claire Foy）和马特·史密斯（Matt Smith）扮演的英国女王伊丽莎白二世和爱丁堡公爵曾在这儿的走廊里漫步；电影《国王的演讲》（*The King's Speech*）中科林·费尔斯（Colin Firth）扮演的乔治六世国王在这儿的大厅里结结巴巴地说话；

　　⊖　Selected content from this chapter was first published in Jana Randow and Alessandro Speciale: 'Whatever It Takes.' How Mario Draghi Made Central Bank History. Bloomberg Markets, December 2018/January 2019.

电视剧《唐顿庄园》（*Downton Abbey*）中的克劳利家族（Crawley Family）于 20 世纪 20 年代初正是在这里庆祝的圣诞节。

卡梅伦的宾客名单上有 200 多名商界领袖、政策制定者和投资者。那天早晨，在那些穿过门廊、爬过长长的楼梯来到二楼国务会议室的人中，就有马里奥·德拉吉。

德拉吉是在前一天晚上抵达伦敦的。他发现，在第 30 届奥运会开幕前，欧洲的金融资本正处于一种满怀期待的兴奋状态。可几乎没有人敢指望过去 3 年来一直折磨欧洲大陆的主权债务危机会突然得到解决。

"欢迎来到伦敦，欢迎来到世界上最伟大的演出现场。"卡梅伦在为全球投资大会致开幕词时讲道。这是与这次体育盛会同时举办的系列商业峰会的第一场，目的是吸引全球资本投向英国。⊖卡梅伦列出了在英国做生意的种种好处，来说明这里是理想的投资场所。他的描述与海峡对岸的混乱形成了鲜明的对比，让听众难以忘怀。卡梅伦在称赞英语是商业语言、金融语言乃至越来越广泛使用的政治语言的同时，甚至还调侃道："我有时说，单一语言比单一货币要好一点。当然，我们既要保护和推广单一语言，也要保护和推广单一货币，这非常重要。"

这次大会基本上是一个仪式性的活动。当时的英国央行行长默文·金回忆说："没有人会以为这是一个意义重大的事件。这对于理解接下来发生的事情很重要。"德拉吉将参加上午 10：30 开始的小组讨论，议题是"如何应对当前的全球挑战"。在讨论开始前和小组其他成员聊上几句，使德拉吉特别松弛。他告诉默文·金、墨西哥央行行长阿古斯丁·卡斯滕斯（Agustin Carstens）和巴西央行行长亚历山大·通比尼（Alexandre Tombini）："你们想说多长时间都可以，因为我不会说太多。"此刻，这位意大利人只是想重复在几天前的采访中多次传达过的信息——欧元没有回头路。就这么简单。

⊖　David Cameron: Speech at Global Investment Conference. 26 July 2012. http://www.ukpol.co.uk/david-cameron-2012-speech-at-global-investment-conference/.

长廊（Long Gallery）里的观众安静了下来。讲台设置在宅邸东侧一间横跨 35 米的房间的远端。这样的安排多少有点儿尴尬，因为大多数听众都离讲台较远。天花板上有意大利艺术家圭尔奇诺（Guercino）的画作，壁炉的镀金装饰来自法国，高大厚重的房门赋予整个空间以皇家气派，光滑的、白色和红色的会议家具增添了现代气息。

上午 11 点刚过，德拉吉开始发言。他首先告诉听众欧元就像一只大黄蜂。大黄蜂会飞行，这是违背物理规律的。现在欧元必须"成为一只真正的蜜蜂"。也许意大利人或昆虫学家都很熟悉这个比喻，但在伦敦的皇家大厅中，听众们都有点儿懵。德拉吉继续发言，几乎没有看发言稿，听众们则品味着他说的每一句话。在发表讲话 6 分半钟后，德拉吉强调欧元将继续存在。他低头看了看，做了一个深呼吸，双手相握，说道："但我想告诉你们另一个信息。在我们的授权范围内，在我们的授权范围内⊖，欧洲央行准备不惜一切代价来保护欧元。"或许是看到了人们脸上的怀疑，他停顿了一下，明白无误地补充道："相信我，这就足够了。"⊜

"不惜一切代价。"在这用时 16 秒的一段话之后，德拉吉演讲的其他部分对很多人来说都变得模模糊糊。投资者努力解读德拉吉是否做出了什么具体的承诺，对德拉吉的其余言论和他声称金融市场低估了欧元区所取得的进展的观点关注甚少。在白色讲台下的第一排，国际货币基金组织总裁克里斯蒂娜·拉加德很想知道，这位意大利人是不是真的能用刚才那句看似即兴的言论支撑住欧元。而在美国财政部的市场小组中，大家击掌庆祝。因为他们相信，欧洲央行行长终于意识到，解决危机的关键在于展现领导力，而不是依靠那些脆弱的金融工程伎俩。杰克·卢（Jack

---

⊖　德拉吉此处又强调了一遍。

⊜　Mario Draghi: Speech at Global Investment Conference. 26 July 2012. https://www.ecb.europa.eu/press/key/date/2012/html/sp120726.en.html; https://www.youtube.com/watch?v=hMBI50FXDps&t=3s.

Lew）㊀回忆道："我知道他在争取主动，但我不知道他会用什么词。"杰克·卢当时是美国总统奥巴马的幕僚长，后于 2013 年出任美国财政部部长。

欧元、股票和债券市场均因德拉吉的讲话而上涨。市场猜测，在欧洲央行 3 月停止证券市场计划后，大规模的量化宽松计划将会登场。在欧洲央行，金融市场这一涨势令市场监测人员大吃一惊，他们原以为不会有重大政策宣布。默文·金表示："我认为马里奥没有预料到市场会有如此的反应力度。"但德拉吉并不是很关心这些反应。当他离开讲台时，拉加德追上了他。德拉吉转过身来问离他不远的欧洲央行媒体关系主管雷吉娜·许勒尔（Regina Schüller）："我讲得怎么样，雷吉娜？""你撬动了市场。我想我马上就会很忙。"许勒尔告诉他。而德拉吉的回应是："哦，真的吗？嗯。"

许勒尔的电话已经响了，而且持续不断。记者们希望她对德拉吉的讲话做些评论。她只能重复"欧元没有回头路"和"不惜一切代价"。对于后面这句口号，投资者和现场听众都难以确定其含义。实际上，他们完全忘记了德拉吉做出承诺是有条件的——"在我们的授权范围内"。拉加德也是健忘者之一，她之后表示，"不惜一切代价"将作为"欧洲央行历史上最成功的口号"载入史册。㊁

"不惜一切代价"将德拉吉送到 2012 年福布斯权势榜第 8 名的位子上，㊂也成为欧洲央行制定政策的首要原则。这一承诺将有助于塑造德拉

㊀　即雅各布·卢（Jacob Lew），杰克是雅各布的昵称。

㊁　Alessandro Speciale: Draghi Passes Halfway Mark at ECB Still Missing Inflation Goal. Bloomberg, 3 November 2015.

㊂　Forbes Corporate Communications: President Obama Tops Forbes' 2012 Ranking of the World's Most Powerful People. 5 December 2012. https://www.forbes.com/sites/forbespr/2012/12/05/president-obama-tops-forbes-2012-ranking-of-the-worlds-most-powerful-people/#689b8de103cc.

吉的形象，使其成为新一代激进的央行行长，一个随时准备在关键时刻填补全球领导真空的银行家。他别无选择，为了欧元的存续，必须将欧洲央行资产负债表中的一切都押上。"'不惜一切代价'这句话既表明我们在过去已经进行了干预，也表明我们在未来将继续干预。"这是让－克洛德·特里谢对这句话的解读。这是一个大胆的声明，也存在巨大的风险，但最终会带来伟大的胜利。"我从来没想过他有一天会以这么清晰、简单的方式表达出来。这是一次'大师级的击球'。央行行长们在发表如此重要的声明时，很少能做到这样。"资深央行人士斯坦利·费希尔表示，"马里奥非常明智地利用了他的名誉。"

　　在去街对面的克拉伦斯宫（Clarence House）参加查尔斯王子举行的招待会之前，一轮短信和电话让德拉吉了解了在他回家后等待他的将是什么。德拉吉收到一封来自他一位顾问的电子邮件，邮件告诉他彭博社对演讲是如何报道的，同时保证他的工作团队随时准备为他的承诺增添实质内容。"这些非常重要，谢谢。"德拉吉回复道。他先给德国央行行长延斯·魏德曼打了电话。魏德曼是欧洲央行理事会最具影响力的决策者之一，也是对非常规政策措施持怀疑态度最甚的人之一。说服他将大大有助于说服德国人，让他们相信德国人的钱不只是用于资助地中海沿岸不负责任的政府。当德拉吉正考虑购买主权债务的时候，魏德曼的反应却不冷不热。

　　电话铃声在欧洲大陆上此起彼伏。欧洲国家的领导人都纷纷询问自己的央行行长："德拉吉承诺了什么，你有什么措施？"答复基本上都来自度假地和行驶中的汽车，内容是花式的"我不知道"。到了周末，德拉吉向央行行长们解释说还没有真正的计划。他谈到了前几周的谈话，以及对欧元能否存续的疑虑是如何让他相信必须加快步伐。

　　最重要的一通电话出现在德拉吉演讲的 25 小时后，通话双方分别在柏林和巴黎。德国总理默克尔和法国总统奥朗德同意发声明支持。在下午的一份声明中，他们宣布，德法两国"有最大的责任"来保持欧元区的完整，并将尽"一切"努力来保护欧元。⊖西班牙和意大利也加入其中。欧元区财长组成的欧元集团负责人让－克洛德·容克也证实，作为欧元区临时救助基金的欧洲金融稳定基金正与欧洲央行合作制定降低借贷成本的计划。他表示："我们没有时间可以浪费。"⊖

在伦敦，德拉吉于伦敦金融城市政厅（Guildhall）听了英国财政大臣乔治·奥斯本（George Osborne）和伦敦市长鲍里斯·约翰逊（Boris Johnson）的演讲，然后被安排游览了伦敦全城。在这个欧洲大型经济体的首都，与来自世界各地的9亿观众一起，德拉吉和他的妻子玛丽亚·塞雷内拉·卡佩洛（Maria Serenella Cappello）观看了精彩的奥运会开幕式演出，演出展示了从工业革命诞生到现在的英国简史，以及打动心灵的文学、音乐和流行文化，最后在盛大的焰火表演中达到高潮。德拉吉一家与拉加德及其伴侣，以及罗杰·班尼斯特爵士（Sir Roger Bannister）及其妻子坐在一个包厢里。班尼斯特的妻子是佩尔·雅各布森（Per Jacobsson）的女儿，佩尔·雅各布森曾在20世纪50年代和60年代领导过国际货币基金组织。拉加德对德拉吉的举重若轻感到诧异。她在几年后说："就在前一刻，他扭转了金融市场，拯救了欧元，这一刻却好像自己什么都不知道一样。"

事后看来，德拉吉那天说的话并无新意。就在几天前，他曾对法国

⊖ German Chancellery: Gemeinsame Erklärung des französischen Staatspräsidenten François Hollande und der deutschen Bundeskanzlerin Angela Merkel. 27 July 2012. https://www.bundeskanzlerin.de/bkin-de/aktuelles/gemeinsame-erklaerung-des-franzoesischen-staatspraesidenten-fran%C3%A7ois-hollande-und-der-deutschen-bundeskanzlerin-angela-merkel-440110.

⊖ Cerstin Gammelin and Stefan Kornelius: Juncker warnt vor Zerfall der Euro-Zone. Süddeutsche Zeitung, 30 July 2012. https://www.sueddeutsche.de/wirtschaft/schuldenkrise-in-der-eu-juncker-warnt-vor-zerfall-der-euro-zone-1.1425814.

《世界报》（*Le Monde*）表示，欧洲央行没有"任何禁忌"，目前欧洲各国政府制定了一个更加包容欧盟的路线图，并开始取得切实的成果。"从外部看，分析师们似乎认为欧元区将发生动荡。这低估了各国领导人在欧盟投资的政治资本以及欧洲民众的支持。欧元没有回头路！" [⊖]

大多数央行行长都意识到德拉吉正在考虑他的选择，那些在他核心圈子里的人比其他人了解得要多一些。对于芬兰央行行长埃尔基·利卡宁和法国央行行长克里斯蒂安·努瓦耶（Christian Noyer）来说，尽管他们不知道细节，但德拉吉承诺的范围并不出人意料。但即使是荷兰央行行长克拉斯·诺特（Klaas Knot），欧洲央行理事会在政策上最保守的成员之一，也发现德拉吉的助理们正在努力应对危机。他记得 7 月初曾询问德拉吉："你有什么决定吗？"答案是："还不是很具体，但肯定是大手笔。"

由于担心欧洲央行正从应对危机的前线撤退，金融市场希望有一个明确、正面的信号。2011 年 12 月至 2012 年 3 月，政策制定者将 3 年期贷款覆盖面扩大到银行，但效应正在减弱。欧洲央行从希腊、爱尔兰、葡萄牙、西班牙和意大利购买主权债券的证券市场计划也已停止。这五个国家被简称为 GIPSI，有时也被戏称为 PIIGS。德拉吉在春季末开始寻找能提振人们对欧元的信心的方法，并与他的幕僚就欧洲央行的工具箱是否足够展开辩论。备受争议的问题是：在确保证券市场计划退出后各国仍能兑现其改革承诺的机制与确保有足够火力以提振投资者之间，如何取得良好的平衡。

不只欧洲央行在开发稳定市场的政策工具。在意大利，总理马里奥·蒙蒂正在与意大利央行一起开发一种防危机扩散的防御方案。蒙蒂是一位技术型官员，在德拉吉履新两周后到任。蒙蒂与意大利财政部部

⊖ Erik Izraelewicz, Claire Gatinois and Philippe Ricard: Interview with Mario Draghi. Le Monde, 21 July 2012. https://www.ecb.europa.eu/press/inter/date/2012/html/sp120721.en.html.

长维托里奥·格里利（Vittorio Grilli）、意大利央行行长伊尼亚齐奥·维斯科（Ignazio Visco）、意大利央行总干事法布里齐奥·萨科曼尼（Fabrizio Saccomanni）是方案的主要谋划者。他们的使命是，在欧元区"良性"（virtuous）的国家遭受金融攻击时，通过自动购买它们的债券来保护这些国家。他们在罗马的一次秘密会议上向德拉吉提出了这一计划，德拉吉不遗余力地鼓励对财政政策进行调整并实施结构性改革，但对计划核心（自动购买证券）不屑一顾。德拉吉认为，这一计划永远无法通过欧洲央行法律部门的审核。尽管意大利官员们声称，这一计划符合欧洲领导人在 6 月下旬峰会后所得结论的方向，但这实际上已经无法得到具体落实了。

与此同时，欧洲央行官员正在起草和修改一个计划草案，以阻止市场恐慌的蔓延。特别是此时各国领导人已经共同形成了对欧洲的前景展望，同意由银行业联盟督促，直接向那些陷入困境的银行注入资本。经过了数周激烈的内部辩论，欧洲央行大多数执行委员会成员和几位主要专家于 7 月的一天召开了会议。与会者都认为此时是恰当时机，既具备了使用政策工具的意愿（强烈要求附加条件，将央行的政策行动与政府改革行动紧密挂钩，达到政策效果的最大化），对于发出明确积极的信号来说，也具备了充分的政治支持。因此，从那一天开始到 7 月 26 日上午，欧洲央行没有再制订新的计划。7 月 26 日，与德拉吉认识 30 多年的美英大公司的律师居然问德拉吉，能否改换欧元以外的货币来标价信用违约掉期。卡梅伦则在德拉吉和一屋子投资者面前盛赞英国的经济、商业机会和坚挺的英镑。这不正是欧元区的奋斗目标吗？

不久，德拉吉关于全面保卫欧元的承诺就受到了打击。还有不少显而易见的挑战摆在面前。在他演讲后不到 24 小时，德意志联邦银行（即德国央行）就加快了行动步伐。尽管德国只是欧元区 17 个成员国中的一个，但德国央行在政策制定上的影响力仍高于许多同行。德国央行监管着欧洲最大的经济体，它也是欧洲最大的央行之一，拥有近 1.1 万名员工（只有法国央行在 2012 年拥有比这一数字更多的员工），其组织架构、授权方式和运营结构更是欧洲央行的蓝本。

德意志联邦银行成立于 1957 年，其前身德意志各邦银行自 1948 年起负责发行德国马克。作为一个独立的机构，德国央行的决策机构包括总部及下辖的若干地区分支机构，这一设计能够切实维护价格的稳定，受到了美国人的青睐。欧洲最有影响力的政治家之一雅克·德洛尔（Jacques Delors）对德国货币和经济发展进行了深入研究，他认为德国通过设定利率成功地控制了通货膨胀。他在 1992 年评论说："并非所有德国人都相信上帝，但他们都相信德国央行。"⊖

7 月 27 日，周五，一位发言人在上午说："德国央行过去多次表示，它对债券购买持批评态度，因为这模糊了货币政策和财政政策之间的界限。"⊜这是一个警告，欧洲央行正试图违反其最重要的行为准则之一，即《欧洲联盟运行条约》（Treaty on the Functioning of the European Union）第123 条关于禁止为政府融资的规定。

德拉吉正在"钢丝上行走"。无论决定采取什么样的措施，欧洲央行都要足够激进大胆以对冲押注欧元解体的投机力量，都要向各国政府施以足够的压力以使其尽力加强欧盟的支柱，都要在法律上无懈可击以经受法庭的考验——因为很明显，任何一项计划都很可能在欧盟最高法庭受到质疑。德拉吉希望得到理事会的一致支持，包括魏德曼的支持。在 8 月 1 日至 2 日的理事会会议前，两人曾聚在一起寻找共识。但裂痕似乎太深了。

德拉吉的计划是围绕着欧洲的救助基金——曾经的欧洲金融稳定基金及后来的欧洲稳定机制展开的。在该计划的最后阶段，由救助基金在一级市场直接购买政府债券，作为策应，由欧洲央行在二级市场购买政府债

⊖ As quoted by Bundesbank: https://www.bundesbank.de/de/presse/pressematerial/60-jahre/zitate-ueber-die-bundesbank/stimmen-aus-wissenschaft-und-politik-607848.

⊜ Jana Randow: Bundesbank Says ECB Bond Buying Not Best Way to Address Crisis. Bloomberg，27 July 2012.

券，以确保将创纪录的低利率传导至实体经济。德拉吉已经使欧洲稳定机制的领导人克劳斯·雷格林（Klaus Regling）起了警觉。魏德曼和德意志联邦银行的律师们认为，这个计划有法律缺陷。

德拉吉与其他对非传统工具持怀疑态度的央行行长也进行了交流。与魏德曼担心欧洲央行的计划会让各国政府逃避责任不同，这些央行行长接受这样的逻辑：在真正的危机中，只有央行才拥有足够的资产负债表深度和决策速度。他们也在试图说服德国加入，希望达成一个有建设性的行动方案来支持德拉吉给出的承诺。

在这一年的夏天，美国官员认为欧洲必将采取行动。美国财政部部长蒂莫西·盖特纳在德拉吉伦敦演讲前三天接受电视采访时表示，"欧洲大陆正在燃烧，因为人们对该地区解决危机的政治意愿深感担忧"。⊖在发表上述言论四天后，他在叙尔特岛（Sylt）访问了德国财政部部长沃尔夫冈·朔伊布勒。这是北海（North Sea）中的一个岛屿，它在许多方面与美国的玛莎葡萄园岛（Martha's Vineyard）相似。之后，他经停法兰克福去见德拉吉，得到了关于欧洲央行行动计划的第一手消息。一位与两人都认识并分别共事过多年的人认为，盖特纳和德拉吉志同道合。盖特纳的所见所闻让他带着坚定的信心回到美国，他认为，要解决欧洲大陆的债务危机，欧洲"决心要做的事绝对有必要"。⊖

美联储的官员们对此则持怀疑态度。几个月来，他们监测发现，欧洲的情况正在不断恶化，已经到了崩溃的边缘，这将给美国经济带来不利的影响。这年夏天，在一次美联储政策会议上，纽约联邦储备银行行长威廉·达德利（William Dudley）表示："虽然马里奥·德拉吉说欧洲央行准备采取更多行动令我很高兴，但我有点困惑，马里奥想做的事情与欧洲央

⊖ Charlie Rose: Interview with Timothy Geithner. PBS, Bloomberg, 24 July 2012.

⊖ Ian Katz: Geithner Says Europe 'Absolutely Committed' to Ending Crisis. Bloomberg, 31 July 2012.

行章程允许的以及德国人真正同意他做的，到底有没有交集。"参与政策
会议的美联储经济学家史蒂文·卡明（Steven Kamin）阐述说："欧洲央行
将直接下场遏制西班牙和意大利债券下跌的无限承诺，如果再加上欧洲救
助基金的直接融资，可能会真正改变局势的发展方向，甚至会大幅改善欧
洲的经济前景。然而，目前形势极不明朗，我们的感觉是，如果欧洲央行
于本周晚些时候召开会议，可能就意味着行动将更加有限。"他的结论是：
"未来几个月，金融形势将变得更加困难。"⊖

　　8 月 1 日举行的欧洲央行理事会会议，是在德拉吉宣布"不惜一切代
价"之后的首次会议。这是一个于晚餐时联络感情的交流会，第二天早上
才是欧洲央行的正式会议。带着几个月来营造起来的期待和紧张气氛，央
行行长们感到了一种如释重负的感觉——德拉吉终于要引领大家走出危机
了。奥地利的埃瓦尔德·诺沃特尼（Ewald Nowotny）回忆说："这是一种
解脱。"可是，当听完德拉吉关于所谓大胆行动的介绍后，大家却感到非
常困惑，因为他基本没有提出什么实质性建议。克里斯蒂安·努瓦耶称赞
了德拉吉的决心，说"他依靠欧洲央行决策体系的能力创造出了走出危机
的办法。这就是我所说的天才般的直觉"。德拉吉要求行长们连夜以头脑
风暴的方式出主意。当他们在晚上 11 点 30 分左右结束会议时，他们之间
仍存在明显的分歧。无论是在会议上，还是在公开场合，魏德曼一直坚持
己见。他在会议召开几小时前的一次采访中说，欧洲央行的独立性"要求
它尊重自己的规则，而绝不逾越界限"。"在欧元体系中，我们是最大、最
重要的央行，也比其他央行拥有更大的发言权。"⊜这是一个异常咄咄逼人
的声明，更何况还来自一位以温和有礼而闻名的人，更凸显了这一问题的

⊖　FOMC Meeting Transcript, July 31-August 1, 2012. https://www.federalreserve.gov/
monetarypolicy/files/FOMC20120801meeting.pdf.
⊜　Bundesbank: 55 Jahre für Stabilität. Bundesbank, 2012. https://www.bundesbank.de/de/
presse/interviews/55-jahre-fuer-stabilitaet-662268.

敏感程度。实际上，或许德国比欧元区其他国家都要大，但其在欧洲央行的代表仍只有一票。

在第二天的理事会会议上，包括克拉斯·诺特和约尔格·阿斯穆森在内的欧洲央行理事会成员表达了对该计划的疑虑和担忧。约尔格是德国总理默克尔在于尔根·斯塔克辞职后提名送入欧洲央行执行委员会的。大家想先知道救助工具的细节，再做出最终决定。魏德曼继续持反对意见，什么都不接受。他的建议是，欧洲央行要先计算出各国政府是否有能力处理其债务，再决定是否购买债券。这种债务可持续性分析实际上已经由国际货币基金组织和欧盟委员会完成了，在这里却被完全无视了。

2012 年 8 月 2 日，德拉吉与魏德曼的对立达到了新高度。当德拉吉在欧洲央行政策会议之后的新闻发布会上面对记者时，他打破了长期以来对个人投票结果保密的传统（与其他央行不同，欧洲央行不公布投票结果的官方统计）。他特别指出，魏德曼是唯一反对债券购买提议的理事会成员。而该提议计划对在二级市场购买债券附加严格的条件，以确保欧洲央行提供的临时救济与实际改革进展相匹配。德拉吉说："众所周知，魏德曼和德国央行对购买债券的计划持保留态度。"这番话是德拉吉和魏德曼两人在发布会前交流后的产物。交流本身颇具对抗性——魏德曼坚持要求不要掩饰他的反对意见。对于在隔壁房间观看发布会的其他理事会成员而言，这令人惊讶，也暗示着德拉吉对德国人的耐心正在逐渐散失。"我们对局势严重性的估计相差不大。"魏德曼回忆道，"关键的区别在于谁能负起这个责任，谁能持续性地解决问题。没有人否认危机很严重。"

这不是魏德曼和德国央行的原意。但在某种程度上，德拉吉的这种做法让他们的沟通变得更容易。从这时开始，魏德曼就可以公开地批评欧洲央行的政策了。他在 8 月底辩称，购买债券的提议是一个"敏感"的问题，而考虑利率目标让他"胃痛"。⊖这时，德拉吉终于确信，他不需要通过魏

⊖   Michael Sauga, Georg Mascolo und Anne Seith: Wie eine Droge. Spiegel，27 August 2012.
        https://www.spiegel.de/spiegel/print/d-87927659.html.

德曼的支持来确保德国与他站在一起，因为默克尔支持他。一位发言人向新闻界保证，德国政府并不担心德拉吉的计划。默克尔的一位密友透露，魏德曼的反对不会动摇德国支持欧洲央行应对危机。⊖

欧洲央行此刻已经是火力全开了。工作人员整夜加班，希望在整个欧元区建立起防火墙，而这样的计划还要符合欧洲央行的法律授权。由于有大量的工作，德拉吉取消了前往美国怀俄明州出席美联储的杰克逊霍尔（Jackson Hole）央行年会的行程。可以考虑的选项有：设定主权债券的收益率上限及其与德国国债的利差目标，以及买入包括私营部门债务在内的一系列资产类别。但到此时为止，还没有一个解决方案有望胜出。不过，德拉吉缺席美联储的央行年会被认为是欧洲央行正在制订应对计划的证据。即将离任的英格兰银行官员亚当·波森（Adam Posen）当时表示："在我看来，这绝对是个好消息。"⊜欧洲的困境也是央行年会讨论的焦点。美联储主席本·伯南克是强烈主张解决问题的人物之一，他说："在我看来，欧洲最近的一些政策建议相当有建设性。我敦促我们的欧洲同行推进解决危机的政策举措。"⊜与德拉吉不同的是，魏德曼当时正坐在听众席上。

克里斯蒂安·努瓦耶记得，在那段时间，他和德拉吉两人进行了多次讨论。"我们讨论的一个问题是，如果欧洲央行宣布只进行有限的干预，可能就不会达到应该产生的效果。欧洲央行的'火力'应该是无上限的。"德拉吉还听取了前任特里谢的意见。"我们经常打电话……我们讨论到，政府必须参与到计划中。计划还必须附带条件。"2011年试图诱使意大利以改革经济换取购买债券的做法仍令人失望。这一次，欧洲稳定机制将着手

⊖　Brian Parkin and Rainer Bürgin: Merkel Ally Signals Weidmann Won't Derail Backing for ECB. Bloomberg, 8 August 2012.

⊜　Simon Kennedy: Bernanke Signals Draghi Support as Officials Seek Crisis Fix. Bloomberg, 1 September 2012.

⊜　Ben Bernanke: Monetary Policy since the Onset of the Crisis. 31 August 2012. https://www.federalreserve.gov/newsevents/speech/bernanke20120831a.htm.

设计调整方案，并在任何援助资金进入之前强制实施。不能只靠一个承诺。

德拉吉开始着手寻求政治层面的支持。9月4日，在欧盟议员们抵达法兰克福参加为期两天的会议的前一天，他在闭门会议上对议员们说，欧洲央行已经失去了对借贷成本的控制，因此，它将被迫干预债券市场，以夺回对利率的控制权，确保欧元的存续。⊖一切行动都将以货币政策的名义进行。

当天，当欧洲央行的提案送达欧元区各国央行时，各国央行行长几乎没有时间消化这一计划，也没有时间与律师磋商。一目了然的是，这项最初名为"货币直接交易"（Monetary Outright Transactions，MOT）的一揽子计划预示着对政府债务的无限购买。为了确保这些购买不会增加货币供应量，进而加剧通货膨胀，欧洲央行计划购买等值的货币，这一过程被称为对冲（sterilization）。在该计划被泄露给媒体后，货币、股票和债券市场快速反弹。这引发了德拉吉在同事面前罕见的一次失态，他训斥他们说，泄露机密信息是刑事犯罪。为了对付记者，该计划被重新命名为直接货币交易——一些熟悉英国日常生活的欧洲央行官员告诉德拉吉，MOT是"英国年度车辆安全测试"的缩写。

附带条件是欧洲央行应对计划的关键。因为同诺特和阿斯穆森一样，不少人在一般情况下都对购买政府债券的做法持怀疑态度。不过当他们知道欧洲央行并非应对危机的唯一选项后，他们反而全心全意地维护起德拉吉的计划，除了魏德曼。

巴塞尔位于瑞士、法国和德国间的三角地带。在接下来的周末，各

⊖ Jeff Black, Jana Randow and Jonathan Stearns: Draghi Told Lawmakers ECB Must Buy Bonds for Euro's Survival. Bloomberg, 4 September 2012.

国政策制定者将前往这里参加双月例会。这是各国央行第一次有机会就德拉吉"不惜一切代价"的承诺和随后的直接货币交易计划向他提问。讨论是坦率的。当一家主要央行的政策将影响世界其他地区时，总会有这样的讨论。"好吧，所以你说你会不惜一切代价，但到底是什么代价呢？你准备怎么做？"这是德拉吉面临的问题之一。他的回答令人半信半疑。此后一周，珍妮特·耶伦和威廉·达德利向美联储公开市场委员会汇报会议情况，以政治官僚式的语言表达了怀疑。达德利报告说："耶伦和我周末在巴塞尔。我不得不说，与会人士都非常一致地认为，考虑到欧洲央行操作受到的各种限制，欧洲央行的作为基本上在其能力范围中是最优的了。"圣路易斯联邦储备银行行长詹姆斯·布拉德（James Bullard）则直言不讳："我担心欧洲央行并不是真的为了缓解欧元区衰退而大举放松货币政策。事实上，欧洲央行选择性购买债务的计划预先设定了满足一定条件的机制，这意味着欧洲央行必须等待被救助的国家对提议做出反应。"⊖

在扩张性政策方面，美联储当时远远领先于欧洲央行。2008 年 11 月，美联储就决定实施第一轮量化宽松计划，以补充政府的不良资产救助计划（Troubled Asset Relief Program，TARP）。根据该计划，美国政府从银行购买不良资产和股权。同年 12 月，联邦基金目标利率降为零，而此时欧洲央行的基准利率还在 2.5% 的水平。2010 年，美联储又开启了第二轮量化宽松计划。在 2012 年 9 月的会议上，美联储启动了第三轮无限量量化宽松计划。

也许是由于欧洲央行的计划附带了严格的条件，投资者一直对计划效果持保留意见。在欧洲央行，负责市场操作的人士担心，市场上的交易员并不完全相信欧洲央行的决心。反而是在美国看欧洲市场的人更乐观一些，他们认为至少形势不至于进一步恶化了。在幕后，负责市场和经济事务的执行委员会成员贝诺伊特·库雷和彼得·普拉特（Peter Praet）正试图

⊖　FOMC Meeting Transcript, September 12-13, 2012. https://www.federalreserve.gov/monetarypolicy/files/FOMC20120913meeting.pdf.

向华尔街人士和全球投资者解释欧洲央行的战略，这也可以说是欧洲央行的路演。时任对冲基金都铎投资公司（Tudor）全球经济学家的安赫尔·乌维德（Angel Ubide）回忆起 2012 年的情况，他说："我们花了几个星期的时间试图弄清楚德拉吉所说的'不惜一切代价'到底是什么意思。一两个月后，人们开始怀疑——好吧，也许有些事情已经改变了。"但对他来说，真正的转折点直到 10 月中旬才到来，当时国际货币基金组织在东京召开了年会。"在此之前，我讨论的问题都围绕西班牙是否会违约展开。到了 10 月中旬，问题转向了如何赚西班牙的钱。所有讨论的基调都发生了变化。"

在接下来的几周里，债券收益率继续下跌，而欧元区得到的回报是风平浪静，尽管开始有迹象表明，直接货币交易可能永远不会被使用。马里亚诺·拉霍伊领导的西班牙政府是该计划的主要支持者，可能也是唯一拒绝接受援助的国家，原因可能是担心计划里的苛刻条款和随之而来的耻辱。对任何人而言，意大利可能都属于太大而难以救助的国家。马里奥·蒙蒂决心让意大利自己收拾烂摊子。

该计划唯一的正式文件仍然只是一份新闻通稿。这份通稿简要介绍了计划的基本轮廓，包括将主要购买距离到期日还有 1～3 年的债券，以及当债券违约时欧洲央行可以接受与私人债权人相同的地位。但任何关于这项计划在法律上的正当性和具体参数指标都未公布。英国《金融时报》记者迈克尔·斯蒂恩（Michael Steen）似乎在挑战德拉吉的耐性，他在直接货币交易被公布后的几乎每一次记者会上都会提出这一点，直到他在 2014 年以媒体关系主管的身份加入欧洲央行。当爱尔兰准备在 2013 年退出救助计划时，有关该国是否在形式上符合直接货币交易的条件的信息是存在冲突的：欧洲央行最初表示，直接货币交易可用于爱尔兰重获市场准入资格。可大约在 6 个月后，德拉吉反驳了这一说法。他说，爱尔兰需要在申请直接货币交易之前就已经完全拥有市场准入资格。而欧洲央行的一份文件最终把大家完全搞晕了。这份文件提出，主权国家在已经获得市场准入资格的情况下，就不需要申请直接货币交易了。

还有一些争议可能与直接货币交易的方案从未完成有关。虽然已经制定了相关规则，起草了具体法律，但由于缺乏一些细节，许多涉及具体执行的内容都是空白的——这些在一个国家申请时需要填写好。一位参与了该计划的欧洲央行官员估计，他抽屉里的版本大约完成了95%。不过，2015年启动的大规模资产购买计划解决了上述大部分问题。

到2013年年初，欧洲债务危机已趋于稳定。由于人们对担任领导职务的女性太少表示抗议，欧洲议会曾在2012年10月搁置了对伊夫·默施（Yves Mersch）担任欧洲央行执行委员会委员的提名。而此时，这一任命已经通过，欧洲央行执行委员会已经完成换届。希腊在接受紧急援助中享有更宽松的条款，欧洲央行正逐步将工作重点从应对金融危机转移到重振经济增长上。德拉吉在1月表示："从金融角度来看，我们现在回到了正常的状态，但我们还没有看到早期强劲的复苏信号。"他接着又补充了一些正面的评论："我们说坏事传千里，但我相信好事也一样会传千里。现在就是好事不断的时候。"德拉吉预测，欧元区将在年内走出衰退。此后，欧洲各国领导人纷纷宣布，他们终于在历时3年的债务危机中占据了上风。德拉吉的预测是一个危险的结论，它助长了欧洲各国政府的自满情绪。实际上，危机远未结束，它正在继续。

在德拉吉担任欧洲央行行长期间，"不惜一切代价"是他对欧元存续的最大贡献。这么简单的一句话，是在合适的时间、合适的听众面前被表达出来的。当德拉吉远去时，这句话将警告那些意图发起投机性攻击

⊖ Mario Draghi: Press conference following Governing Council meeting. 10 January 2013. https://www.ecb.europa.eu/press/pressconf/2013/html/is130110.en.html.

的投资者，不要忽视欧洲各国央行行长的决心，他们时刻准备着捍卫自己的货币。即使在今天，对三言两语⊖再加上一点"烟雾"就能在恢复欧元信心方面起到如此大的作用，一些政策制定者仍感到惊讶。央行的市场力量或许可以解释为什么政治家的类似言论没有同样的影响力。欧盟委员会主席巴罗佐和德国总理默克尔都未能像德拉吉在 2012 夏天那样带来坚定的信心。⊜在希腊首次请求救助几天后，巴罗佐曾表示："我们将不惜一切代价捍卫欧元。"默克尔在 2011 年 1 月称："我们支持以任何代价来支持欧元。"杰克·卢认为，"德拉吉的'不惜一切代价'是有史以来最有力的经济词汇。在这个故事中，领导艺术与实际政策同样重要。这个故事值得长期研究，因为仅仅宣布一项政策就能产生如此深远的影响是非常罕见的。当德拉吉加入讨论时，人们清楚地看到，欧洲央行扮演了一个积极的主导角色，推动欧洲各个机构在必要时付出一切代价，来防止危机发生。"

德拉吉的"不惜一切代价"树立了一个典范，说明了好的引导是如何稳定公众行为的。他在 2017 年年底解释说："这句话当时包含两方面的信息。首先，央行应有手段确保任何重新定价（redenomination）的风险……都不会产生，没有产生的环境，也没有产生的逻辑。其次，欧洲央行实际上仍是在授权范围内行事的……很明显，各国央行都是强有力的。这是前所未有的，之后也很难再现。"他接着论述道："由于当时欧元区普遍被分割而碎片化，货币政策的传导受到了阻碍。情况好转始于欧元区分裂状况的修复，直到现在贷款利率和息差（特别是不同国家和部门的贷款利率和息差）仍均处于历史低点。"这是对当时博弈中各方面力量的全面分析。有人问他，在发表声明之前，他有没有预料到这一切，他大笑着回答说：

⊖　这里指的是"不惜一切代价"。

⊜　James G. Neuger and Gregory Viscusi: EU to Set Up Emergency Fund to Prevent Spread of Greek Crisis. Bloomberg, 8 May 2010; Tony Czuczka and Patrick Donahue: Merkel Says Germany Ready to Do 'Whatever Needed' to Save Euro. Bloomberg, 12 January 2011.

"没有。"⊖

　　德拉吉讲话的影响远远超出了欧洲的范围。"这激励我们想出更好的办法。"当时负责协助美联储实施多轮量化宽松政策的耶伦回忆道，"我们被德拉吉讲话的本意所激励，'我向你保证，我们将动用一切力量来防止欧元崩溃'。我不确定马里奥是否知道他就是第三轮量化宽松政策设计灵感的来源。无限购买（债券）就是我们的'不惜一切代价'。"

⊖　Mario Draghi on panel at ECB communication conference. 14 November 2017. https://www.youtube.com/watch?v=DI7p-g51O8g&t=2615s.

Mario Draghi
l'artefice

| 第 5 章 |

"对一切都说不"

2011 年春，当马里奥·德拉吉如期接掌法兰克福欧洲央行之际，在德国广受欢迎的《图片报》以大写字母写道："这就是新任欧洲央行行长的德国范儿"。他一丝不苟、脚踏实地、坚定果断、忠贞不贰，这些美德使他理所应当地成为这个欧洲最大和人口最多经济体的荣誉公民。⊖这位意大利人在上任 5 个月内就两次降息。《图片报》总编辑及其副手在报道一年后对德拉吉进行了第一次正式采访，还带了一个有点特别的礼物：1871 年的普鲁士头盔。这个礼物似乎在提醒："对于德国人来说，央行行长必须严格控制通货膨胀，有政治独立性，对欧元强大有利。"当头盔被从盒子里拿出来时，德拉吉笑了。他承认："这种普鲁士元素正好象征着欧洲央

⊖ Nikolaus Blome: So deutsch ist der neue EZB-Chef. Bild, 29 April 2011. https://www.bild. de/geld/wirtschaft/mario-draghi/ist-neuer-ezb-chef-17630794.bild.html.

行的关键职能——维持价格稳定，保护欧洲储户。"⊖这并不是一句空话，也不是为了讨好他最大的听众，而是他出于对德国这样一个具有审慎精神和坚定心态的国家的尊重，真诚地展示自己的态度取向。但不久之后，关于欧洲央行应该在多大程度上偏离传统的货币政策路径以实现其政策目标，意大利和德国的公众出现了根本性分歧。8 月初，《图片报》发出公开呼吁："德拉吉先生，不要再把德国的钱给那些破产的国家了！否则，《图片报》希望拿回普鲁士头盔！"⊜此时，各国央行正在制订的一项旨在保护欧元的资产购买计划，以贯彻"不惜一切代价"的著名承诺。

在担任行长初期，德拉吉与德国《图片报》的接触也充分体现了他在整个任期内与德国不融洽的关系。阿克塞尔·韦伯在 2011 年 2 月辞去了德国央行行长的职位，这让德拉吉有机会取代特里谢，抢走了自 1998 年欧洲央行成立以来德国一直耐心等待的重要岗位。此后，韦伯实际上已经是金融、政府和经济界核心高层之外的无名小卒了。这也是德国媒体刻意关注德拉吉国籍的原因之一，似乎存在一种满含恶意的偏见，认为让意大利人来负责货币政策只会导致失败。"通货膨胀就像番茄酱、意大利面一样，是意大利生活的一部分"，这样的嘲讽针对的是意大利在 20 世纪 20 年代物价失控和恶性通货膨胀的集体记忆。⊜可笑的是，这一嘲讽忽视了 20 世纪 70 年代意大利 20% 以上的通货膨胀率，这是德拉吉亲身经历的，是新鲜的伤疤。

2011 年上半年，德拉吉努力打造着负责任、可靠的欧洲央行行长形象，鼓励各国政府为促进经济繁荣而努力。这是他在任期结束时会更加强调的路线，那时，尽管欧洲央行执行了低利率货币政策多年，实施了超过

⊖ Kai Diekmann and Nikolaus Blome: Interview with Mario Draghi. Bild, 23 March 2012. https://www.ecb.europa.eu/press/inter/date/2012/html/sp120323.en.html.

⊜ Unnamed: Kein deutsches Geld mehr für Pleite-Staaten, Herr Draghi! Bild, 24 October 2012. https://www.bild.de/politik/ausland/euro-krise/ezb-entscheidung-ueber-neue-milliarden-hilfen-esm-staatsanleihen-kauf-25453080.bild.html.

⊜ Jan W. Schäfer: Wer passt jetzt auf unseren Euro auf? Bild, 11 February 2011. https://www.bild.de/politik/wirtschaft/banken-krise/wer-passt-jetzt-auf-euro-auf-15924766.bild.html.

2.5 万亿欧元的资产购买计划，并给予银行无限额的长期贷款，但经济增长和通货膨胀仍令人失望。"我们都应该以德国为榜样。德国通过实施结构改革提高了竞争力。这绝对是个典范。"德拉吉在 2011 年 2 月对德国右翼的《法兰克福汇报》（*Frankfurter Allgemeine Zeitung*）说。⊖他在罗马演讲时说，意大利不能再推迟修复公共财政了，需要"大幅削减开支"。⊜他在博洛尼亚（Bologna）解释道："央行能做出的最大贡献是继续确保价格稳定。"⊜他的保证和强有力的资历说服了欧洲的政治家，他们在 6 月任命了德拉吉。

在一些参与欧洲政治的资深官员的游说下，德国媒体也对德拉吉持乐观态度。称他是"具有德国美德的意大利人"和"来自罗马的普鲁士人"。⊛但公众仍然持怀疑态度。"很多德国人很担心您能否坚持德国央行的传统。你能给德国人一个答案吗？"这是德拉吉作为欧洲央行行长在首次记者招待会上面临的问题之一。在回应中，他深情地谈到赫尔穆特·施莱辛格（Helmut Schlesinger）和汉斯·蒂特迈尔（Hans Tietmeyer），这两人在德拉吉于意大利财政部任职期间领导德国央行度过了 20 世纪 90 年代的大部分时间。"我非常赞赏德国央行的传统……至于未来，让我来做我的工作，我们将定期检查我是正与这一传统同步还是正背离这一传统。"⊠

即使政府抱怨高利率在扼杀经济并推高失业率，德国央行仍采取坚定措施以保持德国马克的稳定，使得德国 1948 ～ 1998 年的平均通货膨胀率

⊖　Tobias Piller: Alle sollten dem deutschen Beispiel folgen. Frankfurter Allgemeine Zeitung, 15 February 2011. https://www.faz.net/aktuell/wirtschaft/konjunktur/mario-draghi-alle-sollten-dem-deutschen-beispiel-folgen-1590580.html.

⊜　Marco Bertacche: Italy Can't Put Off Lasting Deficit Solution, Draghi. Bloomberg, 29 April 2011.

⊜　Lorenzo Totaro: Draghi Says Ensuring Price Stability is Best Policy For ECB. Bloomberg, 21 February 2011.

⊛　Ferdinand Knauß: Warum die Kanzlerin Draghi hätte verhindern müssen. WirtschaftsWoche, 7 September 2012 https://www.wiwo.de/politik/europa/ezb-entscheidung-macht-deutschen-angst-warum-die-kanzlerin-draghi-haette-verhindern-muessen/7108514.html.

⊠　Mario Draghi: Press conference following Governing Council meeting. 3 November 2011. https://www.ecb.europa.eu/press/pressconf/2011/html/is111103.en.html.

仅为 2.8%，明显低于其他大多数工业化国家。而 1955 ~ 1998 年，意大利的平均通货膨胀率为 7.3%。即使在 1973 ~ 1979 年第一次石油危机之后的高通胀低增长时期，德国央行仍严格控制货币供应量，来保持相对较低的物价增长。⊖而当时美国、英国和法国正在应对高达两位数的通货膨胀率。

　　德拉吉到了欧洲央行以后的这段时间可以说是一帆风顺，但是蜜月期很短。2012 年春夏，欧洲债务危机迅速恶化，直到德拉吉提出著名的"六字真言"："不惜一切代价。"这"六字真言"也使德拉吉作为欧元的救星而青史留名。不过，与此同时，他作为欧元区那些大量负债的非核心国家代理人的形象，也深深刻入了德国人的脑海。当其支持这一承诺的计划在 9 月宣布时，德国公共广播联盟（ARD）发起的一项民意调查显示，仅有 13% 的德国人支持购买债券。⊜在年初时盛赞德拉吉经济哲学严谨的《图片报》，称直接货币交易计划是货币史上的"黑日"。德国的下议院（即联邦议院）的预算委员会还邀请这位意大利人来解释他的政策。⊜

　　德国对购买政府债券计划的批评也有些讽刺，因为德国央行也参与其中。纵观历史，德国央行也曾多次使用这一工具：1967 年买入 13 亿马克；1975 年买入约 75 亿马克，仅 4 个月后便因担心此类购买行为可能被视为非法资助政府而终止了这一计划。

　　德国人毫不留情的批评让德拉吉感到恼火。他试图修补与德国的关

⊖　Bundesbank: Die Deutsche Bundesbank. Notenbank für Deutschland. Bundesbank, 2017. https://www.bundesbank.de/resource/blob/597802/0999030a0e146917e5807559cba369ee/mL/die-deutsche-bundesbank-data.pdf.

⊜　Infratest dimap: ARD Deutschlandtrend, September 2012. https://www.infratest-dimap.de/fileadmin/_migrated/content_uploads/dt1209_bericht.pdf.

⊜　Nikolaus Blome: Würfelzucker im Salzstreuer. Bild, 7 September 2012. https://www.bild.de/news/standards/bild-kommentar/wuerfelzucker-im-salzsteuer-26071478.bild.html.

系。他与这个国家的密切联系首先体现在他父亲卡罗在 20 世纪 30 年代经常到德国旅行,并能说一口流利的德语。这在当年帮助他父亲与意大利政权保持距离:每当他父亲受到加入法西斯政党的压力时,就会离开意大利,往北到德国出差数月。

卡罗·德拉吉是一个勤劳的人,他相信欧洲文化可以超越国界。他教导儿子以信念和决心对待生活。"他曾经告诉我,"德拉吉回忆道,"德国一个城市广场上有一座纪念碑,上面大致写着这样一句话:如果你失去了钱,你什么也没失去,因为你可以用一笔好的生意把它找寻回来。如果你失去了荣誉,你就失去了太多,但你可以通过英勇的行为重新获得它。但是,如果你失去了勇气,你就失去了一切。"⊖

在 2012 年的那几个月,德拉吉确信是时候采取行动了。"风险被管理得很好。而且,在我们的评估中,无所作为会带来更大的风险。"在直接货币交易计划披露的几天后,为缓解对潜在巨额资产购买计划可能危及价格稳定的担忧,他对德国中间偏左的《南德意志报》(Süddeutsche Zeitung)说道。⊜

在德国,第一次世界大战后通货膨胀加剧的故事仍然代代相传。爷爷们一拿到钱就冲到店里去把不断贬值的纸币换成日用品,妈妈们则用手推车和手提箱来运送现金。这一切,都是央行按照政府偿还债务的要求印钞造成的。当时,《凡尔赛条约》(Treaty of Versailles)规定了德国的战争赔偿责任。到 1923 年 11 月,也就是这样的艰难岁月结束前不久,德国马克已经贬值到 1 美元可以兑换 4.2 万亿马克。⊜正是这样的历史使德国坚持不

⊖ Giovanni di Lorenzo: Interview with Mario Draghi. Die Zeit, 15 January 2015. https://www.ecb.europa.eu/press/inter/date/2015/html/sp150115.de.html.

⊜ Alexander Hagelüken and Markus Zydra: Interview with Mario Draghi. Süddeutsche Zeitung, 14 September 2012. https://www.ecb.europa.eu/press/inter/date/2012/html/sp120914.en.html.

⊜ Bundesbank: Die Deutsche Bundesbank. Notenbank für Deutschland. Bundesbank., 2017. https://www.bundesbank.de/resource/blob/597802/0999030a0e146917e5807559cba369ee/mL/die-deutsche-bundesbank-data.pdf.

懈地争取其币值的稳定——自 1957 年德国央行成立以来，这一直是德国央行的法定职责。到 1999 年欧洲央行成立时，这一职责又交给了欧洲央行。对许多德国人来说，德国央行就是那座建在法兰克福市中心靠北、20 世纪 60 年代前卫野蛮主义风格的混凝土堡垒，象征着多年来的经济成功、强大且独立于政府干预的货币政策。相比较而言，年轻的欧洲央行远未建立起这样的声誉。"在拥有德国央行的国度里，你是否感觉很不自在？"德拉吉在 2012 年 9 月被这样问道。"我经常说，德国央行是一个伟大的机构，我非常尊重它。如果我们能保持合作就太好了。我们已经成功地合作了多次。但目前，我们对应对危机的最佳方式确实有不同的看法。""您觉得德国人怎么样呢？"德拉吉回应说："我们需要向他们解释，欧洲央行在德国做得出色的事情是什么，以及欧洲央行的政策意图和正在采取的应对措施是什么。"⊖

　　德拉吉充分意识到，沟通是接触德国大众的关键。但他的风格与前任大不相同。在执掌欧洲央行的 8 年里，特里谢发表了超过 300 次公开演讲，其中许多演讲都是在德国各地看似随机挑选的城镇进行的，他还接受了 80 多次采访。特里谢还是德国文学的狂热爱好者，他学习这门语言是为了阅读约翰·沃尔夫冈·歌德（Johann Wolfgang Goethe）的原著，同时也是为了能够和在路上遇到的人进行随意的交谈。德拉吉在这方面的表现就乏善可陈了。到 2019 年春天时，他已经两年多没有接受过采访了，而他的演讲次数刚刚达到特里谢的一半。他精心挑选出场时机，更愿意传递有独创性的想法，而不仅仅是简单地重复陈述司空见惯的事实。这就是他的语言更为抓人的原因。

　　欧洲央行负责媒体沟通的部门进行了彻底的改革。过去这里总是发表"没有评论"，现在这个部门甚至会为媒体代表提供背景信息。这个部门还招聘了不少有新闻从业经历的职员，因为记者最清楚记者需要什么。其中

⊖　Alexander Hagelüken and Markus Zydra: Interview with Mario Draghi. Süddeutsche Zeitung, 14 September 2012. https://www.ecb.europa.eu/press/inter/date/2012/html/sp120914.en.html.

还包括几位德国人，招聘的理由是希望他们用母语与最大的服务对象群体交流，以达到最好的交流效果。2017 年，德拉吉在一次专门讨论央行对外沟通的会议上表示："在有的国家，有些报纸因为一直在使用本国语言而逃避了国际社会的审视，使得这些报纸可以年复一年地脱离现实去发声……任何发起的倡议都被欣然接受，只因我们所处的世界特别现实。在此意义上应尽一切努力，但同时要兼听则明。即使你发现周围暂时缺少知音，也不能轻言放弃。这激励我们加倍努力。曙光虽远，但就在前方。"㊀

在德拉吉执掌欧洲央行的大部分时间里，最困扰他的报纸首推《法兰克福汇报》，但德拉吉没有点名提及这份德国报纸。在与同事的多次谈话中，他对这份报纸表露出来的恶毒语气、指责和结论表示绝望。折磨往往是相互的。《法兰克福汇报》的发行人，霍尔格·施特尔茨内（Holger Steltzner）在 2017 年接受政治新闻网站"政客"（Politico）采访时抱怨道："欧洲央行似乎已经放弃了面对公众的努力。"㊁欧洲央行对这一指责表示质疑。事实上，德拉吉在任期内一直在努力面对更多社会公众。欧洲央行成立了一个新的部门负责处理民众提出的各种请求、问题和建议，并鼓励工作人员通过推特（Twitter）和其他社交媒体开辟沟通渠道，建立访客中心以介绍欧洲央行运作的详细情况。

德国媒体最为关注的话题之一是第二代泛欧实时全额自动清算系统的失衡。这种失衡是由欧元区成员国之间的资金单向净流动造成的，这类资金被视为成员国央行对欧洲央行的债权或债务。例如，德国央行获得债权常见的模式是，一家公司从一家意大利银行提取资金，并将其汇至德国的一家银行，作为给德国供应商的付款。假设此时欧元区解体，德国纳税人就会损失这笔债权。希腊在 2012 年和 2015 年两次出现退出欧元区的不祥

㊀　Mario Draghi on panel at ECB communication conference. 14 November 2017. https://www.youtube.com/watch?v=DI7p-g51O8g&t=2615s.

㊁　Johanna Treeck: ECB's (non)communication strategy keeps investors in the dark. Politico, 16 August 2017. https://www.politico.eu/article/mario-draghi-christine-graeff-foggy-ecb-communication-risks-darker-days/.

之兆，凸显出欧元完全有可能被终止。这也让公众意识到富国承担巨额损失的风险是真实存在的。德国最具影响力的经济学家之一、著名研究机构德国伊福经济研究所（IFO）所长汉斯－维尔纳·辛恩（Hans-Werner Sinn）在 2012 年就这一问题撰写了专著并多次发出警告，进一步加剧了公众对此的担忧。

实际上他的预测也存在不少缺陷。例如，他认为在德国实行最低工资将导致近 100 万个工作岗位的损失，是新增岗位的 5 倍。而他关于实行单一货币会使德国受损的观点也颇有争议，实际上德国是欧元体系的最大受益者之一。

每当欧元区的债务危机出现新高潮，或非常规货币政策进一步加剧失衡之时，第二代泛欧实时全额自动清算系统都会作为争议话题的主题反复出现。这时，德拉吉往往会努力缓解公众的担忧，他在 2017 年强调说："如果一个国家要退出欧元体系，首先要处理好这个国家的央行对欧洲央行的债权或债务。"㊀ 2018 年，他辩护说："在欧元体系内的记账关系是所有分权型货币联盟的固有特征。限制账户规模将制约资本的跨境自由流动，从而损害货币联盟的顺利运作。"㊁

在任期的大多数时间中，德拉吉与德国的关系都是这样不温不火，但在两次事件中变得特别糟糕：一次是德国央行行长延斯·魏德曼在德国宪法法院宣称，正是直接货币交易计划在非法为政府提供融资支持，使得欧元区经历了如此严重的债务危机；另一次是德国财政部部长沃尔夫冈·朔伊布勒指责德拉吉及其政策导致民粹主义在欧洲抬头。尽管指责十分严

㊀ Mario Draghi: Letter to Marco Valli and Marco Zanni. ECB, 18 January 2017. https://www.ecb.europa.eu/pub/pdf/other/170120letter_valli_zanni_1.en.pdf?be6aea5c0aa3596d1d08149b510ea707.

㊁ Mario Draghi: Letter to Joachim Starbatty and Ulrike Trebesius. ECB, 12 September 2018. https://www.ecb.europa.eu/pub/pdf/other/ecb.mepletter180914_Starbatty_Trebesius.en.pdf?e43470bab378a5da038448f3870a07a0.

厉，但这位意大利人从未失去最重要的支持——来自德国领导人的支持。德国总理安格拉·默克尔被视为这个国家的母亲，经常被民众亲切地称为"妈妈"（Mutti ⊖）。在德拉吉上任之初，默克尔就曾强调欧洲央行的独立性，以此来保护德拉吉的非传统应对政策。多年来，两人的关系愈发紧密。这种融洽的关系还表明他们之间存在更深层次的互信。德国人可能对某些欧洲国家及其政策的诚信度持怀疑态度，例如过去 10 年在面临重大挑战时，有的国家对欧元的支持和承诺未必是全心全意的，而德拉吉所在的意大利对欧元的信念却从来没有动摇过。德国总统弗兰克－瓦尔特·施泰因迈尔在 2018 年年底拜访德拉吉时对他说："我们生活在这样一个动荡的时期，欧洲央行要管控好欧元并非易事。你的审慎兼顾和决断确保了欧元的稳定。行长先生，你的经验足以让你清楚，当你做出决定时将面临不少批评，特别是在我们这个有不同经济政策和哲学传统的欧洲……对我们来说，重要的是欧洲央行及其决定的独立性在任何时候都得到保障。这一直是也将永远是我相信欧洲央行将尽其所能维护共同货币稳定的原因。" ⊜

　　魏德曼在 2011 年春季接管德国央行，比德拉吉执掌欧洲央行早了半年。这位 43 岁的德国人是德国央行有史以来最年轻的行长。魏德曼曾在国际货币基金组织和德国经济顾问委员会（German Council of Economic Experts）任职，并于 21 世纪初担任德国央行货币政策部门负责人。在回到德国央行之前，他还担任了默克尔总理的核心经济顾问长达 5 年之久。他很快就开始发出自己的声音，成为批评欧洲央行非常规政策的关键人物之一，并树立了自己"鹰派"的名声。一般来说，鹰派政策制定者更关注通货膨胀问题，通常主张收紧货币政策。相对而言，鸽派则不太担心物价

⊖　Mutti 为德语。

⊜　Frank-Walter Steinmeier: Statement during visit at the ECB. 26 September 2018.

增长，倾向于采取更宽松的政策。

德拉吉最初急于弥合与魏德曼之间的分歧。2012 年 3 月，德拉吉在一次采访中坚称："延斯·魏德曼指出的（向银行提供近 1 万亿欧元流动性的相关风险）是正确的。我同意他的看法。""无论是在工作中还是在个人私交方面，我和延斯·魏德曼都相处得很好。我们的意见分歧被外界过度放大了。"他补充道。⊖这样的表述实际上就是主动伸出手寻求谅解，但他们之间的关系却在此后迅速恶化。当年夏天，魏德曼是欧洲央行理事会唯一反对直接货币交易的成员。一年后，他告诉德国联邦宪法法院法官，该计划可能"模糊了欧洲货币政策和各个国家财政政策之间的界限……如果损失规模过大，危及金融体系的独立性和欧元体系的可信度，那么由政府出面为此付出一定代价就有必要了。"⊜这是在危险的时刻进行的一场危险的赌博，因为如果法官最终裁定否决直接货币交易计划，欧元区的解体就会不可避免。法官席上的八名法官身着深红色长袍、白色围兜，戴着红色帽子。约尔格·阿斯穆森站在对面，作为争论的另一方解释道："不采取行动的风险会更大。"他提出，尽管欧洲央行宣布直接货币交易没有任何上限，但在实际操作中，该计划的设计决定了行动的边界。⊜朔伊布勒和政府的律师呼吁法院驳回所有七项诉讼，并要求法官尊重央行的独立性。

魏德曼如此批评德拉吉的政策，德拉吉如何看待呢？从他在多年以后的一次谈话中还对这件事如鲠在喉的态度，就可见一斑。1981 年，一位具有苏格兰血统的美国历史学家戈登·A.克雷格（Gordon A.Craig）出版了

⊖ Kai Diekmann and Nikolaus Blome: Interview with Mario Draghi. Bild, 23 March 2012. https://www.ecb.europa.eu/press/inter/date/2012/html/sp120323.en.html.

⊜ Jens Weidmann: Eingangserklärung anlässlich der mündlichen Verhandlung im Hauptsacheverfahren ESM/EZB. 11 June 2013. https://www.bundesbank.de/de/presse/stellungnahmen/eingangserklaerung-anlaesslich-der-muendlichen-verhandlung-im-hauptsacheverfahren-esm-ezb-662878.

⊜ Jörg Asmussen: Introductory statement by the ECB in the proceedings before the Federal Constitutional Court. 11 June 2013. https://www.ecb.europa.eu/press/key/date/2013/html/sp130611.en.html.

著作《德国人》(*The Germans*)。该书的第一章引用了歌德的话提出了一个观点:"德国人,无论是对己还是对人,都让一切变得困难。"⊖

2013 年年底,德拉吉被问道:"你和德国央行行长魏德曼之间的冲突还将持续多久?""我认为我们之间更多的是趋同而不是冲突。"他的回答又是一次争取舆论的努力。⊜在接下来的几个月里,欧元区通货膨胀率滑落到了危险的低位,这促使德拉吉坚定了开展大规模资产购买计划的想法,他在稍晚的时候确认了资产负债表扩张正好符合他的预期。到 2014 年秋天的时候,德国媒体报道说,德拉吉和魏德曼之间几乎没有什么友好交流,默克尔也进行了干预,敦促两人修补关系。⊜这可能是对冲突的夸大,但两人的分歧在此时的确是深刻和明显的。2015 年年初,欧洲法院(European Court of Justice)发表了意见,授予欧洲央行在制定和实施货币政策时充分的自由裁量权,这为实施量化宽松铺平了道路。魏德曼承认,这一工具是合法的,但在当时看来是不必要的。⑭他对此表示反对。

到了 2016 年 3 月,又有一个大型提案被提上议事日程,而由于欧洲央行的轮值制,魏德曼没有投票权。此时,对长时间的谈判,以及对那种投资者认可的渐进式解决方案的妥协,德拉吉已经受够了。他建议:将存款利率下调至负区间(自 2014 年 6 月以来该利率一直在零以下);提高每月债券购买目标,购买范围扩大至企业债;向银行发放一系列长期贷款以刺激放贷,承诺长期保持低借贷成本,保留进一步降息的选择。他没心情参与辩论。要么接受,要么还是接受。对于魏德曼乃至其他一些表示关切的官员而言,随后的简短讨论只是聊胜于无。不出所料,德国媒体的反应

⊖ Gordon A. Craig: The Germans. Meridian; Reissue edition, 1991.

⊜ Unnamed: Interview with Mario Draghi. Spiegel, 30 December 2013. https://www.ecb. europa.eu/press/inter/date/2013/html/sp131230.en.html.

⊜ Thomas Röll and Frank Thewes: Streit zwischen Draghi und Weidmann eskaliert. Focus, 13 October 2014. https://www.focus.de/magazin/archiv/ezb-streit-zwischen-draghi-und-weidmann-eskaliert_id_4196478.html.

⑭ European Court of Justice: Press release No 2/15. 14 January 2015. https://curia.europa.eu/jcms/upload/docs/application/pdf/2015-01/cp150002en.pdf.

是强烈的。德国商业性日报《商报》（*Handelsblatt*）在头版刊登了一幅漫画，内容是德拉吉用嘴里叼着的雪茄点燃一张 100 欧元的钞票。另一些人则指出，漫画上德拉吉的领带正是他发表"不惜一切代价"演讲时系的那条。这是讽刺？示威？或仅仅是巧合？

　　德拉吉的提议在沃尔夫冈·朔伊布勒执掌的财政部也不是特别受欢迎。这既可能是布鲁塞尔关于救助计划近乎永无休止争吵的影响结果，也可能是对在财政刺激和债务削减之间难以寻求平衡的反应。德国的怀疑情绪是由集体性的奥尔多自由主义思潮所推动的（这种经济思想认为应明确规定央行、政府、雇主和工会在经济管理方面的责任），再加上没有充分理解金融市场的心理——德拉吉恰好深谙这一话题。从深层次看，这两位领导人关系的基础，是相互尊重乃至钦佩对方在建立并捍卫一个统一欧洲方面所取得的成就——尽管欧元区成员国之间仍存在严重分歧。但到了2016 年春天，他们彼此之间的耐心越来越少。欧元区债务危机最严重的阶段早已结束。除希腊外，所有国家都退出了救助计划，德国经济正实现稳健增长。此时，与继续执行宽松的货币政策相比，更应该采取提高利率的措施。许多德国人对欧洲央行不满，自危机开始以来，对欧洲央行的信心几乎丧失近半，德国民粹主义者也反复强调这一问题。过去几年，对过于强调欧洲一体化将损害德国繁荣的担心、对传统政党政治的失望以及来自中东和北非难民的涌入，使得公众愈加支持那些寻求不同策略的政治运动。默克尔则称之为别无选择。2013 年成立的德国选择党（Alternative for Germany，AfD）当年就险些错过进入议会的机会，而到了 2016 年其支持率颇为强劲。该党领导人在德拉吉提出经济刺激计划的当天就宣布，欧洲央行的政策是"错误的、有害的和无效的"。3 天后，该党在德国东部一个州的选举中赢得了近 25% 的民众选票，同时在巴登－符腾堡州（Baden-Württemberg）的支持率飙升至 15% 以上，而巴登－符腾堡州是众多全球领先的创新型公司的所在地。作为国家政治中心的柏林大为震动，影响持续了很长一段时间。当时，德拉吉发现自己又成为聚光灯下的焦点。4 月初，朔伊布勒抱怨说，欧洲央行的政策"对德国的好处不如对其他国家，（这导致）在德国，欧洲政策合法化方面的问题越来越严重。这种局面绝不仅仅在老一辈人中"。抱怨又变得更为直接："我对马里奥·德拉吉说……值得自豪的是，在德国，那个新成立的政党获得成功，一半要归功于欧洲央行的政策设计。"⊖ 这些评论最初是在布鲁塞尔的一次欧元集团会议上发表的，后来在法兰克福郊外小镇的一个颁奖仪式上，他又重复了一遍。对于这样一个刚刚经历了金融危机和二次衰退、尚未完全重建的地区，这种评论显然意味着局势趋于紧张。如果这会困扰德拉吉的话，德拉吉就不会出现。他在采访中回应道："我不会把个人情感带入工作。实际上，我们欢迎有礼貌和有建设性的辩论，因为这有助于解释我们的政策。"⊖

　　这不是德拉吉和朔伊布勒第一次公开呛声。2014 年，德国甚至宣称，欧洲央行已经用尽了政策工具。欧洲央行的银行家们永远不会同意这一点，因为这意味着他们无力驾驭经济和影响市场。事实上，两人之间出现分歧并不罕见。他们通常只在台下争执不休，且绝不吝啬为对方提工作建议。朔伊布勒精于政治斗争，是极少数能看穿德拉吉的人。早在 2012 年，朔伊布勒就对德拉吉说："亲爱的马里奥，这还没开始呢。"当时，欧洲央行刚设计出名为直接货币交易的债券购买计划，并要求各国政府签署一项改革计划，以换取救援基金的援助。"你不能把你的货币政策与我的欧元集团政策相联系，来决定我们是否实施欧洲稳定机制的计划。"

　　欧元集团是一个经常产生争执的地方。德拉吉和朔伊布勒经常坐在长方形桌子的同一个角落里。会议桌上还有欧元区成员国的财政部部长及其助手、欧盟经济和货币事务委员、欧洲央行行长，有时还有国际货币基

⊖　Stefan Wagstyl and Claire Jones: Germany blames Mario Draghi for rise of rightwing AfD party. 10 April 2016 https://www.ft.com/content/bc0175c4-ff2b-11e5-9cc4-27926f2b110c.

⊖　Kai Diekmann, Nikolaus Blome and Daniel Biskup: Interview with Mario Draghi. Bild, 28 April 2016. https://www.ecb.europa.eu/press/inter/date/2016/html/sp160428.en.html.

金组织总裁。会议均由欧元集团主席主持。德拉吉和朔伊布勒在会上争吵不休，让其他参与者感觉是和两个调皮的小学生坐在一起，必须不停地用木槌敲打才能保持会议秩序。一位经常与两人一起参加会议的人说："他俩一开会就互相攻击，绝不轻言妥协。"在国际货币基金组织春季会议上，也就是在朔伊布勒发表民粹主义言论的几天后，他们又上演了令人难忘的一幕：当德拉吉正在各财长和央行行长面前就量化宽松政策侃侃而谈时，朔伊布勒打断了他："你自己的组织，"他指的是国际清算银行，"也认为货币政策太多了，你需要往后退。"德拉吉花了点时间回应道："沃尔夫冈，我希望你多听我的，而国际清算银行少听我的。"他们的争论持续了一段时间。朔伊布勒触及了国际清算银行亮出的货币政策的软肋——国际清算银行呼吁要降低政策的扩张性，而自2010年以来德拉吉的政策就因扩张性不足而受到批评。在会议中，即使他们保持语调温和，房间里的每个人都仍然会感到紧张。

那天晚上，两人在乔治敦的一家餐馆吃晚饭时言归于好。第二天，朔伊布勒就公开以朋友称呼德拉吉。"讨论非常积极、富有成果。我认为非常和平、非常友好。朔伊布勒对他自己的发言进行了评论，他认为自己有点词不达意，又或者是言不由衷。"德拉吉在法兰克福回应道。他同时发出警告：那些以"某种类型的批评"来威胁欧洲央行独立性的人正在加剧欧洲的经济问题。"我们有责任为整个欧元区寻求价格稳定，而不仅仅是德国……我们遵守的是法律，而不是政治家的主张，因为按照法律规定我们是独立的。"⊖

德拉吉和朔伊布勒以及和魏德曼之间的争吵，往往以默克尔出面裁决而结束。她是四人中最不熟悉复杂经济的人，她的政治直觉让她很清楚什

⊖   Mario Draghi: Press conference following Governing Council meeting. 21 April 2016. https://www.ecb.europa.eu/press/pressconf/2016/html/is160421.en.html.

么时候应该干预，什么时候应该袖手旁观，以及如何在迎合选民的关切与支持更有利于欧洲的不讨喜主张之间取得平衡。这一次，她表示，就欧洲央行的政策进行政治辩论当然是合法的，但"这不应与干涉欧洲央行的独立政策相提并论。而我支持欧洲央行的独立性"。⊖德拉吉经常和她交谈，频繁程度足以与欧洲央行的自主性"相匹配"。⊜他定期到柏林总理府去拜访默克尔，并养成了在每次欧盟峰会前与她进行双边对话的习惯。"他在这段关系上投入了很多。"一位观察到这段关系发展的人评论道。

相比于德拉吉的前任特里谢，默克尔与德拉吉走得更近。特里谢在欧洲领导人面前花了大量时间说教、演讲和发出警示。一旦这些领导发现并非所有他警示的风险都会成为现实，这种交流策略的效力就非常有限了。

德国总理和欧洲央行行长在很多方面都很相似：认真准备对话，仔细倾听对方的意见，然后提出深思熟虑的问题，探讨表面问题下的本质、起因或技术细节。默克尔在最复杂的经济和金融问题上的参与程度令人印象深刻，她对细节的关注也令德拉吉感到惊讶。与银行家们一起，她会深入讨论高斯分布如何有助于评估资产价格；与意大利人一起，她会讨论在一个具有多重均衡的经济体系中，协调失败将如何增加衰退风险。大多数时候，他们都用英语交谈，如果遗忘了某个专业术语，她就会转而用德语来完成表达。他们的讨论常常从对话者的角度围绕着某个特定情景展开。如果你站在我的立场上，你会怎么做，你会做什么，为什么这么做？这是他们看待事物的一种常见方式。

这种交流模式对两人都有好处。德拉吉感兴趣的是默克尔对德国和欧洲经济的看法。默克尔有时对朔伊布勒的经济判断持批评态度，她在很大程度上依赖德拉吉的专业知识。尽管人们普遍认为德拉吉意大利人的身份可能会影响他的观点，但对默克尔的性格来说这根本不足为虑，她不是那

⊖ Thomas Escritt and Tom Koerkemeier: Merkel says ECB criticism in Germany is legitimate. Reuters，21 April 2016. https://www.reuters.com/article/ecb-policy-germany-idUSB4N13101X.
⊜ Giovanni di Lorenzo: Interview with Mario Draghi. Die Zeit, 15 January 2015. https://www.ecb.europa.eu/press/inter/date/2015/html/sp150115.de.html.

种容易产生偏见的人。一位处于她核心圈子的工作伙伴认为，在得出结论之前，默克尔总是以开放的心态对待他人，并对他们进行深入研究。对德拉吉，她绝对充满尊重。

在 2015 年年初的一次采访中，德拉吉描述了与默克尔总理之间的关系："在这种情况下，用'朋友'这个词并不恰当。应该说我和她有着良好的工作关系。"⊖在德国这样非常传统的经济环境下，要想使他制定的非常规政策发挥作用，默克尔的支持至关重要，尤其是在他于演讲中承诺"不惜一切代价"拯救欧元的 2012 年夏天。不过，除了断断续续地表示支持之外，他们小心地让其紧密关系避开了公众的视线。正如一位观察员在危机最严重时所看到的那样："避免这种合作关系广为人知，是符合双方利益的做法。她能做他不能做的事，他也能做她需要的事。他们都需要对方。"

颇为讽刺的是，德国多年来总在批评欧洲央行的宽松货币政策及其非常规政策工具，而很快它就会发现自己处于严重的经济放缓中，必须要求央行放弃加息的努力。不仅如此，政府官员们还在疯狂地提供更多的支持。2019 年夏天，德国作为欧洲最大经济体，将要面临衰退。作为这个国家的基础支撑，制造业将深陷泥潭，这是全球化势头减弱和中美贸易摩擦影响的结果。对一个开放的、以出口为导向的国家来说，上述两个问题都将是可怕的诅咒。在国内经济无法再承受痛苦、失业率大幅上升、危机蔓延到欧元区其他国家之前，信心温水煮青蛙式地逐渐丧失。在德拉吉执政的最后一年，除了意大利之外，欧元区所有国家的经济增长都超过了德国。然而，德国官员还在叫嚷着不需要大规模刺激方案。他们似乎要证明，有些事情永远不会改变。

⊖ Giovanni di Lorenzo: Interview with Mario Draghi. Die Zeit, 15 January 2015. https://www.ecb.europa.eu/press/inter/date/2015/html/sp150115.de.html.

Mario Draghi
l'artefice

| 第 6 章 |

打 破 常 规

2013 年年初，马里奥·德拉吉承诺"不惜一切代价"已过去 6 个月了，欧元区的情势似乎正在好转。欧元已不再摇摇欲坠地濒临崩溃，欧元区的财长们热切希望翻开新的一页，告别 3 年来无时不在的动荡时局和随时可能降临的世界末日。对德国财政部部长沃尔夫冈·朔伊布勒来说，欧元已经熬过了最糟糕的危急时刻，金融市场也表现出和经济一致的向好迹象：利差下降，股市上涨。越来越多的迹象表明，欧元区可能很快就会摆脱长达 6 个季度的衰退。

宣布胜利难免诱人，但危机留下的伤痕却很深。决策者们也意识到，目前只能使用一些谨慎乐观的言辞。德拉吉在 2013 年的第一次记者招待会上说："最近，一些指标尽管仍处于较低水平，但总体上看基本稳定，金融市场信心的改善较为显著，2013 年晚些时候应该会开始逐步复苏。"⊖欧元区经济在第二季度开始再次扩张，但失业率超过了12%，创下历史最高纪录，并全年一直居高不下。最令人担忧的是，欧元区的整体失业率指标掩盖了形势的严峻性。在西班牙等国，失业率是这个数字的两倍多，年轻人找工作尤其困难。与投资者不同，从赫尔辛基到里斯本，街头的普通民众并没有看到民生有多大改善，社会不满情绪也没有减弱的迹象；各类企业仍然难以获得信贷，中小企业尤甚，意大利等地企业的贷款利率远高于德国；各银行则发现自己贷出的数十亿欧元的贷款都已经成为不良资产。各个国家都开始紧缩开支，一场新的危机正在塞浦路斯酝酿着。

德拉吉对经济增长乏力的前景深感忧虑。他深知，欧元区经济必须得到强有力的提振，以避免陷入长期停滞。更令人担忧的是2013年下半年出现的情况：通货膨胀正在放缓，到10月降至1%以下。石油只是引发这一问题的一半原因，虽然能源价格的下降实际上对钱包日渐消瘦的消费者来说是好事，但对刺激经济复苏并无补益。

实际上，在此后超过3年的时间里，欧元区的通货膨胀率一直在接近零的位置徘徊，且偶尔会转为负值。物价下跌看似有利于民众（特别是对那些刚刚走出危机的普通市民），但经济学家们很快就警告说，与恶性通货膨胀相比，通货紧缩造成的价格失控可能会更危险，因为它更难对付。

如果越来越多的企业和家庭相信，明天的商品价格会比今天的更低，经济就会陷入停滞。这时，很少有人会投资新的机器设备，很少有人会在商店里大肆采购。在一般情况下，人们会希望形势随着时间的推移而逐步好转；而在通货紧缩的情况下，只要情况不恶化就算是好消息了。在没有通货膨胀的情况下，债务变得越来越难以管理，这给那些冒险尝试新事

⊖　Mario Draghi: Press conference following Governing Council meeting. 10 January 2013. https://www.ecb.europa.eu/press/pressconf/2013/html/is130110.en.html.

物的人设置了另一道障碍。将欧洲央行的政策目标确定为"价格稳定"的内涵是丰富的。这意味着通货膨胀率为零并不符合目标，而"低于并接近2%"才符合。可以说，欧洲央行价格目标的实现就是防止通货紧缩的重要保障。

通货紧缩的社会影响是毁灭性的，几乎所有的社会群体在此时都是输家。美国在20世纪30年代初大萧条时期的通货紧缩经历已经被广泛研究。曾在2006～2014年担任美联储主席的本·伯南克，就是该领域最杰出的专家之一。20世纪30年代初，美国实行的是金本位制，即以固定数量的黄金为基础的货币体系。这意味着美联储允许发行的信贷额度是有限的——美元40%的价值必须以黄金作为担保。当人们将美元兑换成黄金时，美联储就会被迫收缩货币供应，同时失业率飙升。贷款短缺，银行破产，而这些又会造成对现金的需求快速上升，加剧了本已严峻的形势。美国在1933年放弃了这一制度。2008年金融危机后，美联储反应迅速，果断宣布降低利率并开始大规模购买资产。伯南克在其《行动的勇气》(*The Courage to Act*)一书中写道："阅读和研究给我留下了深刻的印象，央行行长和其他政策制定者应该时刻牢记大萧条的教训。首先，在经济衰退、通货紧缩或两者兼而有之的时期，应实施积极的货币政策以恢复充分就业和正常的通货膨胀水平。其次，决策者必须采取果断行动，维护金融稳定和正常的信贷流动。大萧条的一个更普遍的教训是，面临特殊情况的决策者必须准备好跳出现有的条条框框，在必要时突破所谓的正统观念。"20世纪20年代的恶性通货膨胀对整个德国来说是刻骨铭心的。但很少有德国人还记得随之而来的那场通货紧缩，它为纳粹主义势力的崛起创造了条件。⊖

即使回不到如此遥远的过去，在2013年年底，学者和政策制定者还可以研究一个时间上更近的案例：日本。随着20世纪90年代初战后经济

⊖ Ben Bernanke: The Courage to Act: A Memoir of a Crisis and Its Aftermath, p. 35/36. Norton & Company, 2015.

高速增长逐渐结束，这个亚洲大国一直被近乎停滞的缓慢增长所困扰。过于严格的货币政策、老龄化的社会、负债累累的银行使日本人几乎看不到复苏的希望，民众的情绪恶化。而造成所谓日本"失去的十年"的许多因素，在欧元区可能同样存在。

2013 年 11 月，当一名记者提出类似的问题时，德拉吉的调子往回缩了一些。尽管他在回答中举出了若干数据作为支撑，但论点本身听起来却颇为空洞。"如果你从整体上观察欧元区，你会发现欧元区的基本面可能是世界上最强的，"他解释道，"基本面不会自动转化为快速复苏，但是这让我们制定正确的经济政策有了基础。结构性改革是实现这一目标的充分必要条件。如果没有这一点，那就很不幸，我们将在这样的状态下停滞不前。"⊖

随着人们关注的焦点从维持欧元汇率、避免彻底衰退转向为强劲经济增长创造条件，德拉吉意识到，应该由各国政府发挥主导作用，而不是由欧洲央行。但是，正如往常一样，当危机的威胁消退后，政治人物更关心的是赢得下届选举，而不是解决欧元区面临的长期问题。大家也不再那么担心各国紧缩的财政政策有所放松，不再那么努力保持预算平衡和控制开支，而这些正是应对危机的主要措施。更为关键的是，欧元区各成员国（尤其是外围成员国）的经济迟迟不能实现政治人物们所预期的繁荣，这让那些出现了"改革疲劳"的选民感到失望。

对于欧洲央行行长来说，这并不是什么新鲜事。德拉吉曾无数次试图引导意大利走出长期表现不佳的局面。与此同时，德拉吉知道自己不能坐等政府的行动决定。作为欧元区单一货币的管理者，他从此次危机暴露出的裂痕中意识到，如果核心国家与外围国家之间的差距得不到弥合，如果不真正着手去解决欧元区的内部分歧，那么下一次危机很可能就是致命的。欧元区真正需要的是忘掉过去 5 年的分歧，寻求融合。较弱的成员国

⊖　Mario Draghi: Press conference following Governing Council meeting. 7 November 2013. https://www.ecb.europa.eu/press/pressconf/2013/html/is131107.en.html.

需要在竞争力、生产力、生活水平、治理体制等方面迎头赶上较强的成员国。欧元区要实现强劲的经济增长，就必须在某些方面实现最低限度的追赶。如果没有真正实现区域融合，单一货币就无法生存。如此说来，直接货币交易完全是欧洲央行履行其职责应该采取的措施，这也是让–克洛德·特里谢的意见。特里谢回忆起他在 2011 年与德拉吉交接指挥棒时曾对德拉吉说："欧洲央行所承担的提升单一货币区整体凝聚力的职责是实实在在的。我们能观察到严重分歧的存在，却不能指望各国政府、欧洲理事会和欧盟委员会也能有此意识。欧洲央行不仅要按照其规定的职责去实现价格稳定，还要就观察到的分歧和失衡状态给出适当的信息。这极为重要。"

在德拉吉任期的下半场，各成员国政府无力或不愿采取行动成为主要问题。这迫使各国央行采取更加大胆的行动，以使欧元区摆脱经济停滞，并启动经济增长以创造就业机会，修补这一地区早已破碎的社会结构，最终实现欧洲央行的通货膨胀目标。在此过程中，这家总部位于法兰克福的央行，从遵循德国央行保守、谨慎路线的机构，转变为全球央行中最具创新性的机构之一。

尽管 2013 年以来欧元区经济开始复苏，但实际表现乏善可陈。德拉吉此时面临的问题是，欧洲央行刺激经济的主要政策工具已是强弩之末。自他在 2012 年 7 月宣布第三次降息以来，也就是在他公开承诺"不惜一切代价"的前几周，欧洲央行将存款利率降到零，这使得欧洲央行未来可能的行动空间大为压缩。解决问题的一个办法是保持存款利率（欧洲央行三大政策利率之一）不变，同时降低再融资利率（三大政策利率之二，即银行从欧洲央行借款的利率，是欧洲央行发放常规贷款以提供流动性所采取的主要再融资利率）和边际贷款利率（三大政策利率之三，是金融机构在应急时拆借现金所使用的利率），而边际贷款利率设定了银行隔夜拆借时相互收取的利率上限。缩小地板和天花板之间的走廊宽度，限制了银行经营货币的定价空间，而这正是决策者在 2013 年采取的政策措施。欧洲央行首先在 5 月缩小了利率走廊，在 11 月又缩小了一次。要进一步采取措施就必须更加创新。

尽管存款利率为负并非没有先例，但绝不能用稍微超出常规来形容，因为这意味着欧洲央行将按照商业银行所拥有资金的日末余额收取费用。自 2008 年国际金融危机爆发以来，为防止市场流动性枯竭，各国央行允许金融机构按照实际需要借入资金，这造成了金融体系中流动性的泛滥。这是央行向金融体系进一步提供流动性的重大决定。2013 年，丹麦和瑞典有了一些实际操作经验，而欧洲央行仅仅是提出了负利率的想法，而且似乎并没有什么说服力。"零利率或负利率可能会对商业银行和其他金融中介的盈利能力产生广泛的不利影响。在金融危机中，这可能导致信贷紧缩。"欧洲央行金融市场部门的负责人贝诺伊特·库雷在 2012 年年初上任后不久提出了自己的思考。⊖据一些人说，德拉吉最初也不确定负利率是否会成为欧元区的一种选择。此时，欧元区的银行正在努力扩大对实体经济的信贷，同时消化危机留下的巨额不良债务。

到了 2013 年 5 月，德拉吉已经改变了主意。他解释说，欧洲央行在"技术上准备好了"突破零利率。他告诉记者："这项措施可能会产生意想不到的影响。""如果我们决定采取行动，我们将处理和应对这些影响。我们将以开放的心态看待这一问题，并随时准备在必要时采取行动。"⊜一年多后的 2014 年年中，由于通货紧缩的风险被证明是具体和真实的，而不仅仅是偶然的统计数据，负利率政策终于出台了。

2013 年 7 月，当德拉吉坐在例行记者招待会的主席台上时，记者们并

⊖   Benoît Cœuré: Central banks and the challenges of the zero lower bound. https://www.ecb.europa.eu/press/key/date/2012/html/sp120219.en.html.

⊜   Mario Draghi: Press conference following Governing Council meeting. 2 May 2013. https://www.ecb.europa.eu/press/pressconf/2013/html/is130502.en.html.

不期待他会带来什么新闻。经历了多年来应对危机的工作，2013 年有望成为第一个相对平静的夏天，不少人盼望着能喘口气。"只要有必要，我们的货币政策立场将保持宽松。"行长用他一贯单调的声音读道，这是他以前给过的保证。但他接着说："欧洲央行理事会预计，欧洲央行的关键利率将在一段较长的时间内保持在目前或更低的水平。"⊖作为经济学家所说的"前瞻性指导"，这是一个新的表述。将利率降至零或接近于零，已经成为央行行长们的共同呼声，全球已有多个经济体执行了这一政策。在金融危机之后，美联储和马克·卡尼（Mark Carney）领导下的加拿大央行在很大程度上依赖于这一政策。卡尼现在担任英格兰银行行长。在欧洲央行此次发布会召开的几小时前，英格兰银行宣布采取这一措施。

所谓前瞻性指导的逻辑是这样的：当利率达到或接近底部时，为经济增加额外动力的方法是告诉投资者，即使情况有所改善，他们也不必担心政策会突然收紧。金融市场运行有时会自相矛盾，将好消息（例如失业率下降或工厂生产激增）自行转化为坏消息。其逻辑在于，经济情况好转会使大家预期央行将降低货币政策的宽松程度，从而引发投资者抢先抛售资产。

这种担忧并非完全不合理：仅在两年前，特里谢、德拉吉和他们的同事就曾在通货膨胀加速的情况下两次加息，但在几个月后，他们又在欧元区陷入危机时迅速改变了政策方向。

2013 年年中，欧洲央行急于向投资者传递某种信息。5 月，伯南克曾对国会表示，如果美国经济继续如预期般好转，美联储可能就会在未来几个月的某个时候"放慢购买步伐"。这一消息的宣布，意味着美国量化宽松政策将要结束。鉴于其他经济体的央行通常会跟随或效仿美联储的做法，全球范围内的货币政策正在发生转变。而在应对金融危机的过程中，正是宽松的货币政策在一定程度上确保了美国经济的安全。标准普尔 500

⊖　Mario Draghi: Press conference following Governing Council meeting. 4 July 2013. https://www.ecb.europa.eu/press/pressconf/2013/html/is130704.en.html.

指数当天下跌 0.8%，创三周来最大跌幅；美国 10 年期国债收益率自 3 月以来首次攀升至 2% 以上；美元指数上涨至接近 2010 年以来最强劲的水平；黄金期货价格回落。金融市场的动荡不安尽管较为缓和，但仍在很大程度上显示了金融体系对央行刺激政策的严重依赖。虽然美国的形势在好转，但欧元区远未到政策退出的局面。为了让欧元区与美国脱钩，德拉吉承诺保持低利率，甚至再次降息。这向投资者传达了这样一个信息："我们不会重蹈 2011 年的覆辙。我们吸取了教训。"

与任何信号一样，接收者需要形成有效的理解。"现在是时候突破不做出承诺的传统，转而提出更为详细具体的前瞻性指导了吗？"这是德拉吉在结束陈述后收到的第一个问题。他的回答透着冷冰冰的严厉："如果你问这个问题，你就没有真正听我的发言。"他告诉记者，并尝试为自己辩解。"你没有认真倾听，"德拉吉反复提示，想确保全世界的投资者和资产管理人不会忽略这一点，"理事会采取了前所未有的行动，以一种比以往任何时候都更具体的方式提供前瞻性指导。"⊖ 这种指导还将不断改进，变得更加复杂。但这第一次短兵相接也暴露出德拉吉以语言能力驾驭市场的做法有潜在隐患：部分市场人士根本不予理会，这将破坏任何精心准备的策略。欧洲央行行长与投资者的对话还会出现其他梗阻。不过总体而言，沟通仍然是德拉吉任期内最有力的一张牌。

德拉吉采用前瞻性指导作为政策工具，以使利率预期在较长时期内保持稳定，这是与前任背道而驰的做法。特里谢在作为欧洲央行行长的 8 年期间，以从不预先承诺货币政策而著称，他顶多用言语暗示政策即将发生转变。罕见的是，特里谢曾对德拉吉的新策略提出了公开批评，直言不讳地指责德拉吉追随潮流。"与我所处的时代相比，他们面临着所谓前瞻性指导的'传染病'。"他在事情发生几天后说，"这不一定是最好的概念，但在某种程度上，所有央行之间都存在互动。即使这一概念不是最好的，

⊖   Mario Draghi: Press conference following Governing Council meeting. 4 July 2013. https://www.ecb.europa.eu/press/pressconf/2013/html/is130704.en.html.

但如果所有央行都在进行前瞻性指导，独善其身也很难。"[⊖]虽然德拉吉从未直接回应特里谢的质疑，但他经常强调，前瞻性指导是一个强大而有用的工具，未来仍将是欧洲央行工具箱的一部分。他在2017年对此公开辩解道："为什么要放弃一个被证明是有效的货币政策工具呢？"他以他学者派头的方式进一步解释："我们不仅传达了对经济和利率的看法，还建立了对沟通和限制条件的反应函数。"[⊜]与市场对话、解释央行正在做什么，以及在各种情况下可能做出的反应，比起仅仅对经济运行状况进行所谓的客观分析却忽视了决策者本身在其中承担着的关键角色，更为有效和透明。换言之，试着解释总是好的，即使不总能做到让每个人都侧耳倾听。

随着欧洲央行做出可能再次下调利率的指导，负利率正式被纳入政策工具箱。当然，负利率工具何时真的被使用还是另一回事。这一举措一直在酝酿。2013年11月，官员们曾对外吹风，表示可能会尝试将利率小幅调至 -0.1%，而不会以过去惯常的0.25%的幅度调整利率。但实际上他们并未实施。[⊜]欧洲央行副行长康斯坦西奥（Constâncio）再次保证，欧洲央行还没有做出决定，只有在极端情况下才会出手。[⊛]官员们在12月的会议上再次简要讨论了这一问题。随着欧元区经济持续低迷，相关准备工作正在推进。据报道，意大利央行行长伊尼亚齐奥·维斯科通常态度温和，而来自荷兰央行的克拉斯·诺特行长却很"鹰派"，两人居然在这一点上不谋而合。这两家央行要求他们的员工就负利率的利弊为欧洲央行理事会准

⊖ Mark Deen and Caroline Connan: Trichet Says Flexibility Is Implicit in ECB's Forward Guidance. Bloomberg, 7 July 2013.

⊜ Mario Draghi on panel at ECB communication conference. 14 November 2017. https://www.youtube.com/watch?v=DI7p-g51O8g&t=2615s.

⊜ Jana Randow and Jeff Black: ECB Said to Consider Mini Deposit-Rate Cut If More Easing Needed. Bloomberg, 20 November 2013.

⊛ Jana Randow: ECB's Constancio Says Negative Deposit Rate Is Extreme Option. Bloomberg, 27 November 2013.

备备忘录，目的是淡化对这一举措的反对声音，表明利率降至零以下与其他利率降低举措一样，都是为经济提供额外的支持。两人的合作还带来了另一层好处。在欧元区南北国家之间的差距与分歧日益加深之际，这一合作向理事会成员发出了积极信号。

对一些经济体的央行行长而言，负利率的另一个优势在当时还没被宣之于众：它是大规模购买政府债券或量化宽松政策（美联储在危机最严重时使用的工具）的优质替代品。但这项政策在德国等厌恶货币扩张的国家并不受欢迎。

此外，批评者认为，这有可能违反欧盟关于禁止欧洲央行为成员国债务提供资金的法律规定，这也是欧元背后的核心原则之一。为确保欧洲央行避开量化宽松政策，任何相关措施都会被欣然接受。正如当时欧洲央行理事会一位成员所说："很明显，负利率是延斯·魏德曼等理事会成员的首选。尽管（德拉吉）对量化宽松的想法非常开放，但他选择了另一条道路。"

进入 2014 年，德拉吉和他在欧洲央行最亲密的合作伙伴开始更广泛地讨论和思考将利率降至零以下。通货膨胀没有任何回升的迹象，相比欧洲央行设定的略低于 2% 的目标，更有可能向零趋近。银行信贷仍然乏力，经济复苏步履维艰。与德拉吉关系最密切的经济学家们，包括欧洲央行首席经济学家彼得·普拉特、货币政策主管马西莫·罗斯塔尼奥（Massimo Rostagno）和顾问弗兰克·斯梅茨（Frank Smets）都意识到，任何单一政策措施都很难有助于启动经济。需要的是一套"组合拳"。

要形成适当的政策组合需要时间。尽管德拉吉在春季提出了一个范围广泛的资产购买计划作为解决方案的一部分，但他本人也未完全下定决心。在诉诸负利率这样被认为极端的措施之前，德拉吉希望确保尝试过所有其他选项。此外，从他 6 月宣布的决定中可以看出，德拉吉的工作重点是向难以获得贷款的私营部门企业提供资金。德拉吉解释说："为了履行稳定物价的职责，今天我们决定采取组合措施，提供额外的货币政策便利，并支持向实体经济放贷。"[⊖]首先，存款利率下调至 -0.1%。尽管这已经酝酿了很长一段时间，但还是让在场的记者们集体大吸一口凉气。其次，欧洲央行还承诺将在近期开始购买资产支持证券（ABS），并针对银行启动一项新的长期贷款计划，旨在扩大信贷供应。此外，还有两项技术性措施。在政策组合的设计中，所有这些工具都将相互加强，以使经济摆脱恐慌。为了以防万一，德拉吉还谨慎地强调："如果需要，在我们的授权范围内，我们还将提供更多政策支持。"

就像负利率一样，购买资产支持证券的决定也已经讨论了一段时间。这一举措也颇具争议，毕竟证券化一直被认为是全球金融危机的罪魁祸首之一。金融危机爆发后，人们发现，资产支持证券不透明的资产包中含有各种不同的贷款，将风险传播到整个金融体系，破坏了银行、保险公司和资产管理公司之间的信任，耗尽了世界金融的血液，使全球经济陷入衰退。在危机期间，小微企业贷款难问题最为严重。在同等条件下，小微企业与银行谈判的能力比大企业弱，且小微企业的业务通常被认为不那么安全，即使能获得贷款，最终也需要支付更高的利率。在一个 80% 的融资依赖银行贷款的经济体中，小微企业难以获得金融支持，可能被迫大量倒闭。

对欧洲央行而言，导致危机的问题在于许多证券化产品过于复杂。将汽车贷款、抵押贷款或信用卡债务等一系列贷款打包，然后根据投资者愿意承担风险程度的不同，将这些贷款按收益率高低分割为多个产品——这种组合方式在经历多次拆装后，让人难以一眼看清资金流向。

2014 年，德拉吉提议开发新一代简单、透明的证券产品。如果银行能够将对小微企业和消费者的贷款重新包装，再提供给二级市场的投资者，

⊖　Mario Draghi: Press conference following Governing Council meeting. 5 June 2014. https://www.ecb.europa.eu/press/pressconf/2014/html/is140605.en.html.

这类贷款就可能再次受到市场青睐。在 2014 年年初的达沃斯世界经济论坛期间，德拉吉抛出了这一提议，希望得到积极的回应。他说："需要深入考虑的问题是如何拥有这样一种资产，它能以适当的方式打包银行贷款。"虽然现在的证券化产品处于"死水微澜"的状态，但如果监管机构将资产支持证券分为易于交易的和"高度结构化的"两类，情况可能就会发生积极变化。⊖当该计划于 6 月宣布时，德拉吉敦促"其他相关机构"提供一种有吸引力的产品，创造"对小微企业和实体经济非常可观的资金流入……那将是伟大的成就"。⊜

资产支持证券的相关提议最终陷入了困境。到 2014 年 9 月，在欧洲央行购入计划即将启动之际，各国政府明确表示不会提供财政担保来提振市场。没有政府支持，资产支持证券注定将成为一个小众产品。欧洲央行的购买计划于 2014 年 11 月启动，4 年后达到买入量的峰值，规模仅为 280 亿欧元，无法提供欧元区经济所需的刺激。回首这一计划，即使是德拉吉最亲密的合作伙伴也承认，他们不会再为这么小的市场产品建立如此复杂的计划。

欧洲央行 6 月一揽子计划的第三部分是定向长期再融资操作。这一政策工具直接针对银行借贷行为，取得了显著效果。自 2014 年 10 月以来，欧洲央行为欧元区银行提供了期限超过 3 个月的流动性，这是欧洲央行定期招标中期限最长的一种。在这一工具推出之前的 2011 年年底和 2012 年年初，银行已不再相互信任，金融机构之间的借贷也停止了，这增加了金融机构的破产风险。当时，由于危机冲击，政府债券的收益率非常高，银行把从央行获取的低利率资金大量用于购买政府债券，而不是借给企业来支

⊖　Jana Randow and Corina Ruhe: ECB Confronted by Banks Testing Exit in Threat to Frail Recovery. Bloomberg, 27 January 2014.

⊜　Mario Draghi: Press conference following Governing Council meeting. 5 June 2014. https://www.ecb.europa.eu/press/pressconf/2014/html/is140605.en.html.

持经济。这一次，欧洲央行将银行获得长期再贷款与其信贷投放情况相挂钩。银行只要达到一定的信贷投放目标，就能以很低的利率借入长达 4 年的欧洲央行贷款资金。考虑到这一计划本身及相关报告要求的复杂性，计划起步时的安排比较谨慎，这似乎呼应了类似的央行融资计划普遍受到的怀疑。在政策制定者意识到这些安排不够诱人后，相关条件随之变得宽松。总体而言，TLTRO I 和 TLTRO II 两轮计划的实施为银行提供了近 8000 亿欧元的资金。第三轮贷款也于 2019 年春季宣布。这一计划对经济产生的效果更难评估。当然，欧洲央行自己的分析得出的结论是，这些融资安排发挥了很大作用，使企业更容易获得信贷并降低了融资成本。

德拉吉在 2014 年夏天的努力标志着欧洲央行在个性上的重要转变：从务实保守转向大胆创新，不再像过去那样经常被指责为"事后诸葛亮"。随着 2014 年下半年刺激计划内容的不断丰富，这一变化变得更加清晰。几个月来，德拉吉一直在默默地推进负利率、直接购买担保债券以及大规模购买政府债券等工作。实际上，美国和日本早就实施了类似的措施。欧洲的政治障碍更多，德拉吉必须使出浑身解数才行。

Mario Draghi
l'artefice

第 7 章

对傻瓜缺乏耐心

在一个流传甚广的段子中，军官被分成四类：

"第一类是那些愚蠢而又懒惰的人，对这类人完全可以不予理会，他们至少是无害的。第二类是聪明而又勤快的人，如果提任高级参谋，他们会帮助你关注每个细节。第三类是愚蠢而又勤快的人，那就危险了，应立即予以开除。第四类是聪明而又懒惰的人，适合担任高级职务。"

这种矩阵组合模式的发明者有人说是腓特烈大帝，也有人说是几个德国将军，甚至有人说是美国将军道格拉斯·麦克阿瑟。喜欢文学的读者可能会认为列夫·托尔斯泰《战争与和平》中的米哈伊尔·库图佐夫将军就是最接近"聪明而又懒惰"的原型人物。不管来源是什么，这句谚语频频出现在世界各地的管理手册、杂志文章和无数的晚宴致辞上。意大利经济学家托马索·帕多阿－斯基奥帕也很喜欢引用这个段子。他在1998年成为欧洲央行首届六人执行委员会成员之前，曾是欧元的设计者之一。当被问及德拉吉何以在20世纪90年代和21世纪头十年稳步崛起时，斯基奥帕回答说，他这位同胞"绝对属于最后一类"人物。

不过，称德拉吉懒惰显然不合实情。与前任的习惯不同，他很少半夜给助手打电话，就金融市场的最新发展进行长谈。但与他关系密切的人说，他几乎一直在工作。"我想知道这个人什么时候睡觉。"一个经常见到他的人说。不管一天的工作多早开始，德拉吉都会在阅读新闻和亟待处理的报告后，提前做好充分准备。他对细节的关注之深入，经常会让合作者们感到惊讶。因为他所提出的问题往往是合作者们精心准备的备忘录也难以涵盖的。作为地球上最忙的人之一，他一直把勤奋工作的父亲作为自己的榜样。

然而，斯基奥帕之所以认为他属于"冯·毛奇矩阵"⊖中的最后一类，很可能是因为他所指的懒惰是专注和回避不必要的活动。德拉吉善于授权，他的管理风格更为宏观。他不会到处出席活动，对那些冗长的讨论也没有耐心。他专注于一些关键的问题，并乐于将日常事务交给下属和助理处理。

在开会当中玩失踪是他的看家本事。一位自20世纪90年代初以来和德拉吉参加过无数次欧洲乃至国际性会议的官员说："会议刚开始他还在，结束时再看他就不在了，不知道他什么时候离开的。他总是虚晃一枪。也许他在开场15分钟后就离开了。"由于这种本事，别人用意大利语调侃他为"在别处先生"。在职业生涯中，德拉吉获得过不少绰号，如著名的"超级马里奥"。他并不喜欢被叫绰号。"他非常专注，总是从一开始就投入

⊖　最常见的说法是，这个概念来自19世纪普鲁士陆军元帅赫尔穆特·卡尔·贝恩哈特·冯·毛奇（Helmuth Karl Bernhard von Moltke）。

其中。一旦他看到事情按照他预期的方式发展，他就会撤出来让其自动运行。"一位曾参与过德拉吉在欧洲央行谋划的重大举措的高管说。

任何人要全身心地投入到欧洲央行行长的工作，都必须珍惜每一秒钟。德拉吉当然也非常审慎地管理着他的时间，选择性地外出旅行以及参加各类活动。正如一位负责国际事务的官员所说，即使是对自己少有的公开露面，德拉吉也非常小心地加以处理，目的当然是"保护德拉吉这一品牌"。

自然，他重视那些能迅速切中要害而不拐弯抹角的人。一位几乎每天都和他接触的人说："我知道他的时间紧张，所以当我需要向他征求意见的时候，我会把我的问题浓缩成一个词。让他一听就知道如何回答问题。"为了避免迟到和浪费时间，德拉吉还把自己的表往前拨了 5 分钟。

当德拉吉 2011 年于欧洲央行就任时，他带来的这种高效作风明显与前任让 – 克洛德·特里谢不同，有时甚至是近乎残酷的实用主义。特里谢这位法国公务员曾为了在欧洲央行建立起"团队精神"而不懈努力。不少欧洲央行员工非常喜欢这样的风格，而他们在德拉吉上任后不久就开始抱怨新的工作模式。欧洲央行的工作人员过了一段时间才明白，当德拉吉安排你参加某个项目时，他真正的意思是要你把责任负起来。他在 2015 年的一次采访中解释道："我的管理风格就是授权。当然，所有的授权都在我个人以及执行委员会的管控之下。我觉得这样很管用。"⊖

特里谢几乎是大家公认的每天晚上最后一个离开欧洲央行大楼的人。有时他甚至会走到每一层楼，关掉每间会议室的灯。他几乎把他本就极少的业余时间的绝大部分留给了法兰克福。而德拉吉却会尽量减少他在这个德国金融中心的时间。（在这方面，他与不少德国人存在共同点，即来到

⊖ Giovanni di Lorenzo: Interview with Mario Draghi. Die Zeit, 15 January 2015. https://www.ecb.europa.eu/press/inter/date/2015/html/sp150115.de.html.

这个城市而不是出于喜欢是为了工作。）德拉吉要想少待在法兰克福，就必须精心算计，做好时间管理。特里谢开会的习惯是尽可能让每个参会的人都能够发言，以至于"在他的领导下，你知道会议什么时候开始，但不知道会议什么时候结束"。德拉吉的做法迥然不同——会议一般简短而中肯，绝不允许参会人员仅仅为了找存在感而大放厥词。"他对傻瓜没有耐心。"一位他身边的助手说。当他实在不能容忍的时候，这一点常常会很明显。一位央行人士同情地说："德拉吉会打断发言。如果他认为讨论没完没了，就会出声喊停。"

从德拉吉来到欧洲央行的第一天开始，他就显露出和特里谢截然不同的风格。在特里谢的领导下，执行委员会和欧洲危机最直接相关的若干高管会定期举行会议，讨论最新进展。这些会议往往会持续 3 个小时。"特里谢从不知疲倦。而我们早就筋疲力尽了。"一位前官员回忆道。

德拉吉在正式加入欧洲央行之前，曾应特里谢的邀请参加了其中一次会议。在就任行长后，他也曾召开过一次会议。"这样吧，等我们认为有必要时再碰头吧。"他最后说。这个会议小组实际上就被取消了。

他喜欢一对一的谈话，而不是人头攒动的集会。当他有问题时，他会给理事会相关成员或专家打电话，而不是召集几个人围坐在一起。

"特里谢讨论工作可以持续到午夜，甚至仍然没有结束的迹象。而当德拉吉提出一个主题时，往往需要你来介绍情况并做出决定、进入执行。"一位理事会成员说。德拉吉会把工作与私人事务严格分开，这一点并不受大家欢迎。一位合作者开玩笑说："我希望和家人共度良宵，而不是和马里奥在一起熬过漫漫长夜。"

一位从 20 世纪 90 年代就认识德拉吉的人，为德拉吉参与活动的风格打了个数学化的比方："如果把德拉吉视为一个生产函数，那么投入劳动和资本，他会有非凡的产出。因为效率高，所以就投入的劳动而言，他还不至于把自己逼到筋疲力尽的地步。"

两位行长领导风格的明显差异，部分源于两人的任期所处的历史时期不同。为了管理多达 17 个国家组成的经济体，特里谢多年来致力于为这个机构制定一套"常规的"操作方式。德拉吉则致力于让欧元区国家（这时有 19 个成员国）团结在一起，考验欧元的局限性和权威性，开发更为创新的解决方案以应对一次又一次的危机。与其说德拉吉这个意大利人从罗马带来了看似冷酷无情的时间管理方式，不如说他不得不在相对较短的时间内完成任务。这是他另一个与特里谢不同的地方。

特里谢这个法国人非常学院派，喜欢争取全票通过，这意味着必须承担长时间辩论的成本。德拉吉更是独断，他会留出适当的讨论余地，然后再把控、引领理事会的走向。一些央行行长因此认为德拉吉很没耐心。"他想迅速做出决定，同时接受有人反对的局面。"一旦他下定决心，"调整的余地就很小了。"

不过，这种决断风格只是故事的一个方面。大多数同僚并不清楚德拉吉是如何得出结论的。德拉吉善于分析、深思熟虑。他会提出尖锐的问题，并认真听取答案。他挑战已知的观点和公认的规律。在议题被提上议事日程之前，这位意大利人一般会用数周甚至数月的时间来研讨，并权衡不同的选择，形成自己的观点。他提出的建议会在各方考证审查后达到最优，使那些意见总是不一致的人也很难再提出批评意见。德拉吉总是说，他对所有意见都非常开放，也不怕改变主意。他喜欢约翰·梅纳德·凯恩斯（John Maynard Keynes）的一句名言："当事实改变时，我会改变主意。你呢，先生？"

全世界都想了解德拉吉如何解读经济形势，想了解德拉吉对当前面临的挑战的看法。在欧洲，各国元首把他视为有良心的经济学家。德拉吉说的每一句话都颇具公信力。在二十国集团会议上，他的观点同样有分量。

"你可以求助于马里奥，以了解全球经济形势，并用你的自身经历加以印证。"杰克·卢回忆起他在奥巴马总统时期在白宫和美国财政部任职的经历，"奥巴马经常问我马里奥是怎么想的，如果我说'马里奥的评估是这样的'，那就很有分量了。有时候，建立联系并不需要私下的接触。"

在德拉吉职业生涯中与他建立联系的人，比如美联储前主席珍妮特·耶伦，谈论起德拉吉来就饱含深情："他兼具市场经验、洞察力以及高超的外交技巧。我对他印象深刻，私下里我也真的很喜欢他。我和他有过很多次坦诚的交谈。在私下谈话时，他真的很坦率。这些年来，我从他身上受益匪浅。"

德拉吉的灵感来自欧洲央行传统经济和货币政策之外的领域。如果他相信哲学家、历史学家和投资者会帮助他的事业，他也会主动联系他们。瑞·达利欧（Ray Dalio）、拉里·萨默斯（Larry Summers）、拉里·芬克（Larry Fink）、他在麻省理工学院的导师斯坦利·费希尔和同学弗朗切斯科·贾瓦齐，以及央行的同行本·伯南克和马克·卡尼，还有法国哲学家阿兰·明克（Alain Minc），都是他不时打电话联络的人。一位老朋友说："当他面临一个重大决定时，他会从全世界获取反馈。"

他喜欢顾问们直言不讳，最好是挑战式的谏言。他认为，只有如此才能做好顾问的工作。"你可以用反诘的语气与德拉吉进行非常棒的讨论，不过你必须有真才实学。"一位前助手说。"我们能不能换个角度来讨论这个问题？"是他常用的提问方式。虽然他倾向于关注问题的本质而忽略掉细节，但当一个话题成为他关注的焦点时，他又变得特别专注和深入。

在德拉吉广泛征求各方意见的同时，大家发现德拉吉对自己的想法总是守口如瓶。那些曾和他交谈的人常常认为自己已经懂得德拉吉只言片语中的含义，甚至还能预测到他的行动计划。实际上，德拉吉的做法是尽可能听取所有人的意见，最终自己独立做出决定。在周四货币政策辩论的前一晚，会有例行的晚宴。在晚宴上较为随意的讨论中，德拉吉总是会扮演主持人的角色。他会让大家畅所欲言，但从不显露自己的倾向，以便不影响到大家的发言——即使当时他已经有成熟的考虑。一位多年来经常与他意见相左的央行行长说："关于德拉吉有一种说法——你永远不知道他站在哪一边，只知道他总是站在胜利的一边。"

无论是朋友还是对手，都知道德拉吉很善于感知旁人的情绪。他在掌握政策出台时机的艺术上已经是炉火纯青，可以确保政策影响的最大化。这时候，政策所需的所有外部条件都已就绪，可以最大限度地发挥效力。他那场"不惜一切代价"的演讲就是这种决策风格的完美体现。今天，很多人都声称这一演讲给了自己这样或那样的灵感，但即便是那些与德拉吉关系最密切的人，也想不通这位欧洲央行行长脑子里当时是如何酝酿这些概念的。

所有的央行行长都善于保护自己的隐私，德拉吉尤甚。即使是和那些关系密切的人在一起，他也很谨慎。多年来，他很少对外透露自己的情况，正如英格兰银行前行长默文·金所说的那样，他是"一个非常有控制力、自律能力很强的人。他的样子没什么好让人奇怪的。他从不放松警惕。"在国际旅行途中，有时候人们能看到德拉吉独自在餐馆吃饭，身边没有助手或同事。这也许是一个公众人物可以享受的难得的私人时刻吧。德拉吉几乎没有时间消遣。

他在闲暇之时喜欢运动。尽管在高中毕业后就放弃了篮球，但德拉吉在美国为世界银行工作时开始打网球，后来和各国央行行长们一样开始打高尔夫球。在国际旅行途中，一旦日程安排上有点空隙，他就会冲到健身房。当住在他位于罗马附近的海边的房子时，德拉吉会去慢跑，有时还会带上他的维希拉猎犬。作为骄傲的意大利足球球迷，德拉吉支持家乡罗马的球队。德拉吉多才多艺，且充满好奇心，可以很轻松地从非常专业的话题转到书籍、音乐和其他方面。他很乐意谈论戏剧、餐馆或最新的社会现象。当在漫长的会议和旅行中可以放松一下的时候，他很乐意给别人一些文学和烹饪方面的建议。"他建议我读埃莱娜·费兰特（Elena Ferrante）的书。"一位欧洲央行同事回忆道，他对德拉吉如此熟悉意大利流行文化多少有些惊讶。

有时候，当讨论的话题转到意大利存在的那些难解的问题时，德拉吉甚至会引用经典小说《豹》（*Il Gattopardo*）中一位著名的悲剧人物的话来调侃："如果我们希望一切保持原样，那就得改变一切。"他还很喜欢比较两位19世纪意大利统一运动中的伟人：朱塞佩·加里波第（Giuseppe Garibaldi）和卡米洛·奔索·迪·加富尔伯爵（Camillo Benso Conte di Cavour）。很明显，德拉吉对后者情有独钟。尤其是在2017年获得加富尔奖（Cavour Prize）后，德拉吉甚至将自己和加富尔擅于建立联盟相比较：

> "（加富尔）首先极为重视采取行动，寻求具体结果，既雄心勃勃又脚踏实地，不拘泥于任何形式的教条……他的主要目标是实现经济体制改革，这也是今天所说的结构性改革……尽管时代背景迥异于当下，但他的影响力、他考虑各种势力利益的技巧、他整合为达目标所需的国内和外部力量的能力，都已浓缩为在过往那个充满黑暗的时代所取得的非凡成就，这对任何将国际合作视为唯一方法的人来说，都是令人信服的灵感来源，而不仅仅是意大利处理难题的权宜之策。"⊖

在纪律性、谨慎和专注之外，还是有人能突破德拉吉坚强的外表，让他流露出同情、谦虚和温暖——这些都是留给家人和朋友的。德拉吉特

⊖ Mario Draghi: Speech on the occasion of the awarding of the Premio Camillo Cavour 2016. 23 January 2017. https://www.ecb.europa.eu/press/key/date/2017/html/sp170123.en.html.

别愿意为年轻一代、学生或刚刚开始职业生涯的年轻人留出时间。如果有人想帮他从日程表上清除掉这类活动，哪怕出发点再好，德拉吉也会非常恼火。无论是在欧洲各地，还是在欧洲央行，他都积极参与在各中小学和大学的讨论。在这些时候，德拉吉精心隐藏的小机智往往就会浮出水面。2012 年，他在一间挤满高中生的房间里调侃道："我们齐聚在此，是为了确保欧元的存续与发展，以便当你在 20 多岁和 30 多岁时，不会再重新使用新的希腊德拉克马或西班牙比塞塔⊖。"他向他们保证，这种风险被认为是真实存在的那一刻，就是欧洲央行履行使命的时刻。在第二年举办的一次类似活动之前，他一边眨眼，一边懊悔地向同事们保证，绝不会再拿希腊德拉克马开玩笑。

那些有幸被纳入德拉吉麾下的人都高度赞扬他乐于助人的精神。他是一位体贴周到的倾听者、远近闻名的良师益友。尽管他在做决策时可能有些独断，但德拉吉对圈子里合作密切的人却宽容有加，总是强调要了解他们的个人情况，这其中包括承受各国政府和媒体压力的各大央行的官员。从希腊到塞浦路斯再到斯洛文尼亚，央行行长们在危机的各个阶段都受到了冲击，以至于他们的人身安全都受到了威胁。德拉吉默默地定期检视这些情况，有时一天两次地了解最新进展，或是聊聊天，或是只留下一句鼓励的话。一位同事说："在银行家高冷的外表下，德拉吉很有人情味。"

在执掌欧洲央行的 8 年里，德拉吉在理事会内部、在与欧洲大陆政治精英之间都建立了牢固的联系。即使在反对他政策的声音最强烈的时候，在德国联邦银行坚持"反对"且完全不可能达成一致意见的时候，他还是能够团结多数人，令人感到安心。在德拉吉的整个任期内，他的刺激政策使他一直能够得到欧元区外围国家的普遍支持，较小的成员国也倾向于支持他。在几乎所有大大小小的讨论中，这些国家的央行行长都站在德拉吉

⊖　德拉克马是欧元流通前的希腊货币，比塞塔是欧元流通前的西班牙货币。

一边，形成了他所依赖的"沉默的大多数"。但即使有他们的支持，甚至是在意大利和法国等大国也支持他的时候，德拉吉也没有忽视来自德国、荷兰以及偶尔来自拉脱维亚、爱沙尼亚和奥地利的不同意见。当分歧似乎不可调和时，德拉吉有时会派出"大使"，即受到广泛尊重的值得信赖的盟友，比如法国央行行长克里斯蒂安·努瓦耶和芬兰央行行长埃尔基·利卡宁。有一次，德拉吉甚至派了一位密友，试图与最无情的批评者、德国财政部部长沃尔夫冈·朔伊布勒修复关系。这种做法有时有效，有时不起作用。公平地说，德拉吉在任期的大部分时间里都对德国人的不满感到如鲠在喉。

能使德拉吉失去众所周知的沉着冷静，完美的德国政治家朔伊布勒是为数不多的人之一（另一位是亚尼斯·瓦鲁法基斯（Yanis Varoufakis））。即使在这种时候，这位欧洲央行行长也不会大喊大叫地发脾气，而是会用冷幽默来表达愤怒和不满。一位混迹于欧洲和国际会议的资深人士说："他有时会非常犀利，甚至生硬，但从不失礼，总是衣冠楚楚的绅士模样。"

在欧洲央行，也有人质疑德拉吉，认为他关起门来搞突然袭击，解决方案拿到桌上后只能全盘接受或拒绝，不能进行辩论。这时候，政策上的分歧就会演变成私人恩怨。德拉吉在幕后掌控获得的成功，以及他为了确保其决定得到各国政府的支持而与政要们的频繁往来，让欧洲央行的一些成员行行长感到恼火。他们认为，要保持欧洲央行的独立性，关键在于不考虑任何政治上的权宜之计，而采取自身认为正确的措施来履行价格稳定的政策目标。

2014年11月，在决定开始大规模购买政府债券之前的几个月里，这种困扰尤为强烈。部分央行行长向路透社抱怨，使路透社长篇报道中不乏欧洲央行会议内部的细节。这让德拉吉深感不安。面对批评，这位欧洲央行行长坚持认为，他接受不同意见和反对意见，但在某个时候，他必须结束讨论，将来自各方面的个人观点整合成一个集体决定。德拉吉强调，他在职权范围内运作，而且他一直在采取行动维护央行的独立性和权力，向政治领导人解释欧洲央行的决定，而不是寻求他们的许可。德拉吉解释说，冒险采取行动而不考虑与各国政府发生政策冲突的风险，与他作为欧洲央行行长的责任背道而驰。这将是鲁莽之举，并损害欧洲央行驾驭欧元区经济的能力。

最终，随着量化宽松政策的启动而加剧的紧张局势逐步平息下来。德拉吉以压倒性的优势通过了这项计划，并在一定程度上修复了理事会中的裂痕。但人们对德拉吉行事风格的质疑却不会彻底消除。

Mario Draghi
l'artefice

第 8 章

走向量化宽松

2015 年 1 月 22 日下午的法兰克福国际机场，在意大利航空公司飞往罗马的航班上，马里奥·德拉吉几乎是最后一位登机的乘客。等他坐到经济舱靠窗的座位上，有乘客认出他来，低声地把他指给同伴看。有人试图礼貌地问候他，德拉吉像往常一样给予了礼貌而简短的回应。当飞机开始在跑道上滑行时，他打开他的 iPad，开始下国际象棋。

德拉吉当天整个下午表现出来的高冷范儿，正是他日常低调朴实作风的体现。就在几个小时前，他宣布了一项金额达万亿欧元的债券购买计划。这可以说是欧洲央行历史上影响最深远的决定，也是一项规划启动一年多后的最后一步。对于那些密切关注欧洲央行的人来说，规划启动的标志是 2014 年 4 月德拉吉在阿姆斯特丹的演讲中首次提出欧洲央行可能参与大规模资产购买。在此之前，欧洲央行的幕后准备工作已经进行了数月。

正如德拉吉最亲密的两位合作伙伴所言，欧元区量化宽松计划真正得以"认真研究"，可以追溯到 2013 年后几个月。当时，欧洲央行认为欧元区出现了仅能称为"温和的"经济复苏，并在接下来的几年内多次强调这种复苏程度可能不足以带来符合欧洲央行目标的通货膨胀水平。经济要得到更多支撑，首先面临的挑战就是德国必将坚决反对任何形式的刺激措施，包括购买主权债务。德拉吉一直在努力，目标是避免重蹈直接货币交易计划的覆辙。2013 年夏天，作为欧洲央行理事会关键成员之一的德国央行行长延斯·魏德曼在德国宪法法院宣称，这项危机应对计划可能是违法的。这样的难堪公开化对欧洲央行的地位和政策的有效性都没什么好处。无论新的计划是什么，它都必须在法律上无懈可击。令情况更为复杂的是，执行委员会成员约尔格·阿斯穆森于 2014 年年初离职，并由萨拜因·劳滕施莱格（Sabine Lautenschläger）接替。这是一位在德国联邦金融监管局（BaFin）供职多年的银行业专家，与魏德曼一样，对非常规政策持怀疑态度。这让德拉吉措手不及，从此缺少一位有说服力的权威人物在德国公众面前代表欧洲央行的立场。游说变成了德拉吉现在的重要任务。

德拉吉不得不放弃了与法兰克福社交圈保持距离的习惯，于 2014 年 2 月底参加了在森肯伯格博物馆（Senckenberg Museum）举办的庆祝晚宴。粉红背景的中庭摆满了无数巨大的圆桌，间杂有恐龙骨骼和装满保护动物的玻璃箱，其中最引人注目的是水蟒吞下水豚的立体模型——这似乎又具有若干象征意义。

银行家、职业说客、政界和商界人士聚集在一起，其中有魏德曼、劳滕施莱格、德意志银行首席执行官于尔根·费琛（Jürgen Fitschen）和德国联邦金融监管局主席埃尔克·柯尼希（Elke König）。主宾英格兰银行行长马克·卡尼提前离席，去取他忘在赴宴搭乘的出租车上的黑莓手机。除了这件事略微令人遗憾，现场气氛一直非常热烈。德拉吉与金融精英们闲聊，称赞德国央行的成就，又讲了一遍他最喜欢的一个笑话："一名事故的受害者需要一颗新心脏。医生问他，来自 5 岁男孩的心脏可以吗？'太年轻了。不行。'又问他，来自投资银行家的心脏可以吗？'不行！他们压根就没心没肺。'那么一位 75 岁央行行长的呢？'这个好！'啊？！为什么？'这颗心脏肯定是崭新的。'"听众们被逗得哄堂大笑，德拉吉还略显调皮地补充道："也可以用财政部部长们的大脑来编这个笑话。"

德拉吉的努力果然奏效了。到了 2014 年 3 月，也就在庆祝晚宴几周后，魏德曼在接受一家名为国际市场新闻社（Market News International）的美国媒体采访时表示，对于欧洲央行来说，推出类似于量化宽松的政策并非"完全不能考虑"。他迅速补充道："我们必须确保货币政策不得财政化的规矩得到遵守。我个人的评判标准一定会很严格。"⊖这实际上也可以理解为附有免责声明的某种原则表态，即德国央行承认，大规模购买债券作为政策工具是合法的。魏德曼在宪法法官面前对资产购买计划合法性的异议不再是一种风险了。这是德拉吉后来在 2015 年 1 月最终宣布欧元区量化宽松政策时所强调的一个关键点。他说，理事会"一致表示，资产购买计划在法律意义上是不折不扣的货币政策工具。这一点很重要，因为它确立了一个原则，即这是一个应该在适当情形下使用的货币政策工具，是我们工具箱的一部分"。⊖

2014 年 4 月初，量化宽松对欧洲央行而言尚停留在纸上谈兵的阶段。德拉吉宣布，理事会"一致承诺在其职权范围内使用非常规工具，以有效

⊖ Johanna Treeck: ECB Weidmann: Euro No Danger To Inflation Yet, Rate Appropriate. Market News International, 25 March 2014.

⊖ Mario Draghi: Press conference following Governing Council meeting. 22 January 2015. https://www.ecb.europa.eu/press/pressconf/2015/html/is150122.en.html.

应对长期低通胀的风险",并补充说,"所有属于授权范围内的工具,包括量化宽松,都是这一声明的一部分"。[⊖]

在声明发表 3 周以后,德拉吉详细描述了欧洲央行的新战略,大规模资产购买计划终于浮出了水面,成为一个现实的可选项。这位行长还特意为他的演讲选择了颇具历史意义的场合:在阿姆斯特丹的艾尔米塔什(Hermitage)博物馆举行的荷兰央行成立 200 周年庆祝活动。举办活动的这座建筑正面有 102 米宽,十分宏伟,在 1683 年开始用作老年妇女养老院,到 2009 年被改造成一座博物馆,成为俄罗斯圣彼得堡艾尔米塔什博物馆在阿姆斯特丹的分馆。

众所周知,德拉吉在阿姆斯特丹的演讲涉及面很广。这次演讲提出的基本观点是:在动荡时期,随着各国央行传统能力捉襟见肘,必须"更加强调加强沟通"。[⊖]例如,为更清楚地阐明欧洲央行将如何应对全球经济金融危机带来的令人棘手的后遗症,德拉吉解释说,有三种可能使欧元区的复苏脱轨的冲击,每一种都需要不同的应对措施。

如果打击来自欧洲央行无法控制的金融市场波动,例如,当汇率或债券市场走势突然改变,增加了欧元区经济的融资成本时,央行可以利用负利率或向银行注入廉价的长期现金来应对,并维持其认为足够的刺激水平。

如果商业银行因过度衰弱,无法将扩张性政策所创造的有利条件传递给实体经济,最终减少了对实体经济的贷款支持,那么可以采取资产支持证券购买计划或有特定目标的贷款计划作为应对。两个月后,即 2014 年 6 月,德拉吉准备将负利率作为应对措施纳入计划。

德拉吉探讨的第三种意外情况是在中期出现通货膨胀预期恶化。这将对欧洲央行稳定价格的政策目标构成具体威胁。例如,经济放缓或石油成

⊖　Mario Draghi: Press conference following Governing Council meeting. 3 April 2015. https://www.ecb.europa.eu/press/pressconf/2014/html/is140403.en.html.

⊖　Mario Draghi: Monetary policy communication in turbulent times. 24 April 2014. https://www.ecb.europa.eu/press/key/date/2014/html/sp140424.en.html.

本突然下降就可能带来消费价格将继续下跌的预期，即通货紧缩。这样的情况将迫使央行不得不实质性地加大政策力度。由于进一步降息的空间有限，届时将只剩下一个选择：拿出重武器，也就是记者们喜欢称之为"巴祖卡火箭筒"的量化宽松政策。

尽管德拉吉的观点很明确，但出于谨慎他仍然有点含糊其词。他并没有明确表示第三种情况的应对方案就是量化宽松，而是令人费解地说，这种情况适合"一个更宽泛的资产购买计划"。

长期以来，在欧元区，量化宽松政策被认为是几乎不可能被采纳的政策。这种大规模购买主权债务的方式在 21 世纪初首先被日本采用，从 2008 年开始又在美国用于应对危机。但在由 19 个国家组成的经济体内，这种工具一直被认为是不可取的。欧元区最大的国家德国坚决反对量化宽松政策。德国一向担心货币政策和财政政策之间会互相干预，而财政政策的决策权仍然牢牢地掌握在各国政府手中。

欧洲央行的政策制定者曾多次积极考虑过类似的计划，但每次都因难以实施而放弃。2010 年，当希腊危机迫使欧洲央行推出第一个公共部门购买计划——证券市场计划时，时任欧洲央行行长的特里谢尝试提出过购买所有欧元区成员国债券的想法，而不是把重点放在特定的陷入困境的国家之上。"我的想法是，我们的工作性质决定了我们不会以承担高风险为乐，我们的工作重心也绝不是确认面临的困难，所以为什么不尝试依靠全面的量化宽松来释放全部风险、解决所有困难呢？我一度冒出过这样的念头，也很快打消过，因为我们的弹药有限，不能浪费弹药。"他回忆说。特里谢认为当时大规模购买计划的目标不是宽松的货币政策，而是风险较小的货币政策。"经过深思熟虑，我认为计划不会被接受。硬要提出来可能会使情况更糟。"

在 2014 年，欧洲央行正在进行各种技术准备工作，工作人员正在模拟购买 1 万亿欧元债务带来的影响。⊖尚不清楚的是，这一计划是否会真正执行，或者它是否会像直接货币交易工具那样，总是保留在武器库中引而不发。德拉吉仍然在不懈地努力，希望在理事会内部建立起更多共识。这些政策制定者回忆起当时的情形，说："尽管当时这些事情还悬而未决，但从氛围上看，共识已然建立起来了。"

　　同样是在 2014 年 4 月，德拉吉的首席经济学家彼得·普拉特出席了欧洲 50 国集团（Euro 50 Group）的一次会议。这个非正式组织由法国财政部前部长埃德蒙·阿尔方戴利（Edmond Alphandery）于 1998 年创立，由有影响力的经济学家、学者和政策制定者组成。从他与欧洲央行执行委员会前成员、即将出任法国兴业银行董事长的洛伦佐·比尼·斯马吉（Lorenzo Bini Smaghi）等人的谈话中，这位比利时经济学家感受到了更加强烈的紧迫感。"我们真的需要睁大眼睛了。"这是他从会议上带回来的结论。

　　示警信号越来越多。在金融市场上，掉期交易往往被用于衡量投资者对未来某个时点的通货膨胀预期。而此时，掉期交易价格暗示，欧元区通货紧缩的风险正在上升。2014 年 6 月，欧洲政府债券收益率降至 19 世纪初拿破仑战争以来的最低水平，这表明投资者担心经济将再次陷入衰退。那将会是金融危机以来的第三次衰退，而通货紧缩则可能会持续下去。不仅如此，银行的信贷规模还在继续萎缩。

　　采取量化宽松政策的时机还不成熟。当欧洲央行理事会的同僚们问德拉吉是否会实施大规模资产收购计划时，德拉吉只能回答说还不确定。在接下来的几个月里，他不得不反反复复应对这些同僚的询问。当然，持怀疑论者不会相信他的说辞，他们坚信德拉吉实际上一直都在暗中筹备这一

⊖　Philip Plickert: EZB hat Berechnungen zu 1000-Milliarden-Geldspritze. Frankfurter Allgemeine Zeitung, 4 April 2014. https://www.faz.net/aktuell/wirtschaft/wirtschaftspolitik/fuer-hoehere-inflationsrate-ezb-hat-berechnungen-zu-1000-milliarden-geldspritze-12880693.html.

计划。

2014 年 6 月，欧洲央行宣布了一揽子包含负利率、定向贷款以及购买资产支持证券的政策，似乎是在实施量化宽松政策之前，给所有可能的政策工具最后一次表现机会。

与之前抱有希望不同，人们很快就发现，证券化资产的市场规模太小，无法达到欧洲央行预期的刺激力度。由于各国政府拒绝通过放松监管来增加证券化资产的供给，银行也未能加大发行力度，欧洲央行专家们想注入的 1 万亿欧元将无法流向这一市场。

2014 年 8 月 21 日，德拉吉飞往美国怀俄明州的杰克逊霍尔参加美联储举办的年度研讨会。杰克逊湖原木酒店（Jackson Lake Lodge）是应小约翰·D. 洛克菲勒（John D.Rockefeller Jr.）的要求在 20 世纪 50 年代建造的，位于大提顿国家公园（Grand Teton National Park）的中心地带。对央行行长们来说，这几乎是一个仙境般的地方。在酒店的大厅、会议室和露台都能欣赏到令人叹为观止的湖光山色，特别是雄伟的莫兰山（Mount Moran）。从酒店著名的蓝鹭酒吧（Blue Heron Bar）可以看到驼鹿、熊和其他野生动物。自 20 世纪 80 年代初以来，美国堪萨斯联邦储备银行每年 8 月下旬会在这家酒店组织经济学家和央行行长的年度会议。现在，这已经成为与全球货币政策相关的精英们必须出席的会议之一。美联储前主席珍妮特·耶伦说："这有点像夏令营，但主要活动要依靠智力完成。"整个研讨活动从周四的晚餐开始，一般会在周五上午安排论文讨论，然后是午餐演讲。之后，人们有足够的时间在大提顿山远足、钓鱼以及进行学术讨论。

德拉吉每年都会接到邀请。由于危机的原因，他没能每次都参会，至少有一次在最后一刻取消了出席计划。但在 2014 年，他如期抵达。在长途飞行中，他温习了自己关于"欧元区的失业问题"的演讲稿，并请顾问帮助更新数据。当时的形势并不好，已有迹象表明存在明显的通货紧缩风险。

　　欧洲央行代表团于星期四陆续抵达酒店。德拉吉到达时已经是深夜时分，他在长途旅行后已筋疲力尽。当在房间里打电话的时候，他还在打磨这篇演讲稿。"你还没睡吧？来喝杯红酒吗？"他问一位随行助手。他希望了解最新情况，希望更新最近发布的统计数据，希望坦诚交流对当前形势的看法。他们一边喝着红酒，一边对比着统计数据。

　　第二天早上，德拉吉与他在麻省理工学院的导师、时任美联储副主席斯坦利·费希尔进行了对话。一位与会者回忆道："当时显然有突发情况。"此人目睹了这位欧洲央行行长在会议厅外面被随员们簇拥。他听到一名顾问问："我们要修改演讲稿吗？"回答是："不用，我会自己完成修改。"德拉吉在耶伦发言时匆匆补充了若干词句，才步入那个能俯瞰杰克逊湖的房间。出席会议的大约有100人，大多数是央行官员和大学教授，也有一些记者。

　　他在讲到一半时略做停顿，然后读到演讲稿上手写的内容："8月金融市场运行情况表明，通货膨胀预期在各个方面都出现了明显的下降。"他进一步补充说，"欧洲央行理事会将确认这些趋势，并在授权范围内使用可用的政策工具，以确保中期价格稳定。"⊖

　　他结束演讲后不久就离开了研讨会现场。不过，由于时差的关系，德拉吉此番将认真考量化宽松政策的信息需要一段时间才能到达大西洋彼岸，因为当他登上杰克逊霍尔的演讲台时，欧洲已经是深夜了。许多记者只是根据欧洲央行事先准备好的文本撰写了报道，并于当晚离开。几乎没有人料想得到，在接近欧洲中部时间晚上10点时，通常是照本宣科的德拉吉自己"加了戏"。在会议室里为数不多的记者中，不少还根本难以立即领会到德拉吉演讲的内涵。这让公众困惑了好几个小时，直到人们开始将这次演讲与4个月前他在阿姆斯特丹的演讲联系起来。当时德拉吉指出，已经存在通货紧缩风险，需要考虑采取大规模资产购买计划。尽管德拉吉在演讲中以非常清晰的经济指标引出了自己的观点，但当时仍有不少

⊖　Mario Draghi: Unemployment in the euro area. 22 August 2014. https://www.ecb.europa.eu/press/key/date/2014/html/sp140822.en.html.

央行行长对他不经磋商就自行其是感到恼火。当然，在这次演讲几周后，这些人会对德拉吉的提议更为恼火。

在杰克逊霍尔，美联储主席伯南克曾于 2010 年和 2012 年利用这一研讨会的机会，发出了美国新一轮量化宽松政策的信号。德拉吉的演讲进一步强化了杰克逊霍尔年度研讨会作为重大政策宣布场合的重要地位。

虽然投资者的主要兴趣围绕着通货膨胀预期的两段话，但德拉吉传递了另一个信息：欧元区各国政府应准备好增加支出，以刺激本国经济。他呼吁采取"三管齐下"的模式，即协调采用货币政策、财政政策以及结构性改革政策。一些人认为他的评论是这三类政策的相互作用得以被广泛理解的转折点。

就在研讨会召开的几周前，德拉吉收到一封来自布鲁塞尔欧盟机构的电子邮件，附件是 1933 年约翰·梅纳德·凯恩斯写给美国总统富兰克林·罗斯福的信。凯恩斯在信中指出，罗斯福的政策在优先顺序上是错误的。他写道："您正面临双重目标的任务——复苏和改革，即从衰退中复苏，以及那些早该进行的商业和社会改革。对第一个目标，需要迅速见效的政策，这是至关重要的。实现第二个目标的需要可能也很迫切，但急就章往往有害。以明智的方式实现更远大的改革目标，远比获取唾手可得的成就更重要。只有通过在短期复苏中取得成功，提高政府的威信，您才会拥有完成长期改革的驱动力。此外，即使是明智和必要的改革，也可能阻碍复苏，或使复苏复杂化。"⊖他的观点是：如果实施的改革扩大了供给但未创造需求，政策组合最终就是不平衡的，有可能使情势恶化而非改善。

在杰克逊霍尔，德拉吉的话呼应了这封信中涉及的原则。财政纪律和改革是应对欧洲危机的两大支柱。但从长期来看，光靠财政纪律和改革是

⊖ John Maynard Keynes: An Open Letter to President Roosevelt. 16 December 1933. http://www.la.utexas.edu/users/hcleaver/368/368KeynesOpenLetFDRtable.pdf.

不够的。如果转型的过程是可持续的，那么正如凯恩斯所言，复苏必须得到支持。欧洲央行可以做到这一点，但各个国家也必须发挥自己的作用。光靠紧缩开支是不够的。

返回欧洲以后，德拉吉照例与德国总理默克尔通过电话进行了交谈。2014 年 9 月 1 日，他会见了法国总统弗朗索瓦·奥朗德。奥朗德正在欧盟预算规则中寻求一些回旋余地，以资助他的扩张计划。

9 月 4 日，理事会首次承认，规则中"现有的灵活性"允许减税和其他措施来支持扩张需求。但德拉吉很快在记者招待会上反驳了"大交换"的建议，即欧洲央行通过量化宽松刺激经济，以换取政府进行结构性改革，使经济增长在长期内可持续。"从央行行长的角度来看，仅仅依靠货币政策很难达到通货膨胀率低于但接近 2% 的目标。"他解释道，"我们还需要增长，还需要降低失业率，因此我们需要财政政策，而首先我们需要结构性改革。因此，从这个意义上讲，这里没有什么'大交换'，只有我们都得各司其职。"㊀

这不是德拉吉当天发布的唯一信息。在宣布再次下调存款利率至 −0.2%（这比 3 个月前首次降到负值更困难）并公布了一项购买包括资产支持证券在内的私营部门债券的计划之后，他以一种近乎漫不经心的口气说道，这些政策的目的之一是"引导——显著地引导我们的资产负债表规模，去接近 2012 年年初时的水平"。就是从这天开始，欧洲央行将资产负债表作为其主要的政策工具。粗略地说，一个经济体央行的资产负债表规模与该经济体的货币流通量直接相关。理论上，在欧元区创造出更多的资金，可以降低投资成本，增加雇用员工的能力，并最终重启通货膨胀来刺激经济增长，确保央行实现其政策目标。投资者算得很快，他们认为欧洲央行将不

㊀   Mario Draghi: Press conference following Governing Council meeting. 4 September 2014. https://www.ecb.europa.eu/press/pressconf/2014/html/is140904.en.html.

得不在金融体系中新增约 7000 亿欧元到目前的资金流通中，而现有的政策工具不可能实现这一目标。

在欧洲央行理事会中，一些持有异议的央行行长认为，德拉吉提出的经济刺激计划在规模上超出了德拉吉与他们达成的共识。理事会发表的联合声明只提到对资产负债表的"相当大的影响"，没有提及任何具体数额。不用说，一些政策制定者对德拉吉的做法忧心忡忡。

随着时间的推移，德拉吉变得更加坦率。他在布鲁塞尔举行的一场欧洲议会季度例行听证会上说："正是有了购买计划，我们得以开始从被动提供央行信贷的货币政策框架，向更积极和可控地管理资产负债表过渡。"⊖ 他对规模的执着甚至激怒了他最亲密的盟友。一位央行行长回忆说："他过于强调资产负债表的规模。尽管这并不是问题的关键，但很多人都认为这是问题的关键。"

到 2014 年 9 月底，量化宽松的道路已经铺就。各银行已开始下调对德国政府债券收益率的预期，因为它们预计欧洲央行的购买行为将提振债券价格（债券收益率随着债券价格的上涨而下降，反之亦然）。欧元的跌幅不断扩大。显然，德拉吉不可能说服所有的央行行长相信他的选择。在这个月初，魏德曼就已明确反对这项刺激计划。两人之间关系的紧张程度正在加剧。

2014 年 10 月，理事会在意大利央行行长伊尼亚齐奥·维斯科的家乡那不勒斯召开了月度会议。这座位于意大利南部的城市已经成为经济严重衰退的样板。抗议者占据了市中心，他们把矛头指向欧洲央行创纪录的高失业率和削减政府开支的做法，这些措施进一步削弱了濒临崩溃的公共服务。德拉吉在记者招待会上说："我们理解这些抗议背后的原因。"他

⊖ Mario Draghi: Introductory remarks at the EP's Economic and Monetary Affairs Committee. 22 September 2014. https://www.ecb.europa.eu/press/key/date/2014/html/sp140922.en.html.

承认许多同胞正在承受痛苦。"我认为，需要纠正的是认识，即欧洲央行是……有罪的，是这一局面的根源。"⊖央行行长们一直待在卡波迪蒙特王宫里。即使抗议活动距离会场还很远，但还是造成了一片混乱。由于天气炎热，窗户开着，直升机在头顶盘旋发出巨大的噪声，以至于一些官员无法听清楚辩论发言。不过，当德拉吉公开重申要让欧洲央行的资产负债表恢复到 2012 年年初的水平时，一些行长出离愤怒了。

金融市场在秋季陷入混乱。斯托克欧洲 600 指数（Stoxx Europe 600 Index）10 月前两周的跌幅超过 9%，基于市场的通货膨胀预期指标至少处于 10 年来的最低水平。在投资者大量抛售希腊债券和股票后，德拉吉出席了在法兰克福老歌剧院举办的招待会。3 年前，特里谢正是在这个剧院敲响了行长金钟。面对未来巨大的挑战，这位意大利人开玩笑说："挑战越难，我就越喜欢。"

欧洲央行代表团从法兰克福动身前往华盛顿，参加国际货币基金组织的年会。德拉吉和魏德曼继续隔空进行口头交锋。这位德国央行行长对德拉吉的话是否代表任何"正式"的资产负债表目标表示怀疑。据德国《焦点》（Focus）周刊报道，在那个阶段，两人的关系已经恶化到几乎不能正常工作的地步。⊜路透社的一篇报道提到，其他央行行长也对德拉吉"隐秘的管理风格和捉摸不定的沟通方式"有所不满。据报道，他们要求德拉吉"更加协同"，不应把个人的建议置于理事会的决定之上。他在会议期间看手机、发短信的习惯也引发了一些不满。⊜

当被问及这些分歧是否会妨碍欧洲央行在量化宽松政策问题上的决策

⊖　Mario Draghi: Press conference following Governing Council meeting. 2 October 2014. https://www.ecb.europa.eu/press/pressconf/2014/html/is141002.en.html.

⊜　Thomas Röll and Frank Thewes: Streit zwischen Draghi und Weidmann eskaliert. Focus, 13 October 2014. https://www.focus.de/magazin/archiv/ezb-streit-zwischen-draghi-und-weidmann-eskaliert_id_4196478.html.

⊜　Eva Taylor and Paul Taylor: Central bankers to challenge Draghi on ECB leadership style. Reuters, 4 November 2014. https://uk.reuters.com/article/uk-ecb-governors/exclusive-central-bankers-to-challenge-draghi-on-ecb-leadership-style-idUKKBN0IO1H020141104.

能力时，德拉吉力图消除这些担忧。"有分歧是很正常的。分歧总是无处不在。"⊖

德拉吉在欧洲央行 11 月会议的前一周会见了魏德曼。德国反对量化宽松政策的立场似乎已坚如磐石。但德拉吉还有一个更大的担忧：他希望魏德曼 3 月认可的原则（量化宽松是一种合法的货币政策工具）仍然有效。他请法国央行行长克里斯蒂安·努瓦耶来帮助明确这一点。努瓦耶回忆说："德拉吉希望我能和延斯·魏德曼讨论量化宽松的法律地位。我发起了这次讨论。我们一致认为，量化宽松是一种合法的货币政策工具。不过，对在某个时候使用它的必要性，我们可能有不同的看法。"

德拉吉希望把这一点清楚地传达给德国公众。作为欧元区最大经济体的公民，他们需要最信任的公共机构来告知他们欧洲央行即将采取的行动完全在其授权范围之内。为了确保这一点，德拉吉愿意透露该计划的细节，比如风险如何在欧元区的央行之间分担，或是资产购买额度如何在各国之间分配，他无视了意大利央行行长维斯科对这些妥协的反对。他联系了德国财政部部长沃尔夫冈·朔伊布勒，并接受了两家德国报纸的采访。这些接触都是罕有的。

2014 年 12 月和 2015 年 1 月，来自世界各地的经济学家访问欧洲央行，讨论购买主权债券的影响。当拉里·萨默斯、弗朗切斯科·贾瓦齐和马库斯·布伦纳迈尔（Markus Brunnermeier）等顶级货币专家和候任执行委员会成员菲利普·莱恩（Philip Lane）提出意见和建议时，德拉吉侧耳倾听。此外，欧洲央行还与美联储进行了密集的对话。美联储很乐意就如何组织和安排类似的项目提供相关的意见。

⊖ Mario Draghi: Press conference following Governing Council meeting. 6 November 2014. https://www.ecb.europa.eu/press/pressconf/2014/html/is141106.en.html.

1月22日，欧洲央行理事会举行了2015年第一次政策会议。当天下午，十几位在欧洲央行工作的经济学家聚集在一个会议室里，准备收看德拉吉的记者招待会，并计划在有关决定宣布后分享他们的观点。在下午1点45分发布的政策声明照例没有什么新东西——正如大家所料，利率保持不变。

现在，所有的注意力都转向了德拉吉将在法兰克福记者团前就座的那一刻。但下午2点半，他仍然不见踪影。房间里的人开始嘀咕。当德拉吉到达时，他已经迟到了5分钟，原因是电梯故障。德拉吉开玩笑说，这个延误不应被过度解读，在会议室收看记者招待会的欧洲央行工作人员爆发出掌声。这个小插曲恰到好处地打破了数月艰苦工作带来的紧张气氛。

德拉吉对立陶宛作为第19个成员国加入欧元区表示了欢迎，并表示，理事会已经对价格走势进行了"彻底的重新评估"。⊖最后，他宣布，欧洲央行计划将资产购买范围扩大至每月600亿欧元。

两周前，有关该计划的细节便已浮出水面。同时，一份报告显示，通货膨胀率自2009年以来首次转为负值。欧洲央行工作人员向理事会提交了购买高达5亿欧元政府债券的模型。当时，如何处理希腊债务等许多问题仍然悬而未决。所有主要的评级机构都认为，希腊债务的质量低于投资级别。2015年1月14日，欧洲法院首席顾问佩德罗·克鲁斯·比利亚隆（Pedro Cruz Villalón）为欧洲央行争取直接货币交易的最终法律支持提供了决定性的支持。"欧洲央行在制定和实施欧盟货币政策时必须拥有广泛的自由裁量权。法院在审查欧洲央行的行为时应保持足够谨慎。"⊖虽然首席顾问的意见并不具有约束力，但法院通常都会遵从。同一天上午，德拉吉

⊖　Mario Draghi: Press conference following Governing Council meeting. 22 January 2015. https://www.ecb.europa.eu/press/pressconf/2015/html/is150122.en.html.

⊖　European Court of Justice: Press release No 2/15. 14 January 2015. https://curia.europa.eu/jcms/upload/docs/application/pdf/2015-01/cp150002en.pdf.

在柏林会见了默克尔，并简要介绍了量化宽松计划的最新细节，包括隔离与主权债券购买相关的大部分风险，并设定限额，避免某一特定国家的债务过于集中在欧洲央行手中。

1月20日，欧洲央行执行委员会在理事会会议召开前两天召开了会议。当时，一项递交给执行委员会的提案提出，将在每个月购买500亿欧元的资产，并至少持续到2016年12月，总额为1.1万亿欧元。英国《金融时报》得到了这一计划的风声。而与2012年的情况类似的是，政策制定者的反应是再次改变这一计划——增加每月的购买金额，同时缩短计划的期限。

最后，德拉吉宣布，大规模资产购买的决定得到了"绝大多数"的支持。理事会的两名德国成员魏德曼和劳滕施莱格如预期般提出了反对，荷兰、奥地利和爱沙尼亚的央行行长持保留意见。在不得不使用量化宽松这样的"大杀器"之前，他们宁可等待，也不认同通货紧缩已经成为迫在眉睫的现实威胁。

实际上，他们在4年之后辩称，购买债券在提振信心和支持经济方面做得很好，但不能确定其是否对通货膨胀目标也有类似较好的政策效果。

德拉吉在新闻发布会上耐心地解释欧洲央行的决定。不过，他发出的最明确的信息，不是针对会议室里的记者，而是针对欧元区各成员国政府。德拉吉重申，无论是否"大交换"，现在球已经踢回给各国政府了。"货币政策可以做的是为增长创造好的基础。要真正实现增长，需要实实在在的投资。而投资需要信心，信心需要结构性改革。今天，欧洲央行已经采取了深具扩张性的措施，现在需要各国政府来实施结构性改革，而且各国政府做得越多，我们的货币政策就会越有效。这是绝对必要的。"⊖

⊖　Mario Draghi: Press conference following Governing Council meeting. 22 January 2015. https://www.ecb.europa.eu/press/pressconf/2015/html/is150122.en.html.

当日，欧元尾盘下跌 2.1%，为 11 年多以来最低。欧元区主权债券收益率下降，斯托克欧洲 600 指数上涨 1.7%，创 2007 年以来最高水平。2015 年 3 月，当政府债券购买终于开始时，德拉吉表示，相信"最后一整套措施"将恢复欧元区的经济健康。⊖当时的预测显示，到 2017 年，通货膨胀率将升至 1.8%。然而，另一片阴云已经笼罩在欧洲央行的上空。

⊖ Mario Draghi: Press conference following Governing Council meeting. 5 March 2015.
https://www.ecb.europa.eu/press/pressconf/2015/html/is150305.en.html.

Mario Draghi
l'artefice

| 第9章 |

希腊奥德赛史诗

2012 年夏天，希腊仍然面临着离开欧洲货币联盟的现实威胁。在雅典，在安东尼斯·萨马拉斯（Antonis Samaras）的领导下，新当选的联合政府正努力达成一项削减一系列预算的协议，以赢得救助资金，避免主权债务违约。在柏林，安格拉·默克尔的二号人物、副总理菲利普·勒斯勒尔（Philip Rösler）声称，几位甚少露面的国际专家已经制订了计划，包括实现分割货币联盟的每一步骤，这并不可怕。[⊖]在纽约，花旗集团的经济学家易卜拉欣·拉赫巴里（Ebrahim Rahbari）发明了"Grexit"[⊖]的提法。他和一些经济学家认为，希腊在 12 ~ 18 个月内退出欧元区的可能性为

⊖ Ulrich Deppendorf and Rainald Becker: Interview with Philipp Rösler. ARD, 22 July 2012. https://www.tagesschau.de/multimedia/video/video1152286.html.

⊖ 即"希腊"（Greece）和"退出"（exit）的缩写，意指"希腊退出欧元区"。

90%。[1]与此同时，在法兰克福，欧洲央行正在为应对危机发起公众舆论的攻势，推出第二代欧元纸币。印在新纸币中心的是欧罗巴，希腊神话中的腓尼基公主，被爱慕她的宙斯带往了另一个大陆，后来宙斯给这块大陆取名为欧罗巴，也就是现今的欧洲。

　　鉴于当时希腊正面临从单一货币体系脱离出去的威胁，将聚光灯放在希腊神话上似乎有些讽刺。然而，这也暗示，在未来的几年里，欧洲央行及其官员将坚定地致力于扩大而不是减少欧元区成员国的数量。

　　希腊危机始于 2009 年秋季。当时，乔治·帕潘德里欧刚刚赢得全国大选。正如每一位新就任的国家领导人所做的那样，他密切关注国家的财政状况。但由于缺乏足够的财政收入，他被迫在上任数周内将当年的预算赤字预测修正为国内生产总值的 12.7%，后来更是升至 15.1%，大大超过了欧盟规定的 3%。金融市场中的投资者几乎立即就做出了反应：债券收益率飙升，债务违约保险成本也大幅上升。

　　没有人相信希腊做出的完全有能力应对这一局面的保证。希腊国内和欧洲政界人士声称希腊无须救助，这已经是最好的信号了。2010 年 4 月 23 日，帕潘德里欧来到了风景如画的卡斯特洛里佐岛（Kastellorizo）。这是一座离土耳其海岸仅 2 公里的岛屿，居住着大约 300 人。通过电视，他在午餐演讲中告诉希腊公民，"国家需要正式地请求援助"。[2]这是一个奥德赛史诗般的新开端，因为这样的外部援助将动摇欧洲的根基，给一个国家的几代人留下伤痕。

　　最糟糕的是，这场危机使希腊的经济规模缩小了 1/4 以上，使近 30%

---

[1]　Valentina Za: Citi sees 90 percent chance of Greece leaving the euro. Reuters, 26 July 2012. https://www.reuters.com/article/us-grexit-citi/citi-sees-90-percent-chance-of-greece-leaving-the-euro-idUSBRE86P09920120726.

[2]　Jonathan Stearns and Maria Petrakis: Greece Requests EU-IMF Rescue Funds in Biggest Test for Euro. Bloomberg, 23 April 2010.

的人失业（是 15 ～ 24 岁人数的两倍），并在欧洲人心中播下了互不信任的种子。因为从希腊的角度看，所谓的对这个濒临崩溃的国家的救助似乎就是更多地削减养老金、社会保障金，或者征收更高的税。

在希腊媒体看来，欧盟委员会、国际货币基金组织和欧洲央行这"三驾马车"组成的团队会定期派遣专家到雅典了解财政状况，监督改革的实施。外界因此认为，欧洲央行正积极参与纾困的各种协商对话。这也使欧洲央行的政策制定者们特别关注维护自身的独立性。在外界的关注下，他们对欧洲央行扮演的角色感到越来越不安。不过，在危机的早期阶段，在欧元区问题国家应对机制尚未全面成型之前，欧洲央行的专业能力显得尤为重要，甚至不可或缺。

2011 年 11 月，当马里奥·德拉吉接管欧洲央行时，希腊危机已进入第二阶段。此前，在帕潘德里欧发出求救呼吁后，希腊已经得到了 1100 亿欧元的救助资金。但事实证明，这样的金额还不足以填补融资缺口。因此，各国政府在当年 7 月又重返谈判桌，讨论更多关于贷款的细节。

到 2012 年年初谈判结束时，卢卡斯·帕帕季莫斯接任了希腊总理。他曾是让－克洛德·特里谢在欧洲央行的副手，并在帕潘德里欧匆忙决定将救助协议提交全民公投后负责有关的谈判工作，使希腊得以在春季有序举行了新一届政府选举。帕潘德里欧在 2011 年年底的上述决定曾一度引发人们对希腊退出欧元区的担忧。从这一任希腊政府因债务危机下台，到 2018 年希腊退出最后一轮救助，还有五位领导人黯然离职。

希腊第二轮救助计划于 2012 年 2 月获得批准。除了另外 1300 亿欧元的救助，计划还包括有史以来规模最大的债务重组。在一笔复杂的交易中，投资者同意接受其所持债券超过 50% 的损失，以避免在清算失败的情形下导致主权债务违约，甚至出现全额的损失。

这一决定使欧洲央行陷入了困境。因为早期为了遏制危机，根据 2010

年特里谢时期启动的证券市场计划，欧洲央行也曾买入并持有了不少希腊债券。这一风险敞口使谈判复杂化了，因为与私人投资者不同，欧洲央行不能主动承担所持债券的损失。《欧洲联盟运行条约》第 123 条禁止向政府提供融资，而接受所持债券的折价就是变相地为政府提供融资。必须找到解决办法。幸运的是，布鲁塞尔和法兰克福的官员都是"绕道走"的专家，即能够在不违反欧盟规则的情况下找到创新的解决方案。

在一场最终被泄露给媒体的秘密行动中，欧洲央行持有的希腊主权债券被换成了其他证券。这些证券与最初持有的证券唯一不同的就是它们不参与重组。这样，经过几天的重组，希腊政府的债务总额就减少了 1000 多亿欧元。尽管这样的变通是为了保护欧洲央行的独立性和完整性，但这仍然使德拉吉第一次因为决策过于政治化而遭到外界的严肃批评。

2012 年春季，欧元区陷入衰退，这在当时是史上持续时间最长的衰退。对成员国偿债能力的信心危机从希腊蔓延到葡萄牙和爱尔兰，再蔓延到西班牙和意大利。人们对危机传染的恐惧越来越强烈。反紧缩情绪使法国政府高层出现了异样的声音，德国总理默克尔因拒绝适当参与而面临越来越多的批评。金融市场的波动是混乱的欧洲大陆的绝佳缩影：随着欧元区外围国家的债券收益率不断创出新高，欧元和股市持续下滑。

德拉吉对外交流沟通的重点，是帮助大家找到和认可经济前景中为数不多的亮点，并敦促各国政府更加坚定地加强联盟，打破希腊即将脱离欧盟的猜测。在希腊雅典，2012 年 5 月的选举未能选出新一届政府，大选不得不在 6 月再次举行。希腊脱欧谈判再次升温——在德国财政部，沃尔夫冈·朔伊布勒声称，欧盟能够承受一个国家退出的压力。欧洲央行也出现了这一呼声。

爱尔兰央行行长帕特里克·霍诺翰（Patrick Honohan）曾在一份 1984 年的研究报告中分析了英国与爱尔兰货币联盟的破裂。5 月 12 日，他表示，希腊退出欧元区在"技术上"是可以操作的。[⊖]出于意外和巧合，比利时央行行长卢克·科因（Luc Coene）在几小时后也发表了类似的言论："如果真的需要的话，友好离婚是可能的。"[⊜]德拉吉很藐视这类言辞，因为这对欧洲央行团结一致的形象是减分的。他也找机会向参与决策的同事们传达过明确的警告："有些人在谈论体制的重要性。但无论从什么角度看，这都是错误的。"

同时，欧盟、欧洲央行和国际货币基金组织的官员组成了一个小组，正在研究制订一个应急计划。这个计划在口头上被伪称为"克罗地亚加入"（Croatian Accession）计划，实际上是希腊真的脱离欧元区后的经济金融重建安排，非常翔实。这一小组的工作在 2012 年 1 月就启动了，负责指导的是欧洲央行执行委员会成员约尔格·阿斯穆森、欧元集团工作组（负责为欧元区财长提供咨询）的奥地利经济学家托马斯·维泽尔（Thomas Wieser）、欧盟委员会负责经济事务的总干事马尔科·布蒂（Marco Buti）和国际货币基金组织的波尔·汤姆森（Poul Thomsen）。这个计划的制订工作有十几人参与，并秘密进行。为了防止黑客攻击或其他方式的泄密，他们甚至根本不使用电子邮件，也不用纸质文件交换信息。该计划覆盖的问题是广泛的：如何引入一种新的货币？如何建立边界并实施资本管制以防止投资者撤资？如何处理整个支付系统的崩溃？如何保护欧盟其他国家的金融稳定？如何防止内乱爆发？

希腊 6 月 17 日的大选临近，希腊银行的存款却在减少。欧洲央行不得不从其他欧元区国家空运钞票，以确保银行储户的提款请求都能够得到满足。危机已经到了一触即发的时刻。在大选前的周末，当安格拉·默克尔、马里奥·蒙蒂和弗朗索瓦·奥朗德前往洛斯卡沃斯（Los Cabos）参加二十国集团峰会时，马里奥·德拉吉与欧元集团主席让-克洛德·容克和

⊖　Ott Ummelas: Honohan Says Greece Exit Can Be Managed, Sees Confidence Hit. Bloomberg, 12 May 2012.

⊜　Ralph Atkins: Greek exit from eurozone 'possible.' Financial Times, 13 May 2012. https://www.ft.com/content/55d4f61c-9cd9-11e1-9327-00144feabdc0.

负责欧盟经济和货币事务的委员奥利·雷恩一起留了下来，以防投票引发错误决定以及需要快速反应。

但这一次，希腊人成功地组建了一个由自由保守的新民主党成员萨马拉斯领导的政府，任期将持续到 2015 年年初。在接下来的两年半里，除了希腊之外，欧洲还有若干问题需要关注。

就在萨马拉斯于雅典宣誓就任总理的 6 天后，也就是在欧元区财长向西班牙发放高达 1000 亿欧元的救助贷款以修复其银行业的 2 周后，塞浦路斯成为欧元区第 5 个寻求救助的成员国。在这个欧元区最东端的岛国，银行已经无法应对长期积累起来的对希腊的风险敞口，而政府在 2012 年年初从俄罗斯获得的 25 亿欧元贷款远不足以解决该国的预算赤字与金融机构补充资本的问题。

谈判拖延了 9 个月。大量花费纳税人的钱给欧洲各国政府带来了巨大的政治压力，更何况塞浦路斯还以"逃税者"和"俄罗斯寡头避风港"而出名。塞浦路斯的政治精英也在拖后腿，声称这一切都不是国家的错，只有银行才应该受到指责。2012 年 9 月中旬，马里奥·德拉吉在塞浦路斯会见总统季米特里斯·赫里斯托菲亚斯（Demetris Christofias）时，并没有掩饰自己的不满。"你必须取得进展。我们没时间了。"他敦促道。可实际上，在尘埃落定之前，谈判又花了 6 个月的时间。

2013 年 3 月 16 日，星期六，塞浦路斯人在醒来时得知，持有 10 万欧元以下的银行账户将被征收 6.75% 的"稳定费"——通常完全由国家存款保险覆盖，而那些未被存款保险覆盖的金额更大的账户将被征收 9.9% 的税。（当时，这一计划明确要求私人储户要参与买单，俄罗斯富豪们在不情愿的情况下答应了不超过 10% 的负担比例。即使如此，也不足以筹集到必要的资金。因此，原来有存款保险覆盖的账户也必须贡献一定比例的资金。）上述这种做法将可能引发毁灭性后果——如果整个欧元区的储户都开始相信他们在银行里的存款不再安全，就可能出现挤兑的现象。

欧元区财长们通宵谈判，寻求不同的解决方案，但都铩羽而归。他们在凌晨对塞浦路斯的计划做了让步，约尔格·阿斯穆森代表欧洲央行签署了协议。德拉吉认为协商正在朝着合理的解决方向迈进，因此在前一天晚上 8 点左右就退出了协商。星期六一早，塞浦路斯央行行长帕尼科斯·季米特里亚季斯（Panicos Demetriades）就打通了德拉吉的电话，但他所请求的却是意大利人无法回应的。德拉吉表示："但是，帕尼科斯，如果你认为这个交易有问题，我就认为有问题，那么我们可以改变这一计划。" 3 天后，塞浦路斯议会宣告否决了这项救助协议。

3 月 21 日，欧洲央行设置了底线，塞浦路斯必须在 4 天内达成协议，否则其银行将无法获得一直以来来自欧洲央行的紧急救助资金。3 月 25 日，塞浦路斯政府被迫同意缩减银行体系规模，以换取 100 亿欧元的救助。塞浦路斯第二大银行被关闭，包括高级债权人在内的未参保储户和债券持有人的相关资产被全部清零；而纳税人的钱一分都没动用。一夜之间，塞浦路斯成为第一个实施所谓的纾困规则的欧元区国家，这些规则最终将被写入次年的《银行复苏与处置指令》（Bank Recovery and Resolution Directive，BRRD）。

发生在塞浦路斯的戏剧性事件将被证明仅仅是一个小插曲。2015 年年初，希腊气势汹汹地重返舞台中央。在 2015 年 1 月 25 日的希腊大选中，激进左翼联盟（The Coalition of the Radical Left，又称为 Syriza）获胜，为亚历克西斯·齐普拉斯（Alexis Tsipras）取代萨马拉斯成为总理铺平了道路。齐普拉斯任命受过英国教育的经济学家亚尼斯·瓦鲁法基斯为财政部部长。日后，瓦鲁法基斯会通过一系列激进甚至挑衅的做法，把希腊推向危机深渊的边缘。直到最后一刻，这个国家才意识到，尽管其种种念头都在围绕退出欧元区打转，但希腊的未来仍然在欧元区内。

总理齐普拉斯在竞选中的基本策略是要求大幅度减免债务，并曾威胁要撕毁对希腊的救助协议。这一策略使他的政党赢得了超过 36% 的选票。因此，在一周之内，新一届政府的攻击性执政风格就将希腊推回到欧洲（就算不是全世界）最令人担忧国家的首位。

首先对谈判基调起作用的是荷兰财长兼欧元集团主席杰伦·戴塞尔布卢姆（Jeroen Dijsselbloem）。欧元集团也参与了救助协议的达成。"我们不打算与欧元集团合作。"希腊财政部部长瓦鲁法基斯在同戴塞尔布卢姆于雅典会晤后说。⊖希腊希望达成一项新协议，允许增加财政支出，而不是专注于削减赤字。希腊还希望欧元区各国和欧洲央行减记希腊的公共债务。

实际上，在希腊援助计划到期的前 4 周，这是对欧元区大多数国家政府发出的一个错误信号。在与瓦鲁法基斯和齐普拉斯会晤后，戴塞尔布卢姆能够公开的辞令只有："我昨天与希腊政府成员进行了建设性会谈。没有得出任何结论。"⊜私下里，他敲响了警钟。在离开希腊财政部的同时，他立即致电警告德拉吉，告诉他瓦鲁法基斯正在认真考虑在下次债券到期时不再偿还欧洲央行的债务。几分钟后，希腊央行的电话响了。德拉吉想从亚尼斯·斯图纳拉斯那里知道这是不是真实的威胁。斯图纳拉斯在 2014 年夏天接手希腊央行前，曾担任财政部部长达两年。他试图减轻德拉吉的担忧，对德拉吉说："别相信他。"然后他把电话打给了希腊总理齐普拉斯："听着，亚历克西斯，我们有麻烦了。瓦鲁法基斯告诉杰伦将不会偿付债务，杰伦转告了马里奥。"齐普拉斯沉默了好一阵，才问道："需要我做什么？""我给你马里奥的电话号码，你现在就给他打电话。"这位希腊总理私下告诉德拉吉，第二天他将公开重申：希腊政府将偿还对欧洲央行和国际货币基金组织的债务。"尽管在观点上存在分歧，我完全相信，我们将很

⊖ Nikos Chrysoloras, Marcus Bensasson and Eleni Chrepa: Greece Sets Up Cash Crunch for March Telling EU Bailout Is Over. Bloomberg, 30 January 2015.

⊜ Corina Ruhe: Dijsselbloem Says It's Up to Greece to Decide How to Move Ahead. Bloomberg, 31 January 2015.

快达成一项无论是对希腊还是对整个欧洲都有利的协议。"⊖

2015 年 2 月 4 日，当希腊财政部部长瓦鲁法基斯来到法兰克福与欧洲央行执行委员会会面时，他带来了一份只有一页纸的非正式文件。这份文件未经任何人正式认可，概述了债务重组的方式，提出将欧洲央行在证券市场计划下购买的债券置换成永续债。他还重申，他要求欧洲央行把从这些购买计划中获得的所有利润返还给希腊。德拉吉告诉他，第一个提议会违反《欧洲联盟运行条约》第 123 条，即禁止向政府提供融资；就第二个提议而言，这不是由欧洲央行来决定的，因为利润是分配给各成员国央行，再由各成员国央行自行决定把全部或部分利润交给本国政府的。

在那次闭门会议上，德拉吉和欧洲央行国际事务与市场部主管贝诺伊特·库雷苦口婆心地劝说瓦鲁法基斯，告诫他这是在玩火。这位欧洲央行行长建议希腊财长应持平和的态度来沟通，避免给希腊或其银行贴上破产的标签，因为这将使欧洲央行无法提供任何形式的流动性。当天下午，理事会讨论了暂停希腊银行获得欧洲央行资金的可能性。

在欧元区，各国商业银行可以通过各成员国央行在定期再融资操作中从欧洲央行获得抵押借款。抵押品是债券或其他被认为合格的资产。只要国际评级机构认为主权债务属于投资级别，主权债务就是合格的、可用于抵押借款的资产。

自 2008 年以来，欧洲央行已多次放宽最低要求，以保持流动性，防止出现紧缩。因此，对于那些处于危机中的国家来说，尽管其主权债务往往评为"垃圾级"，但还是有一个重要的例外：只要该国还在国际货币基金组织管理的项目或类似的国际项目中，且项目被认为走上了正轨，欧洲央行就将继续接受它们的债券作为借款抵押品。通过这种方式，银行可以继续从欧洲央行获得现金来经营日常业务，公众和企业可以继续从他们的账户中取款或获得贷款。

⊖　Nikos Chrysoloras: Tsipras Targets Deal With Euro Area After Bond-Market Pummeling. Bloomberg, 31 January 2015.

希腊在 2010 年首次获得这种豁免权。但由于齐普拉斯政府鲁莽地拒绝接受先前谈判达成的救助条款，前述例外条款也就不可能对希腊维持太久了。德拉吉和慌乱不安的希腊央行行长斯图纳拉斯说："那些人不按照计划行事。"此前，斯图纳拉斯曾对德拉吉的批评意见置若罔闻——希腊政府会试图阻止这一重大决定。与此同时，瓦鲁法基斯已经前往柏林，他当晚就接到了德拉吉的电话。这通电话通知他，豁免已经失效，该国的各商业银行从下周开始会得到紧急流动性援助（emergency liquidity assistance，ELA）。

紧急流动性援助是一种特殊形式的资金，由成员国央行自行承担风险。这一机制的目的是帮助有偿付能力的银行渡过难关，这些银行出于某种原因无法在金融市场上获得流动性，也没有抵押品来获取欧洲央行的定期招标资金。一个成员国的央行要想提高它提供给银行的紧急流动性援助的限额，必须报告欧洲央行理事会，欧洲央行可以否决成员国央行的提议。多年来，这项贷款机制在防止整个银行系统破产方面至关重要。2012 年，通过这一机制借给希腊银行体系的流动性达到 1240 亿欧元，相当于当时希腊经济总量的 65%。2015 年，对这些资金的需求仍迅速上升。

通过紧急流动性援助机制获得资金，要付出很高的代价——其利息比欧洲央行通常收取的利率高出 1.5 个百分点。但对于银行来说，如果破产不是一种选择，那就真的别无选择。考虑到银行破产可能会给金融体系和经济运行带来不好的后果，否决紧急流动性援助的提议等于引发混乱。

2015 年 2 月 11 日，是瓦鲁法基斯作为新一届希腊政府的财政部部长第一次到布鲁塞尔参加欧元集团会议。欧洲财长们对他有着非常正面的期待。此前一周，部分国家财政部部长已经与这位希腊新人会过面了，其他人只是看了相关的新闻。尽管参加会议的一位高级官员对他发出了善意的警告，希望他不要过于激进地参加谈判，但瓦鲁法基斯仍摆出了一副对抗的架势。他声称："希腊正面临一场人道主义灾难。"随后他又提出了要求，希望能减轻普通民众的负担。他威胁说，希腊政府决心与债权人死战到底，直至胜利。在布鲁塞尔尤斯图斯·利普修斯（Justus Lipsius）大厦五楼会议室的长方形桌上，这种态度并不受欢迎。朔伊布勒按照惯例把自己的名牌竖立起来请求发言，他坚持要求希腊必须达到预定目标，否则将承担后果。各成员国财政部部长一个接一个地表态支持他，拒绝任何新的计划。在辩论中，德拉吉一直保持沉默，表情严肃。

5 天后的第二次会议也以激烈的争论结束。投资者对谈判破裂的反应是抛售股票、债券和欧元。在 2 月 20 日第三次会议休会 4 天之后，希腊政府才获准将其计划延长 4 个月至 6 月底，并以一长串承诺换取了后续的资金支持。在这几次会议中，德拉吉大部分时间都委托库雷来阐释欧洲央行的观点并参与辩论。不过，偶尔他也会积极参与讨论。一旦德拉吉参与其中，他就通常会占上风。

2015 年 3 月初，当希腊离资金耗尽还有一两个星期的时候，正是德拉吉的干预，使得欧盟委员会、欧洲央行和国际货币基金组织的官员能够回到雅典，继续审查希腊的账目。"他们能很快开始吗？"德拉吉问瓦鲁法基斯。瓦鲁法基斯认为可以："星期三开始怎么样？"交易就这样达成了，○但局势依然紧张。不到一周，这三个机构的官员就在一次简短但火药味十足的电话会议上表达了它们的愤怒：希腊没有遵守援助延期协议，也没有与债权人合作。就国际货币基金组织总裁克里斯蒂娜·拉加德的团队而言，这个国家是国际货币基金组织 70 年历史上最难以合作的客户。○

在欧洲央行，希腊还引发了新成立的监管委员会（Supervisory Board）和理事会之间的第一次分歧，后者对所采取的任何行动都拥有最终决定权。冲突的焦点是希腊商业银行持有的短期主权债务，这是希腊政府的主

○ Karl Stagno Navarra and Alessandro Speciale: Draghi Urged Greece to Allow Officials Back Before It's Too Late. Bloomberg, 9 March 2015.

○ Karl Stagno Navarra, Ben Sills and Marcus Bensasson: IMF Said to Consider Greece Most Unhelpful Client in History. Bloomberg, 18 March 2015.

要融资来源。监管委员会希望禁止商业银行提高对此类主权债务的投资，而这一决定将有可能使希腊的财政困境恶化。决策者们当时还没有准备好做出决策，为政治谈判提供更多时间。最终，他们批准了投资上限。在任何情况下，德拉吉都不想成为决定希腊命运的那个人。

到了4月，对希腊政府的耐心已经越来越少。在拉脱维亚首都里加举行的一次会议上，财政部部长们大声公开地抱怨瓦鲁法基斯的行为。瓦鲁法基斯提出的用小规模援助资金换取小范围改革方案的提议立即被否决。德拉吉加大了压力，威胁说要审查欧洲央行向希腊银行提供紧急流动性的条件。他确信，与之前几次债务危机不同，希腊的问题得到了控制，几乎没有蔓延的风险。过了不久，瓦鲁法基斯出现在会议室门口。最后的记者招待会是由荷兰财长杰伦·戴塞尔布卢姆、负责领导欧洲救助基金的德国人克劳斯·雷格林和德拉吉共同策划的，但德拉吉没有出席——这对德拉吉来说太过政治化了。

正如前几章所述，美国在危机中也介入了相当多的事务，只是公众很难知晓。在每天无数的电话中，财政部的专家们都在进行穿梭外交，试图在激烈的辩论中穿针引线。美联储前官员、时任美国财政部负责国际事务的副部长内森·希茨回忆说："我们试图让各方都了解情况并积极参与，中立而系统地鼓励他们达成协议。"

参与谈判的每个人都知道需要达成什么样的结果：希腊需要更宽松的财政协定、结构性改革、减少国际货币基金组织的监督以及债务减免。关键是达到这一目标的政治路径。希腊和德国是这场冲突中的主要对手，它们并没有进行适当的沟通，因此每个国家的公众都对另一方充满了怀疑和怨恨。希腊政府从未向其人民解释为什么改革是有益的，而德国领导层也从未阐明为什么减免希腊的债务符合德国的利益。显而易见的后果是：改革更局限，债务难减免——对所有相关方而言，这都是次优的妥协。

欧洲各国政府之间的谈判总是在恳求、保证和承诺上面打转。美国开始走出幕后外交的阴影，试图促成已经陷入僵局的协议。在前往德国参加在德累斯顿举行的七国集团峰会之前，美国财政部部长杰克·卢在伦敦发表演说："边缘政策是一件危险的事，因为这样的政策连一次事故都承受不住。"⊖在这个撒克逊王子和国王曾经居住过的皇家城堡中，希腊问题并没有提上正式的议事日程，但这个国家仍影响着会议的主要议题。在美国看来，希腊不仅仅是欧洲第二小的经济体，也是欧洲文化和文明的摇篮，是通向东方的桥头堡，还是一个风向标——欧元是一个长期存续的承诺，还是一个很可能会结束的实验。任何程度和形式的欧元解体无疑都会对金融市场和欧洲经济（就算不是世界经济）造成严重破坏。从奥巴马总统到其他美国官员都在努力寻找各方都能接受的妥协方案，以避免这场灾难。当时，卢传递给齐普拉斯的信息是：时间不多了。

希腊要在 2015 年 6 月向国际货币基金组织到期偿付约 16 亿欧元的贷款，而默克尔此时正将谈判推向下一阶段。在 5 月底与齐普拉斯进行建设性会谈之后，默克尔、奥朗德、2014 年出任欧盟委员会主席的容克、德拉吉和拉加德在柏林举行了高层会晤。此前几周，德拉吉和拉加德一直保持着密切联系。他们与各自的团队彼此之间一直在核实事实、数字和各种证据。德拉吉最担心的是希腊会拖欠欧洲央行的债务，因为拖欠债务可能会使欧洲央行无法继续为希腊的贷款机构提供资金。2015 年 6 月 1 日，在德国总理府，关于避免灾难性后果的讨论持续到深夜，并以"要么接受要么放弃"的建议提交希腊。德国总理府的官方说法是"现在必须更紧张地继续工作"。⊖

希腊总理齐普拉斯没有等待默克尔打破僵局的建议，而是选择提出自

⊖ Paul Gordon and Alessandro Speciale: Lew Calling Tsipras Shows Greek Nerves Eclipsing G-7 Agenda. Bloomberg, 27 May 2015.

⊖ German Chancellery: Merkel: "Wir arbeiten mit Hochdruck." 3 June 2015. https://www.bundeskanzlerin.de/bkin-de/aktuelles/merkel-wir-arbeiten-mit-hochdruck--433608.

己的计划。这加剧了本已紧张的局势。

　　更为复杂的是，欧元区再次出现危机蔓延的迹象。欧元解体的问题再次被提上台面，投资者要求更高的溢价来弥补风险。尽管欧洲央行在 2015 年年初启动了大规模资产购买计划以避免通缩，但意大利和葡萄牙等外围国家仍面临至少 6 个月来创纪录的高借贷成本。在希腊，银行正以惊人的速度丧失流动性，并越来越依赖希腊央行提供的紧急资金。

　　欧洲央行和德拉吉处境艰难。在 2010 年和 2013 年，不再提供流动性支持的威胁策略成功地迫使爱尔兰和塞浦路斯同意了国际援助协议。但鉴于希腊对边缘政策的偏好，这种策略似乎再难奏效。继续为希腊提供资金补给也越来越难以自圆其说。到这一地步，继续将希腊的商业银行归类为"面临暂时流动性问题但有偿付能力的金融机构"（紧急流动性援助得以获得授权的条件）似乎过于牵强。⊖然而，没有人宣布与希腊政府的谈判已经结束。德拉吉坚信，作为一个非选举产生的技术官僚，不应该由他做出最后的政策决策来左右整个欧洲的未来走向。希腊退出欧元区对德拉吉来说根本就不是可选项，对欧洲的政治家们来说也不是目前的官方选项。鉴于希腊的商业银行感受到的大部分压力都来自对希腊退出欧元区的恐惧心态，紧急流动性援助的上限还可以继续提高。德拉吉在与克里斯蒂娜·拉加德的谈话中调侃说，欧洲央行不过是"这场游戏中的小学生"。在布鲁塞尔与立法者交谈时，德拉吉又使用了更强烈的措辞。⊜他在 6 月中旬对欧洲议会表示，有关希腊救助计划的决定必须由民选领导人做出，这一点是"绝对清楚"的。⊜他清楚地表示，目前的形势是时不我待。

⊖　European Central Bank: Emergency liquidity assistance (ELA) and monetary policy. https://www.ecb.europa.eu/mopo/ela/html/index.en.html.

⊜　Jeff Black, Dara Doyle and Lorcan Roche Kelly: How Draghi Shifted ECB Crisis Tactics Amid Greece's Brinkmanship. Bloomberg, 24 June 2015.

⊜　Mario Draghi: Hearing at the European Parliament's Economic and Monetary Affairs Committee. 15 June 2015. https://www.ecb.europa.eu/press/key/date/2015/html/sp150615_1.en.html.

在 6 月后半月，欧洲央行几乎每天都在提高紧急流动性援助支持金额。同时，一些欧洲央行理事会成员的不满情绪日益高涨，希望尽快结束这种大量输血的方式，并在希腊引入资本管制。6 月 26 日，提供的紧急流动资金总额接近 890 亿欧元，超过了 2 月的 600 亿欧元。当时，欧洲央行取消了豁免条款，并切断了希腊银行的正常投标。

6 月的最后一周，齐普拉斯在布鲁塞尔的谈判似乎终于迈向了正确的方向。周五，在救助计划即将在 6 月底到期前 4 天，默克尔敦促他接受一个慷慨的提议。对她来说，团结和强硬同等重要。希腊总理看似倾向于接受这些条款，但在返回雅典的路上又改变了主意。财政部部长们定于周六在比利时首都开会，以敲定计划的最终细节。在会议召开前几个小时，齐普拉斯呼吁在 7 月 5 日就救助条件举行希腊全民公投。在过去的几天、几周和几个月里，为了让希腊经济平稳发展并继续留在欧元区，不少人不知疲倦地工作。而齐普拉斯的行为，正是对这些人的一记耳光。

随着希腊储户在当地银行排队将自动取款机里的钱全部取走，欧元集团希望遏制金融体系的崩溃对希腊的冲击。可即便如此，德拉吉也不愿意成为那个"拔出塞子"的人。时任希腊财长瓦鲁法基斯回忆起德拉吉和朔伊布勒之间的一场争论。当时，朔伊布勒想知道欧洲央行还计划为希腊银行业提供多长时间的资金支持。德拉吉回答说："我很高兴你对欧洲央行将继续提供资金的时间感兴趣。但是你应该明白我们的独立性更重要。所以，就像我克制自己问你财政政策问题的冲动一样，希望你也克制住。"德拉吉的信息非常明确："如果你想把希腊赶出去，你就去做。不要假手于欧洲央行。"⊖

正是这种态度为德拉吉赢得了雅典大众的尊敬——不像朔伊布勒那样。2 月，一家与执政的激进左翼联盟关系密切的报纸发表了一幅漫画，里面朔伊布勒就被描绘成纳粹。"德拉吉最聪明。事实证明他是希腊真正

⊖　Yanis Varoufakis: Adults in the Room, p. 434. Farrar Strauss & Giroux, 2017.

的朋友。"一位从一家位于比雷埃夫斯的银行取出现金的人评价道。[⊖]周一，希腊就将开始对提取现金的额度加以限制。

在限制实施之前的时间里，一切都很紧张。周末，希腊央行行长斯图纳拉斯在巴塞尔参加了国际清算银行的年度股东大会。当公投的消息传出后，他几乎惊呆了，赶紧于周六下午返回雅典，为防止希腊银行体系彻底崩溃做最终努力，以求帮助希腊渡过这一难关。德拉吉对斯图纳拉斯耳提面命："我们将要求希腊政府通过立法实施资本管制。周日午夜我们会开个电话会议，到时候你来告诉大家工作进展。"

周日一大早，希腊央行、财政部和总理官邸马克西莫斯大厦（Maximos Mansion）就开始忙碌起来。为权衡资本管制的必要性并起草一项法律草案，官员们整个上午都忙于收集各种重要细节资料。在下午展开的激烈的政治讨论中，瓦鲁法基斯仍公开表示不惜让希腊离开欧元区。他试图反驳斯图纳拉斯提出的每一个论点，但失败了。然而，瓦鲁法基斯已然将法律草案交给了总理齐普拉斯。

当天下午，欧洲央行理事会召开电话会议。议事日程上只有一个项目：希腊紧急流动性援助项目。如果没有救助计划，没有财政约束，也没有结构性改革计划，甚至没有金融安全网，欧洲央行继续向希腊银行业提供紧急流动性的正当性何在？政策制定者决定冻结向希腊银行业提供的资金，继续给希腊政府施压，要求希腊政府继续实施资本管制，以阻止存款外逃。任何失败都会导致金融崩溃，甚至可能更糟。（欧洲央行后来还曾给申请演讲撰稿人一职的求职者出了一道演讲稿写作题，要求概述如果将导致希腊退出欧元区，决策者停止融资是否合法。演讲稿的主题是"一家央行不能无视其决策的政治含义"。）

⊖   Paul Gordon: Draghi Can't Avoid Spotlight With Greek Destiny in ECB Hands. Bloomberg, 27 June 2015.

　　在雅典，这是一场争分夺秒的比赛。下午 11 点 30 分已过，什么结果都还没有。齐普拉斯的法律顾问斯皮罗斯·萨亚斯（Spyros Sayas）对紧张的斯图纳拉斯说，法律草案的起草工作仍在进行中。斯图纳拉斯在午夜 10 点再致电时，仍然一无所获，只得到了法案将按时在政府公报上公布的承诺。就在欧洲央行理事会的电话会议开始的时候，法案通过了。斯图纳拉斯以其亲身经历做证，尽管经历了多次挫折、内讧和争吵，但当最后一刻终于到来时，决策者们还是爆发出热烈的掌声。作为同行的意大利央行行长伊尼亚齐奥·维斯科几乎道出了所有电话会议参会者的心声："亚尼斯，我们从没想过你会成功。"斯图纳拉斯则是这样称赞德拉吉的："马里奥试图以最小的代价帮助希腊找到解决方案。他告诉我，让公共部门与欧元集团谈判，接受资金。你的职责是保护人民、私营部门和银行。是德拉吉引导我渡过了难关。"

　　德拉吉与斯图纳拉斯从未讨论过希腊退出欧元区的问题。即使在最接近这个可能性的时刻，他们也在拼命工作来避免这一切。

　　几小时后，希腊政府宣布，至少在 7 月 6 日（即公投的第二天）前，银行将继续关闭。自 2009 年 10 月以来，金融业在这场危机中付出了惨重代价：希腊股市的 ASE 指数下跌了 73%；希腊国家银行（National Bank of Greece）是资产规模最大的银行，其市值已缩水约 99.5%；欧元下跌了 25%；而希腊 2 年期国债收益率竟然超过了 50%。

　　在实行资本管制之后，希腊的金融体系被隔离起来，这阻止了风险向欧元区其他成员国的蔓延。希腊能否保留欧元区成员国的地位尚未可知，尽管各方都认同必须不惜一切代价避免希腊离开欧元区。唯一的安慰是，多亏了部分官员的辛勤工作，欧元区已经尽可能做好了希腊离开欧元区的准备。2015 年 2 月，欧盟委员会、欧洲央行和国际货币基金组织已开始着手启用 2012 年制订的应急计划，并在随后的 3 个月内对其进行了修订和调整。到 5 月，记录应急计划（这次也被称为"Z 计划"或"阿尔巴尼亚计划"）的小册子已经厚达 315 页了。每一个意外事件都在考虑之中。德国军用飞机将运出游客并送进观察员，确保药品运输。计划还明确了在希腊如何关闭第二代泛欧实时全额自动清算系统的问题。与修改前的早期版本相比，新版本主要解决了对金融稳定的担忧。

德拉吉只与最信任的人关起门讨论过希腊退出欧元区的问题，他认为其影响可能是灾难性的。在国际货币基金组织，专家们的看法稍有不同：如果欧洲任由希腊退出，肯定会造成创伤。但是，由于与希腊相关的全球金融动荡不如前几次危机，加上为遏制其不利影响建立的机制将发挥作用，一个成员国的退出已不再对欧元的存续构成威胁。

2015 年 10 月，在采访德拉吉时，希腊《每日新闻报》（*Kathimerini*）执行主编亚历克西斯·帕帕赫拉斯（Alexis Papahelas）后知后觉地问道：在 6 月底，欧洲离希腊退出有多接近？德拉吉回答说："你知道，这个问题已经问了很多次了。我的回答始终是，欧洲央行一直相信，欧洲货币联盟现有的成员国将永远保留其成员国资格，希腊也是其中之一。欧洲央行不能决定哪个国家可以加入欧元区。欧洲央行已经并将继续在这一原则上采取行动。"帕帕赫拉斯追问退出是否完全不可能发生。"就欧洲央行而言，它从未被拿上台面。"⊖德拉吉回答道。

尽管意图是好的，但欧洲央行 2015 年夏天对希腊发出的威胁看起来是真实的。希腊错过了 6 月 30 日对国际货币基金组织的一次还款，而就在齐普拉斯发起公投的前一周，希腊的商业活动陷入了停滞。养老金实行定量发放，自动取款机前排起了长队，人们每天只能提取 60 欧元。

2015 年 7 月 5 日晚间，公投结果公布，61% 的人反对最新的债权人提

⊖ Alexis Papahelas: Interview with Mario Draghi. Kathimerini, 11 October 2015. https://www.ecb.europa.eu/press/inter/date/2015/html/sp151011.en.html.

案。齐普拉斯自以为这个投票结果就像通行证，可以让他带着一长串要求去布鲁塞尔了。但欧盟的最后通牒、希腊银行业的衰弱状态和愈发严重的经济困境改变了他的想法。齐普拉斯抢先做出了让步，瓦鲁法基斯被牛津大学毕业的经济学家欧几里德·察卡洛托斯（Euclid Tsakalotos）取代，以求能缓和谈判的气氛。

7月7日，在欧元集团开会时，人们张开双臂欢迎察卡洛托斯的加入。不过，当部长们意识到他居然还没有关于解决希腊融资缺口的任何具体计划时，这种情绪很快就变了。领导人们在当天晚些时候聚集在一起，发泄他们的愤怒。在希腊，以牺牲他人利益为代价的聚会时间已经结束。立陶宛总统达利娅·格里包斯凯特（Dalia Grybauskaite）猛烈抨击齐普拉斯："靠其他国家支持的狂欢该结束了。欧洲和欧元区绝不会为希腊新政府不负责任的行为买单。"⊖

容克向各国领导人保证："我们已经准备好了一份详细的希腊退欧方案。"各国领导人要求希腊总理在5天内达成协议，否则将承担相应的后果。◎此后，各国领导人又给了他3天时间，即在7月12日将他们的主要要求变成法律。他们的清单包括提高销售税、削减养老金、修改国家破产法、维护统计局的独立性以及在预算达不到目标时自动削减开支。在长达17个小时的谈判中，各国领导人只能抓紧时间小憩。他们分成小组，逐条审议建议，还不止一次地威胁要离开会议。他们明白无误地表示，这是希腊最后的机会。⊜

在周末的早些时候，德国提出了一项关于在希腊暂停欧元使用的提议。这份报告是在德国财政部与总理府的密切合作下编写的。除了法国、意大利和塞浦路斯这三个国家外，其他欧元区成员国都认为这是一个可行

⊖ Milda Seputyte: EU Not Prepared to Pay for `Irresponsible' Greece. Bloomberg, 7 July 2015.

◎ Rebecca Christie: Juncker: EU Commission Has Grexit Scenario Prepared in Detail. Bloomberg, 7 July 2015.

⊜ Karl Stagno Navarra, James G. Neuger and Mark Deen: Tsipras Moves From Predator to Prey at Euro `Torture' Summit. Bloomberg, 13 July 2015.

的选择。这项提议是否得到了默克尔的全力支持，抑或仅仅是向齐普拉斯投石问路的谈判工具，可能永远不会明朗了。德拉吉没有参与这一阶段的讨论，尽管他的机构将站在与此类决定的后果做斗争的最前线。决策始终掌握在政治人物手中。而德拉吉关注的，一直是保护欧洲央行的独立性。

最终，各国领导人的决定是不支持希腊退出欧元区。希腊总理齐普拉斯对此感激不已，几乎同意了欧洲各国提出的所有要求。事实证明，退出欧元区的代价太高了。2015 年 7 月 16 日，为获得高达 860 亿欧元的新一轮救助资金，希腊议会签署了一系列改革文件，这也是希腊自 2010 年以来的第三轮改革。自 2015 年年初以来，各国财长举行了约 30 次会议，原则上同意向希腊政府提供 70 亿欧元的过渡性贷款，同时欧洲央行也增加了对希腊银行的紧急融资水平。

2018 年 8 月，希腊在强化的监督机制下退出了救助协议，不再使用危机状态下的预防性信贷额度，并在次年 3 月开始恢复发行 10 年期国债。希腊留在欧元区里是否能够实现繁荣仍然是未知数。不过，此时大家一致认为，希腊在未来数年内不会引发欧洲危机。

Mario Draghi
l'artefice

| 第 10 章 |

联 合 监 管

2012 年 12 月 12 日，比利时首都布鲁塞尔的夜晚寒冷晴朗，少见地既无云也无雨。

在欧盟机构所在的区域，欧元区成员国的财政部部长们正在尤斯图斯·利普修斯大厦内准备迎接另一个通宵。他们已经习惯这样熬夜了。这一次是为欧元区陷入困境的银行创设一个单一的、强大的监管机构，并将这个监管机构交给欧洲央行管理。当会议在 12 月 12 日下午开始时，部长们对达成协议是持乐观态度的。但到了 12 月 13 日，讨论遇到了障碍。争论的焦点之一是欧洲央行在监管机构的决策中有多大发言权。对银行的监管应该独立于政治上的考虑，甚至在一定程度上还要独立于对经济状况的考虑。

晚上的某个时候，有两个人离开了会议室，在走廊里凑到一起。这两个人一个是权力范围即将大幅扩张的欧洲央行行长马里奥·德拉吉，一个是以保守严谨著称的德国财政部部长沃尔夫冈·朔伊布勒。近几个月来，在德拉吉承诺保护欧元后，两人就经常因欧洲央行名为直接货币交易的债券购买计划发生冲突，而此后几年他们还会继续争吵不休。不过，这个晚上他们却出奇地步调一致。德拉吉坐在朔伊布勒正对面的一张小椅子上，两人就单一监管机制草案文本中的一些关键点展开了激烈的辩论。

在后续的会议上，负责欧洲内部市场的欧盟委员米歇尔·巴尼耶（Michel Barnier）、法国财政部部长皮埃尔·莫斯科维奇（Pierre Moscovici）、顾问伊尼亚齐奥·安杰洛尼（Ignazio Angeloni）和奥利维尔·葛逊（Olivier Guersent）、德拉吉以及朔伊布勒逐字逐行地审阅了这份文件。文件内容涵盖欧洲央行的作用、银行监管政策与货币政策之间的关系、有多少银行将在法兰克福的监管之下，以及建立整个计划的时间框架。即将成为欧元集团主席的荷兰财政部部长杰伦·戴塞尔布卢姆冲进房间，发现自己连冷板凳都没得坐，不得不站着开会——已经没有多余的椅子了。

到凌晨4：30，欧盟委员巴尼耶终于宣布"欧洲央行将对欧元区银行进行直接监管，并将采取差别化的监管方式，与各国监管机构密切合作"。⊖此次会议总共持续了14个小时。

自欧元诞生以来，统一银行监管是欧洲一体化进程中最大的飞跃。这重要的一步表明，尽管欧元区各成员国政府之间仍存在持续的争吵和巨大的危机，但它们仍然像以往一样把欧元当作整个欧盟的事业；尽管分歧比以往任何时候都更大，但也比过去更加认同共同命运的理念。

2012年12月的决定，兑现了欧洲领导人6个月前达成的协议。而这一协议所表明的政治决心，又为德拉吉几周后发表的大胆言论创造了条

⊖ Council of the European Union: Press Release on the 3214th Council meeting on Economic and Financial Affairs. 13 June 2012. http://europa.eu/rapid/press-release_PRES-12-524_en.htm?locale=FR.

件。这个言论就是著名的欧洲央行将"不惜一切代价"维持欧元的单一货币体制。

可以想象，抱有联合监督理念的人将为上述成就感到自豪。实际上，在各成员国政府签署这项协议大约一年前，正是德拉吉和巴尼耶提出了所谓欧洲联合监管的大致轮廓。

2012 年年初的一个冬夜，欧元区成员国财长在布鲁塞尔开会，目的是建立欧洲稳定机制。这一机制将为陷入财政困境的欧元区国家提供永久性救助资金。会中，德拉吉离开了会议室。他已经约好与来自法国的欧盟委员巴尼耶，去欧洲央行官员在布鲁塞尔最喜欢居住的索菲特酒店一起共进晚餐。巴尼耶的从政生涯可以追溯到 20 世纪 70 年代。他认真听取了德拉吉对金融市场形势的分析——即使是健康的银行要想发行债券融资也很不容易，因为投资者对其偿还能力的担忧已然刻骨铭心。德拉吉解释说，欧洲央行在 2011 年年底宣布，将通过 3 年期贷款为银行提供资金，但这只是短期的解决办法。两人同顾问克里斯蒂安·蒂曼（Christian Thimann）和葛逊一起，热烈地讨论了重振信心的长期解决方案。此后很久，他们仍会调侃，这一夜"我们在策划银行业联盟"。

从就任欧洲央行行长以来，德拉吉就一直在考虑在欧洲央行的支持下实施联合监管。几个月前，当首次参加欧洲央行最高管理层的非正式会议时，德拉吉被问及对未来银行监管的看法，他的回答是：5 年后，欧洲央行很可能会发现自己变成了欧元区的监管机构。他补充说，这是非常需要的。最终，实现这个预言只用了 3 年时间。

2012 年 6 月，在巴黎戴高乐机场，来自德国、法国、意大利和西班牙的财长以及国际货币基金组织总裁克里斯蒂娜·拉加德共同举行了一次秘密会议。这一想法被作为政治现实提上了台面。当时讨论的话题是，是否允许欧洲稳定机制直接向陷入困境的银行注资。在那几个月的动荡中，欧元区被分裂的可能性很大。尽管欧洲央行慷慨地提供了大量贷款，但欧元区（尤其是南欧较弱的外围国家）许多大银行正处于流动性耗尽的边缘。

不出所料，德国反对欧洲稳定机制直接参与资本重组的想法，因为这意味着要用欧元区国家筹集的资金来拯救那些管理不善、监管松懈的成员国的银行。朔伊布勒认为，这些长期存在的问题应该由各成员国自行处理，除非银行监管本身成为欧洲事务。这时，朔伊布勒提议成立一个联合监管机构，这就与德拉吉和巴尼耶在 5 个月前想出的解决方案不谋而合了。但朔伊布勒不确定这在政治上是否可行。他甚至想过把这个想法公之于众，作为欧洲同僚们的"靶子"。果不其然，德国总理安格拉·默克尔就因担心没有足够的政治资本来推动这一进程而退出。毕竟，银行及其控制方式是一个极其敏感的问题。而且，法国、西班牙、意大利会同意将自己国家的金融监管权力拱手交给欧洲的技术官僚吗？

危机的严重性却使这个看似自相矛盾的想法充满生命力，最终使其变成现实。欧洲理事会主席赫尔曼·范龙佩在这个月提交的四位首脑关于欧元未来发展方向的报告中，就提到了这一建议。

因此，在短短几周的时间里，喜欢坐而论道的学者、反对种族隔离的人士和一些真正有远见的政策制定者纷纷上阵，把 6 月的会议共识用白纸黑字写了出来。意大利的托马索·帕多阿 - 斯基奥帕早在欧元创立前的讨论中就率先提出过支持联合监管的观点，但当时就被各国领导人否决了。

具有讽刺意味的是，欧洲稳定机制从未直接对欧洲银行进行过资本重组。与直接货币交易一样，如果出台的工具附加有非常严格的条件，实际上就确保了该项工具永不会被动用。

最初，大家还不清楚拟议中的中央监督机构将被设置在什么地方。当德拉吉和巴尼耶在 2012 年年初首次讨论该项目时，他们想的仅仅是成立一个独立的欧盟机构。当工作人员梳理法律文本时，人们才清楚地看到，摆在面前的是两个选项：一个是通过漫长的欧洲立法程序，创建一个新机构（上一次修订法条花了 8 年时间才完成）；一个是由欧洲央行负责尽快设立一个下属机构。

德拉吉在从 6 月召开的布鲁塞尔峰会回到法兰克福后，邀请了老熟人伊尼亚齐奥·安杰洛尼来到他的办公室。安杰洛尼从 2008 年以来就一直担任欧洲央行金融稳定事务委员会的顾问，他曾在意大利银行、意大利财政部和欧洲央行工作了 30 年，职业生涯曾多次与德拉吉出现交集。在这个周五，德拉吉告诉他，欧洲央行将设立一个新的监管机构，需要一份行动方案，越快越好。"你能在星期一拿出一个草案吗？"

接下来一周，在欧洲央行执行委员会和高层管理人员中流传的文件内容，与两年多以后诞生的单一监管机制安排几乎完全一致。而且，在"欧元区监管机构蓝图"的标题下，正如德拉吉所要求的，签署的日期为 2012 年 7 月 9 日——星期一。

这份草案设想，欧洲央行直接监管欧元区那些最大的银行，其余银行由各成员国当局与法兰克福合作管控。欧洲央行理事会是欧洲央行内部唯一能够做出具有法律约束力决定的机构，将正式拥有所有事务的最终决定权。为确保监管权力与货币政策的分离，"可以达成一项协议，根据该协议，监管的规则问题原则上不在理事会讨论……而是在一个单独的委员会提出建议后予以通过"。这就是所谓的"无异议"（non-objection）程序：除非某位行长明确反对，否则理事会通常会采纳欧洲央行监管委员会的决定。草案还提议，日常监管由"监管小组"负责，成员来自欧洲央行和该行业务所在国的央行。目前，"联合监管小组"负责单一监管机制在欧元区的大部分活动。

在德拉吉任期结束时，上述计划尚未完全实现。平行于欧元区监管机构，还预备建立一个欧洲存款保险和处置机构。负责处置破产银行的单一处置委员会（Single Resolution Board）于 2015 年开始运作，但欧洲稳定机制是否如计划那样被赋予在紧急情况下补偿损失的职责仍未明确。至于欧洲层面的存款保险，由于德国人一直强烈反对，在 7 年后仍然是极具争议性的问题。

草案还有一些变动之处。在最初的计划中，预计只有 23 家系统重要性银行由欧洲央行直接监管（法国和德国各 5 家，西班牙 4 家，意大利和荷兰各 3 家，比利时 2 家，奥地利 1 家）。欧洲央行编制的一份 60 家系统重要性银行的名单"看起来太长了，至少看起来是"。德国有许多面向国内的中型银行对欧洲监管持怀疑态度，因此德国希望尽量由本国机构监管。法国的银行体系几乎完全由大型银行组成，这些银行在任何情况下都会在法兰克福的监管之下，因此法国反而希望扩大欧洲监管范围，并且成功了——单一监管机制将于 2014 年 11 月正式开始履职，届时将负责管控 120 家金融机构。

然而，在欧洲央行开始其作为银行监管机构的活动之前，一项艰巨的任务摆在了眼前：就像要开展并购活动一样，需要进行"尽职调查"，以确保新生的单一监管机制的可信度，并发现危机在整个金融体系中的蔓延范围。2013 年 11 月，作为欧元区监管机构执行方案的关键要素，这项被称为"全面评估"的工作全面开始了。在大约一年的时间里，欧元区监管机构派出了大量人员查阅银行的账簿，评估银行在不同经济部门的敞口及其资产质量，进行压力测试以评估银行抵御经济危机的能力。总的来说，大约 85% 的欧元区银行都在其视野范围内。

截至 2014 年 10 月底，欧洲央行在奥纬咨询公司（Oliver Wyman）的帮助下，收集到了至少 2500 万条数据，包括信用档案、抵押品和拨备，这是一个庞大的数字。这项工作比较棘手，如果有不利的调查发现在补救措施到位之前泄露给了媒体，就可能造成很大的损害。因此，相关的安全防范措施非常严格，大多数工作都在没有互联网和外部电话线的房间进行。

在计划实施之初，德拉吉就密切介入了单一监管机制及其活动。他参加了所有会议，并亲自面试了该机构高层管理职位的候选人。安德烈亚斯·东布雷（Andreas Dombret）曾代表德国央行加入欧洲央行监管委员会和其他国际组织（如国际货币基金组织和国际清算银行）并担任代表，一直到 2018 年。他回忆道："德拉吉从一开始就非常感兴趣，他在国际会议期间就货币政策的发言中特别提到了监管问题。这很有帮助，增强了单一监管机制的可信度。"

在全面评估中，德拉吉明确表示，透明度将是其首要目标。他在 2013 年 10 月说："我们预计，这一评估将加强私营部门对欧元区银行稳健经营和资产负债表质量的信心。"⊖

德拉吉还强调，如果严格执行的话，就会有银行不能通过评估。"确实需要有银行破产……如果真的有银行濒临破产，它们就必须破产。这是不容置疑的。"⊖但银行未能通过测试的潜在影响仍然让他感到忧心忡忡。在幕后，针对一些银行尽管有一定偿付能力但需要更多资本的案例，德拉吉与各成员国政府进行了协商。

欧盟新的国家援助条例已于 2013 年夏天生效，试图打破国家救助与银行破产之间的恶性循环，而这正是危机之所以产生的核心。基本考虑是从简单地出钱救济（bail-out）转向出资支持自救（bail-in）。在传统的出钱救济模式中，政府向问题银行提供资金，以确保它们不会崩溃；而在出资支持的模式中，问题银行的股东和投资者是自救以解决问题的首要选择，只有当股东和投资者无法填补缺口，且该银行的生存被认为对整个欧元区金融体系的健康运行具有必要性时，公共资金才能注入这家银行。对德拉吉来说，过分热衷于应用这些规则"很可能会摧毁我们正在恢复的对欧元区银行业的信心"。问题在于，能否根据压力测试的结果，即银行在新一轮衰退中的表现，强制实施上述原则。在这种情况下，他建议将公共资助

⊖ European Central Bank: ECB starts comprehensive assessment in advance of supervisory role. 23 October 2015. https://www.ecb.europa.eu/press/pr/date/2013/html/pr131023.en.html.

⊖ Stefan Riecher and Jeff Black: Draghi Says ECB Won't Hesitate to Fail Banks in Stress Tests. Bloomberg, 23 October 2013.

的"预防性资本重组"作为一种可能的解决方案。⊖

在意大利、斯洛文尼亚和葡萄牙，同时也在欧洲其他大多数国家，随着一个又一个机构努力走出危机造成的泥潭，各国政府是否被允许去支持银行以及在何种条件下被允许去支持银行，成为激烈争论、调查和复杂谈判的主题。

当综合评估结果于 2014 年 10 月 26 日公布时，共有 25 家银行未能通过测试，缺口合计达 250 亿欧元。不过，这笔资金中的大部分已经在公布当天筹集或认捐，实际缺口已经缩小到略高于 60 亿欧元。尽管这一数额低于投资者的预期，但分析师们总体上对这次评估的严格和彻底表示赞赏，认为这有利于初露头角的欧洲监管机构打下坚实的履职基础。

就在获得成功的同时，问题的种子也埋下了，这些问题是德拉吉在此后几年努力振兴欧元区经济的过程中会面对的。这次评估暴露了意大利银行体系的弱点：在全部已发现的资本缺口中，意大利的银行就占了一半。8 家意大利银行没有通过测试，包括锡耶纳牧山银行、卡里奇银行（Banca Carige）、威尼托银行（Veneto Banca）和维琴察人民银行（Banca Popolare di Vicenza）。这些银行后来从一次危机熬到另一次危机，最终得到救助或关闭。这次评估还强调了不良贷款带来的挑战。银行通常不愿意承认它们的借款人无法偿还债务，因为这需要银行留出更多的钱来弥补预期的损失。最省事的做法是把贷款展期并假装事情会自行解决。然而，实施欧元区标准迫使银行将其持有资产的估值降低了 480 亿欧元，并将另外 1360 亿欧元的贷款重新归类为不良贷款，使欧元区银行体系中的不良贷款总额达到 8790 亿欧元。

如何应对堆积如山的坏账，如何在缩减银行债务和鼓励银行放贷之间寻求平衡，将是欧洲央行未来最大的难题之一。

⊖　Rebecca Christie and Jana Randow: Draghi Challenges EU Bank-Aid Rules Requiring Forced Losses. Bloomberg, 21 October 2013.

项目启动两年多以后,欧洲央行于 2014 年 11 月 4 日成为法定的欧元区银行监管机构。在德拉吉的领导下,主要出于建立单一监管机制的需要,欧洲央行的工作人员从 2011 年的 1601 人增加到 2018 年的 3546 人,翻了一番还多。这种快速变化到德拉吉任期结束时仍在进行。

作为单一监管机制的主要决策机构,监管委员会模仿理事会,也由一名主席、一名副主席、四名代表欧洲央行的董事会成员以及来自欧元区成员国监管当局的代表组成。至少在理论上,这将确保在各成员国监管机构的能力被弱化的情况下,对金融机构的评估得以公平和公正地进行。

2013 年 12 月,达妮埃莱·努伊(Danièle Nouy)被任命为欧洲央行单一监管机制的首任主席。数月来,欧洲议会一直拒绝批准提名伊夫·默施进入欧洲央行执行委员会,以抗议在欧洲央行清一色的男性高管中再增加一位男性高管。实际上,德拉吉一直在寻找一位女性来纠正性别失衡问题,尤其是考虑到与欧洲央行原来的人事规则相比,单一监管机制的新规则给了欧洲议会在选择领导人方面以更大的发言权。努伊这位经验丰富的法国监管者从一开始就是有力的竞争者。

欧洲央行监管委员会副主席、在执行委员会中代表德国的女性委员萨拜因·劳滕施莱格与努伊的合作尤为密切。劳滕施莱格在 2014 年年初接替离任的约尔格·阿斯穆森加入执行委员会,她是一名银行业监管专家,自 2011 年起担任魏德曼在德国央行的副手,被认为是协助管理单一监管机制的理想人选。她在那里的职位还有一个额外的好处:在银行监管方面的工作让她有机会少关注货币政策,这让她比阿斯姆森更为质疑当前的非传统货币政策。

这一设置使得单一监管机制成为欧盟机构中的一个独特案例,即唯一一个由女性领导的机构。面对金融机构和央行以男性为主的世界,努伊在法兰克福的 5 年任期中不懈地努力提升和突出女性地位。她在提升女性领导者地位方面的努力,在一次令人难忘的事件中达到了顶峰:2017 年 11 月底,以努伊为首的五位女性并排坐在讲台上,一起发布新的有关不良贷款的严格规定，而听众席上几乎都是身着黑色或深蓝色外套的男性银行家。

多年以后，努伊和劳滕施莱格之间建立了牢固的纽带，彼此合作密切。监管委员会中欧洲央行的其他四名代表之间的关系则并非如此。为建立单一监管机制并加强欧洲央行在监管委员会中的作用，德拉吉一直努力与欧盟委员会、欧洲议会和欧元区财长谈判。找到合适的人选坐上分配给欧洲央行的四个席位并非易事，未来也会面临不少挑战。德拉吉第一次提名伊尼亚齐奥·安杰洛尼就招来了强烈的反对。安杰洛尼曾参与过单一监管机制的创建和综合评估。在 2014 年 2 月的欧洲央行理事会晚宴上，几位行长猛烈批评了德拉吉的提议。虽然反对者反对的是德拉吉的方法，而不是安杰洛尼的合适性，但这依然是罕见的提名失败，意味着任命将被推迟到下个月。在一位欧洲央行资深人士看来，"他没有做好外交方面的准备。他太想当然了"。2014 年 3 月，德拉吉与芬兰的西尔卡·海迈莱伊宁（Sirkka Hämäläinen，欧洲央行执行委员会 2003 年的首任成员之一）以及加拿大监管机构负责人朱莉·迪克森（Julie Dickson）联合提名安杰洛尼。这一次，三人方案得到了欧洲央行理事会的认可。

与欧洲央行执行委员会货币政策方面的职责相比，欧洲央行负责单一监管机制的监管委员会的职责没有在法律文件中得到明确的描述，监管委员会成员不能直接掌控这个机构及其人员。有时，监管委员会成员被赋予了具体项目的责任，但监督机构的日常管理仍然牢牢掌握在主席和副主席的手中。一些监管委员会成员甚至把自己的角色理解为兼职，只是坐飞机去开会，然后再离开。这种安排制造了不少冲突和争议。在监管委员会中的一位成员国代表看来，努伊无视欧洲央行成员，认为他们是央行另一个部门的"间谍"，目的只是削弱单一监管机制的影响力。与此同时，一位央行高级官员抱怨道，欧洲央行代表们"声称自己是完全独立的"成员，不愿承担与其他代表之间或与单一监管机制管理层之间的协调职责。"那么，他们如何能代表欧洲央行呢？"

尽管德拉吉在谈判阶段付出了很多努力，但他还是任由事情发展。当监管委员会出现职位空缺时，他并没有立即补缺，以至于四个欧洲央行代表职位中有两个空缺，直到 2019 年春季才补上。他没有设法加强欧洲央行代表在监管委员会中的作用和权威，而是选择让努伊和劳滕施莱格按她们认为合适的方式行事。或许他已经意识到，想要对单一监管机制施加影响，可能会适得其反。

起初，欧洲央行在监管委员会的代表每季度都会与德拉吉举行会议，汇报监管委员会的议程和动态，但这一做法后来暂停了。德拉吉对所有问题都表现出了浓厚的兴趣，无论是影响整个金融业的问题还是仅仅与特定银行有关的问题。不过，大多数时候，他满足于倾听，而不会下达任何具体指令。在向其他欧元区的机构介绍欧洲央行的活动时，他也坚持这一立场。当同僚们向德拉吉诉说不满时，他还会把他们赶走。

不过，也有一些情形会让德拉吉和欧洲央行理事会都更感兴趣。主要是关于可能影响欧元区金融体系稳定的问题，这是一个时刻牵动德拉吉心弦的话题。据一位与他共事多年的欧洲官员称，德拉吉对发生频率不高但影响巨大的事件的风险进行了深入研究。与那些倾向于关注特定金融机构和特定案件细节的监管者不同，德拉吉着眼大局，并善于识别风险事件对系统其他部分的潜在、次生影响——关注范围较窄的人可能会忽略这些非直接影响。他把确保银行能够为经济提供资金作为自己的责任。

这正是 2015 年上半年发生的情况，那时单一监管机制开始找到立足点。希腊及其欧洲债权人正陷入僵局，几个月后，这将迫使该国濒临退出欧元区的边缘。由于希腊未来单一货币前景的不确定性，希腊经济再次陷入衰退，银行业也难以继续找到充足的资金。但努伊在 2015 年 1 月的一次采访中说，希腊的金融机构"相当强大"，有能力抵御动荡。⊖她的评估反映了理事会经过长期讨论，根据目前的状况或未来几个月发展的预期而对银行做出的评判。

按照后一种做法，如果考虑到希腊政府可能会拒绝遵守与欧洲债权人的协议，最终的结果很可能是宣布持有希腊债务的金融机构破产。这是典型的进退两难。行长们拒绝做出事实上会引发而非避免危机加剧或爆发的决定。他们认为，如果一切按计划进行，银行将继续保持稳健运行，这就是他们当时的评估。毕竟，他们更有能力判断希腊最终是否会信守承诺，是否会达成新协议。尽管监管委员会内部存在激烈的争论，而且希腊的银行不久就会被迫求助于希腊央行提供的紧急资金，但努伊仍坚持自己的看法。

自救原则是另一个例子。正如意大利财政部前部长皮耶尔·卡洛·帕多安（Pier Carlo Padoan）所言："一家陷入危机的银行，与一家处于危机中的普通公司没什么不同，因此，如果它的经营已不可持续，就必须允许它倒闭。"事实上，考虑到银行业对意大利这样一个国家的重要性，在没有适当过渡期的情况下贸然将自救原则付诸实施，有可能造成风险的蔓延，并使本已萎靡不振的经济陷入瘫痪。

作为欧洲央行行长，德拉吉极不愿意公开表达对欧洲自救模式与纾困规定的任何异议。因为德拉吉意识到，身为意大利人，他的任何批评都会使外界认为他只是想帮助意大利逃避偿付债务。但在私底下，他往往会更坦白地对自救原则表示担忧：这一原则可能会使银行业危机的管理变得更加复杂。2013 年，德拉吉在致欧盟竞争事务委员华金·阿尔穆尼亚（Joaquin Almunia）的一封信中质疑，为什么银行强迫普通的债券持有人必须吸收损失才能获得公共资金的资助。⊜ 3 年后，在 2016 年 7 月于成都召开的二十国集团峰会的间隙，他在与欧元集团主席、荷兰财政部部长杰

⊖　Alessandro Speciale, Jeff Black and Hans Nichols: ECB Supervisor Nouy Says Greek Banks Strong Enough to Survive. Bloomberg, 28 January 2015.

⊜　Rebecca Christie and Jana Randow: Draghi Challenges EU Bank-Aid Rules Requiring Forced Losses. Bloomberg, 21 October 2013.

伦·戴塞尔布卢姆讨论这一问题时，表达出明显的挫败感。"他认为意大利受到了不公平对待。"一位目击者说。当时，意大利正试图向锡耶纳牧山银行注入新资本。此前一项压力测试显示，该银行存在 90 亿欧元的资本缺口，但没有私人投资者愿意为其注资。

考虑到这家银行本身就具有相当的不确定性（其破产将严重动摇意大利作为欧元区第三大经济体的经济基础），政府干预的决心有悖于欧盟的纾困规定。就在前几个月，意大利领导层已开始为这家世界上最古老的银行寻求一个完全私有化的解决方案。与德拉吉交谈的人的印象是，德拉吉对私有化计划持怀疑态度。但他充分意识到，情况比起危机初期已经发生了变化，此前德国、荷兰等国顺利地投入了数十亿欧元来支持其银行。意大利的银行业在第一波危机中并没有受到特别严重的冲击，但如今却失去了争取新规下更长的分阶段实施期的机会。意大利政府救助银行的手脚反而被绑住了。当单一监管机制派遣检查人员前往锡耶纳牧山银行，为这家银行利用公共资金实施预防性资本重组扫清道路时，欧盟及欧洲央行官员表示，德拉吉不愿再鲁莽行事打破货币政策与银行监管之间的信息墙。

欧洲央行理事会和德拉吉与监管委员会还有其他若干意见相左的情形。2015 年 1 月，单一监管机制正式运行还不到 3 个月，就建议银行业应采取"谨慎"的股息政策。换言之，那些仍按照监管要求积累资本的银行，要么完全不向股东分配利润，要么设定再分配的利润上限。努伊警告说，监管当局将密切关注任何违规行为。欧元区最大的几家银行在给欧洲央行的一封信中强烈抗议。这些大银行警告说，单一监管机制实施的限制措施可能是有害的，在那些购买了特定类型银行债券的投资者中会造成恐慌情绪的蔓延。在欧盟委员会还负责银行监管的时候，这个问题也向布鲁塞尔当局提出过。在随后举行的欧洲央行理事会会议中，行长们直言不讳，提出了与法国和德国等较大成员国银行相关的担忧。主要问题是单一监管机制实施的制度不够明确，银行及其投资者无从判断相关的银行是否能够派发股息。根据当时两位欧洲央行高级官员的说法，欧洲央行最终决定依靠单一监管机制，征询是否对股息政策进行审查。单一监管机制偏向采用英国央行的更透明、更温和的方法。

此项工作的技术性很强。简单地说，监管机构可以要求各银行在法律规定的最低资本要求和缓冲资本的基础上，根据银行的特点、业务和相关风险，留出额外的资本。评估这一额外资本的规模，是监管机构日常活动的重要组成部分。法律还规定，如果一家银行的资本低于监管机构的要求，那么它可以以股息或其他形式发放的资本数额将受到限制，甚至减少到零。

最初，欧洲央行确定，这一审慎要求还将考虑到经济衰退的潜在影响，正如压力测试所计算的那样。而银行业则反对以假设的情景来决定银行如何开展业务以及如何向投资者支付回报。这些不满的情绪被银行家们带到了布鲁塞尔。各家银行希望通过游说欧盟的监管者来改变这一立场。

他们确实有道理。德拉吉也参与了相关的工作。2015年年底的一天，德拉吉正在一个滑雪坡上，电话响了。他在电话里解释说，由于单一监管机制的决定，许多银行推迟筹集特定种类资本，而欧洲银行所依赖的重要融资市场有可能陷入停滞，这将对金融体系的正常运作产生不利影响。2016年年初，欧盟委员会建议对规则做出新的解释，并于随后不久获得通过。一年后，欧洲央行改变了计算银行预留资本额度的方法，开始对银行发放股息的限制实施差别化的监管以及非约束性指导。这些措施对银行业产生了巨大影响。2015年，欧元区银行应将其资本充足率提高至10.2%以上，以避免对其分红的限制，到2016年，对资本充足率的约束降至8.3%。自那以后，欧洲央行一直没有提高其约束性要求，而大多数银行都满足了这些要求。"银行游说团设法削弱了压力。"一位监管机构人士这样总结道。欧元区的大银行们首次战胜了新建立的欧洲单一监管机制。

2017 年年底，一个潜在的危险问题浮出水面。自单一监管机制启动综合评估 3 年来，欧元区银行的不良贷款持续增长，已经达到了 9000 多亿欧元，给银行业资产负债表带来了沉重压力，其中约 1/3 在意大利。在不良贷款增长的背后是欧元区南部国家经济的放缓，以及银行更多不良贷款的暴露。

单一监管机制的监管者决心不再任由银行业继续在解决不良贷款问题上继续首鼠两端。他们希望银行业制定一个明确的、有约束力的时间表来识别不良贷款。监管者当然也知道，将贷款重新归类为不良贷款是一个有争议的问题，这会影响银行的资本数据，并可能迫使投资者拿出更多资金来弥补缺口。一种选择是将不良贷款出售给专业公司，让它们从银行账面上消失。监管者鼓励这种做法，但那些拖欠贷款的公司却厌恶这种做法，因为借款人不愿与那些更难对付甚至更无情的人打交道。

意大利特别反对任何旨在减少不良贷款的严厉举措，担心这既会削弱已经陷入困境的银行，又会摧毁构成其经济支柱的小企业。每当媒体提及这一问题时，银行股都会受到重创。政府官员和银行高管们都表示，坚决拒绝外部强加的不良贷款处置计划。

这在欧洲央行内部也存在争议。2017 年 3 月，单一监管机制发布了处置不良贷款的指导方针，要求银行为减少不良贷款准备可信的计划，然后由监管机构审查和批准。但努伊认为这还不够。她相信，只有明确的量化目标和最终期限能真正改善局面。这一计划避免了从一开始就去处理历史遗留的不良贷款，而将重点放在那些新近的不良贷款。在意大利、葡萄牙、塞浦路斯和马耳他的央行行长们提出申诉后，向理事会非正式提交的第一份草案被退回。法国央行行长也表达了担忧。

经过新一轮内部磋商，新的、严格的不良贷款拨备标准终于在 2017 年 10 月得以公布。按计划，这一标准将只适用于被归类为坏账的贷款。

虽然这一标准不具约束力，但银行"预计会对任何偏离情况做出解释"。欧洲央行在考虑到相关影响后，将"评估是否需要采取额外的监管措施"。⊖这种含糊其词并不足以安抚银行高管和投资者们，因此他们预期这些规定最终将扩展到所有不良贷款。

欧洲议会对此不以为然。在欧洲议会经济和货币事务委员会主席罗伯托·瓜尔蒂耶里（Roberto Gualtieri，将于2019年出任意大利财政部部长）的支持下，欧洲议会意大利籍议长安东尼奥·塔亚尼（Antonio Tajani）写信给德拉吉说，他对欧洲央行的越权行为"深感担忧"。⊜这封信很快就被泄露给媒体，这两个欧洲机构之间的冲突也被公之于众，德拉吉被夹在中间——这正是他最想避免的尴尬。

欧洲央行的律师曾警告过这一举措会带来风险，欧洲央行理事会也曾告诉萨拜因·劳滕施莱格不要宣布不良贷款的压减目标。尽管举措和目标只是指导性的，目的是提高透明度，但仍会让欧洲央行面临批评，因为外界会认为这些将对银行业施加新的强制性要求——而只有各国和欧洲议会才有权这样做。

冲突本身很快就解决了。德拉吉责成努伊对塔亚尼做出回应。回应针对的是塔亚尼委托手下发表的法律意见，该意见认为欧洲央行实际上正在篡夺欧洲议会的立法权。但单一监管机制主席为这一举措进行了辩护，称其没有"为银行规定额外的义务，因此不会超出现有的监管框架"。⊜在解决了所有这些担忧带来的变数后，新规则将于2018年3月发布。

这一事件清楚地表明，不良贷款问题是多么敏感。更为重要的是，这场挫败意味着，努伊将爱尔兰央行副行长莎伦·唐纳利（Sharon Donnery）

⊖ European Central Bank: ECB reinforces its NPL guidance for banks. 4 October 2017. https://www.bankingsupervision.europa.eu/press/pr/date/2017/html/ssm.pr171004.en.html.

⊜ Antonio Tajani: Letter to Mario Draghi, as published by Politico. 9 October 2017. http://www.politico.eu/wp-content/uploads/2017/10/Letter-to-President-Draghi.pdf.

⊜ Danièle Nouy: Letter to Antonio Tajani. 13 October 2017. https://www.ecb.europa.eu/pub/pdf/other/ecb.mepletter171013_tajani_dn.en.pdf?d638aa08cb32692aa638c6908113c6ba.

培养成单一监管机制接班人的计划受挫了。

从一开始，德拉吉就制定了一些指导欧洲央行负责银行监管的关键原则：通过建立"有效、严格、独立"的监管职能，避免欧洲央行面临"声誉风险"；明确区分银行监管和货币政策，防止"传染"；寻求与各成员国当局的协同作用；保护欧洲央行的独立性；推动"更高水平的民主问责"。总的来说，如 2012 年 7 月的蓝图所述，这些原则反映在单一监管机制的最终设置中。然而，新的权力也给欧洲央行的操作增加了一层额外的复杂性。

货币政策作为欧洲央行的主要职责，相对而言较为简单明了：利率是关键工具，用于调整经济运行中的金融刺激水平，从而控制通货膨胀。可以肯定的是，金融危机和随之而来的许多非传统工具都有复杂的问题。但其核心是，欧洲央行仍在制定对整个欧元区都有效的单一政策，而让各国和各地区自行解决其内部分歧。

在银行监管下，细节变得至关重要。监管者不是依赖于一两项全面政策工具，而是要使用几十个监管工具，做出数百个单独的、具体的决定，每一个决定都可能直接影响到一部分人和机构。这些决定所要求的详细程度意味着央行必须放弃审视经济的高度，并考虑许多具体的利益，包括无数的合同。这项工作变得更取决于具体的执行人了。事实上，银行监管者还必须审查和批准银行高管的任命。

犯错误（至少是引发争议）的可能性是非常大的。尽管德拉吉在建立单一监管机制时就试图保护欧洲央行，但每次做出决定时，欧洲央行的声誉都岌岌可危。这是欧洲央行不得不接受并消化的最大变化之一。

Mario Draghi
l'artefice

| 第 11 章 |

一切都在改变

马里奥·德拉吉将留给继任者的欧洲央行，与他从上一任让-克洛德·特里谢手中接收的欧洲央行截然不同。作为政策制定者，绝不预先承诺下一步行动的日子一去不复返了，零利率作为利率最低限度的时代也一去不复返了。央行曾被禁止利用量化宽松政策为政府融资，现在量化宽松政策已成为被严重依赖的工具，即时公布政策会议大大增强了透明度。欧洲央行还承担了银行业监管新任务，保护 19 个国家和 3.4 亿人未来免遭金融危机伤害。

在德拉吉的领导下，这个世界第二大货币的守护者发生了巨大的变化。这个诞生自德国联邦银行保守、反通货膨胀精神的年轻机构，逐步转变为一个有创新性和可信的权威机构，在维护欧洲货币联盟的象征——欧元上留下了卓越的纪录。

　　不过，在这一变化中有一些事仍颇具争议。这首先是因为马里奥·德拉吉将所有新创设到欧洲央行货币政策工具箱中的工具都用到了极致，给未来难以避免的危机留下了非常有限的反应空间。更重要的是，一些欧洲最杰出的官员对他们参与创建的这一机构的职责重心提出了公开质疑。2018年，欧洲央行首任首席经济学家、德国人奥特马尔·伊辛（Otmar Issing）在一次采访中警告，由于欧洲央行肩负着太多的任务，其独立性正面临风险。"所有人都指望欧洲央行来保证欧元区的生存……对我来说，这远远超出了其真正应达成的稳定物价的政策目标。那是一项政治任务。"⊖

　　欧洲央行的政策制定者已有共识，欧元完全是政治性的产物，其目的是巩固欧洲联盟，帮助欧洲大陆实现经济繁荣。他们还可能辩称，欧洲央行维护欧元区价格稳定的使命，也使他们有责任尽其所能确保欧元的存续，除非欧元区成员国政府另有安排。他们还很可能坚持认为，重要的是政策能否成功：如果采取更为保守的做法，欧元区将陷入更严重的衰退，而这将对欧洲央行存在的正当性造成更大的压力。

　　在特里谢执政期间，货币政策与政治现实之间的关系开始显现，那时投资者就担心部分成员国的财政政策将严重制约欧洲央行影响融资条件的能力。从欧洲央行的角度来看：确保欧洲央行的政策变动能传达到企业和家庭的政策传导机制在欧元区的部分地区被破坏。这实际上意味着，无论欧洲央行如何努力，对分别处在德国和意大利的两家类似的公司来说，它们借入欧元将执行截然不同的利率。显然，这减少了单一货币的优势。

　　特里谢的反应是有选择地购买政府债券（首先是希腊、葡萄牙和爱尔兰，然后是西班牙和意大利），再加上一再要求各成员国政府实施改革。考虑到特里谢任欧洲央行行长时曾被称为"德国央行第二"，他这已经算是迈出了一大步。但与德拉吉的高歌猛进相比，这就只像是小碎步了。

⊖　Jan Mallien and Frank Wiebe: "Die Unabhängigkeit der Notenbanken ist in Gefahr." Handelsblatt, 25 May 2018. https://www.handelsblatt.com/finanzen/geldpolitik/otmar-issing-im-interview-die-unabhaengigkeit-der-notenbanken-ist-in-gefahr/22604930.html.

德拉吉不断创设能刺激欧元区经济的政策工具，可谓令人印象深刻。只要确保在欧洲央行的法定职责范围内，似乎没有什么别的禁忌。这一限定条件也适用于著名的"不惜一切代价"拯救单一货币的承诺——这句话在当时可以说是被过度解读了，曾认为此话表示无条件支持欧元的人，后来也全然只字不提。德拉吉为促进欧元区经济增长和通货膨胀而采取的许多措施（除了大规模购买债券之外），都已完全走出了欧洲央行传统政策框架下的舒适地带。一些想法接近的成员国央行行长偶尔也会表示担忧，欧洲央行似乎已经屈服于这样一种理念：一切只要不是明令禁止的，就都是被允许的。

欧洲央行成长为一家拥有自己观点和最佳实践的成熟央行，并不只是表现在所掌握的政策工具上，这种成长也是从内部推动的。2011 年年底，于尔根·斯塔克因抗议意大利和西班牙的资产购买计划，辞去了首席经济学家一职。这也意味着德国在欧洲央行经济研究部门的主导地位开始丧失。德拉吉选择比利时人彼得·普拉特为斯塔克的接班人，并让新上任的德国人约尔格·阿斯穆森进入执行委员会负责国际关系。有人说，默克尔鼓励此举，是为了在危机谈判中保护德国的利益，而当时的危机谈判被认为远比货币政策重要。在接下来的几年里，在欧洲央行经济研究部门占据关键岗位的德国人要么退休，要么因其他工作机会离开。部门氛围有了巨大的变化：过去可以用电子邮件发批评希腊人的笑话给整个部门，或者在喝咖啡时嘲笑意大利人是"黑手党"，而现在部门里的德国人都得小心谨慎。在德国央行决策层数十年的两位老将离开欧洲央行后，整个转变在 2018 年完成：备受尊敬的货币政策委员会主管沃尔夫冈·席尔（Wolfgang Schill）退休，而曾负责编制欧洲央行季度经济预测的汉斯－约阿希姆·克洛克斯（Hans-Joachim Klöckers）被调任为国际关系办公室主任。正是这样的调整为新一代经济学家创造了空间：曾任德拉吉经济顾问的比利时宏观模型专家弗兰克·斯梅茨被德拉吉任命为席尔的继任者；自 2017 年起，量化宽松和定向长期再融资操作的设计师马西莫·罗斯塔尼奥被任命为货币政策研究团队的负责人。

在德拉吉任期内，管理欧洲央行变得更加复杂。在很大程度上，由于监管欧元区银行的新任务，欧洲央行的员工人数增加了一倍多。目前，欧洲央行大部分的监管业务都在位于法兰克福市中心的欧元塔进行。此外，欧洲央行还在城区东部运营了新的旗舰总部。欧洲央行还面临其他挑战，包括对更好、更快的 IT 系统的需求，以及获取和分析新的、信息量更大的经济数据集的需求，管理欧洲央行的日常运转占用了高层管理人员越来越多的时间。为了让执行委员会成员从人力资源、信息技术、财务和行政等重要而烦琐的工作中解脱出来，让他们专注于与欧元区金融体系运行相关的问题，欧洲央行在德拉吉的推动下聘请了一名首席服务官（chief services officer）。2016 年 1 月任命的第一位首席服务官是迈克尔·迪默（Michael Diemer），他曾是 IBM 德国分部的负责人。

随着利率越来越接近下限，以及欧洲央行深入非标准货币政策的"丛林"，沟通变得更加重要。这既是引导政策预期的工具，也是提高透明度的工具。

2013 年 7 月是关键时期。德拉吉第一次告诉投资者，他打算如何设定未来几个月的借款成本，他的副手们也首次公开提出了公布会议记录的想法，以便让外界了解更多的决策制定过程信息。一年后，经过试运行和试验，欧洲央行决定在会议举行后大约 4 周公布政策讨论的摘要。会议记录则将继续保密 30 年。

这些讨论以综述的形式发表，改变了理事会过去的运行模式，非常符合德拉吉的口味。对他来说，通常在星期四举行的政策会议不应该像特里谢所鼓励的那样，主要进行务虚性质的讨论，而应该就行动做出决定。实际上，这些政策行动的利弊已经由欧洲央行的工作人员以研讨会的形式，在欧元区各国央行几乎每周都会召开的无数会议上广泛地审查过了。正如德拉吉作为行长所希望的那样，现在的会议时间很短，且直击议题。欧洲央行公布的第一份报告披露了 2015 年 1 月的会议，这是欧洲央行宣布量化宽松政策的一次重要会议。

理事会通常每两周召开一次会议，但只有三分之一的会议专门讨论货币政策，即大约每一个半月举行一次这样的专题会议。会后会召开新闻发布会。（在 2014 年之前，货币政策每月还会在其他会议上被讨论一次。）

周二下午或周三上午，各国央行行长开始从欧元区的各个地方抵达法兰克福。在他们的公文包和智能手机里，是前几天从欧洲央行总部陆续传来的准备材料和文件。在星期三下午，高级官员会主持多个研讨会，向理事会报告政策的技术性模拟结果、各个细分市场的运行情况以及与经济趋势变化有关的课题研究成果。如果马西莫·罗斯塔尼奥亲自主持会议，多半预示着星期四上午可能会做出新的决定。但研讨会并不会讨论政策行动的可能性或偏好，行长们一般会将关注点放在技术细节的解释上。

正式的会议流程将从负责市场的执行委员会成员贝诺伊特·库雷开始，他会用长达一个小时的时间来概述最新的动向。然后，德拉吉大部分任期内的首席经济学家彼得·普拉特会用一个小时左右分享自己的观点。这一天会以有三道主菜的晚餐结束。晚餐会在欧洲央行北塔 40 楼举行，行长们在此交换意见，讨论那些看似与决策无关但有利于第二天更好地达成共识的更广泛议题。

在特里谢任行长期间，这些晚餐通常会持续到午夜，随后大家多半会在法兰克福霍夫酒店（Frankfurter Hof）继续喝威士忌和抽雪茄。这家酒店是大多数行长出访期间经常下榻之处。在德拉吉任行长期间，晚餐通常会在晚上 10 点结束，德拉吉一般会吃点奶酪和水果，其他参会的委员大多会吃一些甜点。

周四的会议在上午 9 点开始，一般先由首席经济学家普拉特提出政策建议，然后再开始讨论。德拉吉很在意将对话保持在预定的轨道内，并在每次会议开始时列出一系列当天不允许讨论的话题，以避免这些话题扰乱正常讨论。德国央行行长延斯·魏德曼通常会率先发言，其次是法国和意大利的行长。尽管有些较小成员国的行长也能够影响辩论，甚至成为达成一致意见的某种催化剂，但讨论在很大程度上总是由这三位大国的行长决定的。

理事会很少举行正式表决。共识往往在讨论中就可以很快达成。反对意见一般会被会议秘书记录下来。在这种情况下，德拉吉会追问道："你到底在说什么？你是说你不同意吗？你是说你的偏好较弱？你的立场是什么？"所有这些都是为了确保 4 周后披露的会议综述能够准确地显示出理事会此时的微妙倾向。

一旦一项决议获得通过，会议就会进一步讨论行长拟向媒体公布的简要声明。到这个时候，这份 1000 ～ 1500 字的文件已经由首席经济学家、资深经济学家和传播学专家以及顾问们仔细考虑、酝酿了 6 天了。最后发表这份声明通常只需要 15 分钟左右。理事会中少数以英语为母语的人在这时就显得尤其宝贵。在爱尔兰央行行长帕特里克·霍诺翰于 2015 年退休之前，为了找到恰当的语句来表达细微的差别，德拉吉经常求助于他。"诗人，请。"德拉用他典型的幽默口吻说，然后这位爱尔兰行长就会化腐朽为神奇。

从发表声明的那一刻起，整个欧元区各个媒体新闻编辑室的电话就会此起彼伏地响起。下午 1 点 45 分整，在欧洲央行的声明宣读完毕后，接线员就会说："下午好，这是欧洲央行的电话会议，请稍等……"此时，德拉吉躲在办公室里，研究着工作人员为他准备的各种应对材料，里面有他们认为将在新闻发布会上讨论的问题。给德拉吉送来的这些资料，还很可能伴随着略带同情的提示："在这个问题上沟通不容易！"下午 2 点半过后一两分钟，伴随着摄像机的咔嚓声，德拉吉走进记者招待会现场，坐下来开始他的例行开场白："女士们、先生们，副行长和我非常欢迎你们参加记者招待会。我们现在将报告理事会今天会议的成果。"

多年来，令德拉吉大吃一惊的记者提问只有一次。2014 年年初，一位来自瑞典的电视记者问道："我在想，欧洲央行资金会不会耗尽？"德拉吉窘迫地笑了一声，接着不同寻常地磕巴起来："好吧，技术上不会……我们是……我们没有……我们不可能耗尽资金……呃……我们有充足的资源来应对……应对所有紧急状态。"他一边应付着，一边快速地翻阅着手头的材料，希望从中找到一些线索。但是他什么也没有找到，只能在长时间的沉默后说道："因此，我想现在我只能告诉你这些了。"⊖

自成立以来，与新闻界的交流一直是欧洲央行的日常性事务。与美国联邦储备委员会每年在杰克逊霍尔举行的央行年会类似，邀请高水平学者、央行同行和各类专家参加的讨论会还是新生事物。辛特拉（Sintra）是葡萄牙王室曾经的夏季度假地，拥有富丽堂皇、历史悠久的宫殿群。2014年，欧洲央行第一次选择这里作为年度智慧碰撞的集结地。

来到葡萄牙也是一个政治选择。这对仍在挣扎中的欧元区外围成员国来说是一种承诺（葡萄牙在论坛召开之际已经处于救助计划的执行尾声），并为欧洲央行在欧洲核心地区的日常运作提供了平衡。

在德拉吉任期内的大部分时间里，维托尔·康斯坦西奥担任了葡萄牙央行副行长的职务。他无疑参与了选择论坛召开地点的工作。论坛举办地佩尼亚隆加度假酒店（Penha Longa Resort）位于一座 19 世纪的宫殿中，这座宫殿最初建于 500 年前，曾是一座修道院。德拉吉是论坛幕后真正的创意策划者。他的目标是，通过让欧洲决策者及其观察者接触世界上最

⊖　Mario Draghi: Press conference following Governing Council meeting. 9 January 2014. https://www.youtube.com/watch?v=cW7usmhoRhU&list=PL5C2C2383444CDA3D.

好的经济思想，拓宽他们的思维定式，帮助欧洲央行成为与美联储并驾齐驱的研究货币政策的领先机构。这一在晚春举行的活动吸引了公众的极大关注。

2014年年底，欧洲央行从位于法兰克福市中心的欧元塔迁至法兰克福东部位于法兰克福老歌剧院对面的新办公场所。这是一个令人印象深刻的建筑群，过去曾是法兰克福的水果蔬菜批发市场，1928年开业时还是世界上最大的独立钢筋混凝土大厅。新办公场所还有两座新的玻璃外墙的钢结构连体塔楼。有人玩笑地说，这象征着欧洲央行制定政策的两大支柱——经济和货币分析。

2001年，在第一任行长维姆·德伊森贝赫的领导下，欧洲央行购买了这块位于美因河畔的土地，并承诺保留其基本面貌，以纪念其历史变迁。今天，古老的铁路铁轨和刻在大楼东面走道上令人不安的语录提醒着路人，纳粹在1941年至1945年间利用这个地方聚集犹太公民，然后将他们驱逐到集中营和灭绝营。在那几年，大约有1万人曾进入过这座在德语中被称为"批发市场"的建筑，但幸存下来的不到200人。⊖

在2010年5月的一个雨天，特里谢主持了奠基仪式。在施工最忙碌时，这里同时有1400名建筑工人和200名建筑师在现场。⊜

2014年12月，欧洲央行第三任领导人马里奥·德拉吉在这座大楼首次欢迎记者时说："历史融入了欧洲央行。"⊜通过水果蔬菜批发市场钢筋混凝土大厅的大门，可以看到巨大的空间、精心修复的屋顶外壳的混凝土表面、网格外墙以及水磨石地板，这让人回想起工业时代的历史。一个由黑色钢梁、银灰色铝板和大窗户隔开的室内会议中心，以及两座能容纳

⊖⊜　European Central Bank: Newsletter. March 2015. https://www.ecb.europa.eu/ecb/premises/pdf/ECB_NEP_NL_9_201404_EN.pdf.

⊜　Mario Draghi: Press conference following Governing Council meeting. 4 December 2014. https://www.youtube.com/watch?v=tY63t8LWjWg&list=PL5C2C2383444CDA3D.

2900 个工位的连体塔楼，体现着这座建筑的先进设计水平。令人敬畏的德拉吉有时会偷偷溜出办公室，在大楼里走来走去，在老旧的批发市场大厅和两个新玻璃塔楼中寻找全新的视角。

这座建筑的正式落成典礼是在法兰克福的索尼曼大街举行的，南边就是一条从东到西贯穿城市的河流。但这肯定不是一次欢快轻松的庆典。2015 年 3 月，由于量化宽松政策刚刚启动，经济复苏乏力，欧洲大陆的经济和货币联盟都显露出明显的问题。紧缩政策在欧元区南部留下了深深的伤痕，民粹主义政党正奔走于重新夺回国家权力，希腊则徘徊在退出欧元区的门槛上，并指责欧洲央行及希腊的债权人正在逼迫这个国家和其公民。

在深冬的早晨，绝望、无助在这个城市的街道上遭遇了暴力、对抗，并在金融区和邻近的西区留下了毁灭性印迹。西区是法兰克福最豪华的街区之一，也是马里奥·德拉吉在城区的住处。抗议者从人行道上抠出鹅卵石向穿着防暴装备的警察投掷，警察用警棍、胡椒喷雾和高压水枪驱散人群，造成数十人受伤。警车、轮胎和垃圾桶在街上燃烧，烟柱升起，空气中有明显的橡胶燃烧气味，直升机在空中盘旋。

随着大约 1 万人在这座城市游荡，欧洲央行内部的政策制定者们正设法应对欧元区面临的挑战。德拉吉解释说："有些人，像今天外面的许多抗议者一样，认为问题在于欧洲做得太少。他们希望欧洲一体化程度更高，国家间的财政关系更加紧密。还有一些人，比如我们看到的欧洲新兴的民粹主义政党，认为欧洲做得太多了。他们的解决方案是让我们的经济重新回归各个国家，让各个国家收回经济主权。我明白是什么激发了这些观点，以及为什么人们希望看到改变。但事实上，这两种方法都不能真正解决我们今天面临的局面……答案不是放慢一体化，但也不是提出一个一体化无法引领实现的愿景，而是在我们的货币联盟内能够和需要完成的任

务。我们既需要雄心壮志，也需要务实推动。"⊖

接下来的一个月，德拉吉体会到了人们对欧洲政策的不满情绪。在欧洲央行新闻发布会的会议室里，他坐在桌后刚刚按照准备好的稿子讲了两分钟，一位身穿黑色牛仔裤和卡其布夹克的年轻女子就跳到桌子上，并在被保镖拖走之前，将彩色纸屑撒向这位受惊的意大利人，并高喊："结束欧洲央行独裁！"

德拉吉对此的反应堪称"无价"。该女子曾是基辅女权组织费曼（Femen）的自由活动人士，她在不久以后谈及这次抗议活动时说："我决定走进魔鬼的巢穴，在他们的桌子上跳舞，给他们所有人洗个彩色纸屑浴，反对他们的政策。我们受到了影响而且很生气……我想表达我的批评意见，我想在德拉吉面前做这一切。"⊜

当天下午，新闻发布会重新按程序举行，德拉吉的发言出乎意料地显得颇有人情味。他说："对当前局面感到沮丧的人把欧洲央行作为发泄对象。这样做可能是不公平的，因为我们的行动正是为了减缓经济所遭受的冲击。但作为整个欧元区的央行，我们必须非常仔细地听取我们所有公民的意见。"⊕

把时间快进到4年后的2019年夏天，这时候人们比以往任何时候都更积极地讨论欧洲央行的决策是否一直保持正确。长期以来，占据主导地位的是对德拉吉花费太长时间来退出量化宽松政策的批评。此时，面对日益严重的制造业衰退，不应停止资产购买的观点开始出现了。商业银行抱怨说，多年来创纪录的低利率和负利率已经严重损害了它们的业务，它们

⊖　Mario Draghi: Speech at the inauguration of the New ECB Premises. 18 March 2015. https://www.ecb.europa.eu/press/key/date/2015/html/sp150318.en.html.

⊜　Misyrlena Egkolfopoulou: Interview, published 25 November 2015. https://www.youtube.com/watch?v=KbgwlgPNoMs.

⊕　Mario Draghi: Press conference following Governing Council meeting. 15 April 2015. https://www.ecb.europa.eu/press/pressconf/2015/html/is150415.en.html.

希望通过提高利率等方式来减轻至少一部分经营压力。欧元区核心地区的公民指责欧洲央行损害了储户利益，认为政策制定者错过了在经济强劲时期退出至少部分刺激措施的机会。2016 年年底至 2018 年年中，得益于国内消费和投资的强劲增长以及出口繁荣，欧元区实现了超过 2% 的增长，使 2017 年成为这一地区 10 年来经济增速最快的一年。但由于欧元区通货膨胀率仍低于欧洲央行的中期目标，德拉吉在此期间没有缩减支持力度，而是继续扩大量化宽松政策。

当量化宽松政策在 2018 年年底停止时，居民消费价格增长的前景也不完全令人感到放心。尽管经济增长势头已经开始放缓，但政策制定者相信，随着剩余刺激措施的陆续出台，通货膨胀情况将随着时间的推移而得到调整。时间并没过多久，经济增长的势头就证明这种乐观的想法错了，重新启动计划具备了现实的可能性。

2015 年 9 月，量化宽松政策已经执行了 6 个月，欧洲央行首次审查了这一计划并得出结论："购买资产的行为对企业和家庭的信贷成本和可获得性均有正面影响。"㊀欧洲央行重申，打算在 2016 年购入 600 亿欧元的私人和公共债务。

2015 年 10 月，德拉吉公开发出信息，暗示要在年底前采取政策行动。全球经济仍处于放缓的边缘，仅仅依靠中国的推动，欧元区经济仍然过于脆弱。他解释说，理事会的考虑是"工作和评估"，而不是"等等看"。他还补充说，欧洲央行已责成其各位委员研究扩大刺激措施的手段。"我们要保持警惕。"他说，这是他的前任在政策即将发生转变前最喜欢传达出来的信号。㊁金融市场显然上钩了，欧元大幅震荡，德国债券收益率创历

㊀ Mario Draghi: Press conference following Governing Council meeting. 3 September 2015. https://www.ecb.europa.eu/press/pressconf/2015/html/is150903.en.html.

㊁ Mario Draghi: Press conference following Governing Council meeting. 22 October 2015. https://www.ecb.europa.eu/press/pressconf/2015/html/is151022.en.html.

史新低。

在 12 月的会议之前，德拉吉和他的首席经济学家担忧通货膨胀率过低，并表示过低的通货膨胀率可能不利于欧洲央行的信誉。这样的信息，使市场开始形成将有重大政策发布的预期。不过，他们最终提出的一揽子计划令投资者失望。一揽子计划包括将资产购买的期限延长半年至 2017 年 3 月，承诺对到期债务进行再投资，以及小幅降息。在潜在通货膨胀率低于 1% 的情况下，这些似乎还不够。就连美国联邦储备委员会的官员们也被德拉吉将要推出大动作的承诺所误导。美联储主席珍妮特·耶伦在华盛顿举行的国会听证会上表示："市场曾预期了一些行动，但那些不会出现了。"㊀这是德拉吉在引导理事会的期望并形成共识方面为数不多的失误时刻。事实上，德国人延斯·魏德曼和萨拜因·劳滕施莱格等 5 名理事会成员至少部分反对这一方案。㊁

3 个月后，德拉吉弥补了自己的错误，将存款利率下调至 –0.4%；将每月购买债券的规模从 600 亿欧元扩大到 800 亿欧元，债券种类扩大至企业债务；推出了新的旨在刺激信贷增长的长期贷款计划。

2017 年夏天，量化宽松政策被延长至年底，但每月购买量减少至 600 亿欧元。德拉吉体会到金融市场对欧洲央行的刺激措施已经上瘾了。他在欧洲央行辛特拉论坛发表讲话时说："可以确信，我们的政策正在发挥作用……通货紧缩的威胁已经消失，信贷扩张的力量正在发挥作用。"欧元应声而涨，债券收益率猛升。㊂这是一个乐观的信息，即经过多年的空前支持，经济终于开始站稳脚跟。投资者错误地认为，这些言论意味着政策制定者正在考虑缩减贷款规模。欧洲央行二把手康斯坦西奥站出来做出了

㊀   Jeff Black: Draghi's Weeks of Rhetoric Culminate in ECB Stumble on Stimulus. Bloomberg, 3 December 2015.

㊁   Jana Randow and Alessandro Speciale: Draghi Said to Convince All But Five Officials on ECB Proposal. Bloomberg, 3 December 2015.

㊂   Mario Draghi: Accompanying the economic recovery. 27 June 2017. https://www.ecb.europa.eu/press/key/date/2017/html/ecb.sp170627.en.html.

澄清，坚称德拉吉的表态"完全"符合欧洲央行制定的政策方向，并认为投资者的反应有些难以理解。⊖这一经历强化了德拉吉的信念，即在当前阶段，绝不能讨论减量问题。这让德国人和理事会的其他鹰派成员感到非常沮丧。

然而，到了 2017 年 9 月，量化宽松政策启动已有两年半，有关如何逐步取消资产购买的计划开始浮出水面。欧洲央行的官员们面临着几个选项，包括月度交易量和期限的不同组合，所有这些都在欧洲央行设定的复杂限制范围内，以确保该计划不会违反欧盟禁止央行向政府融资的规定。

接下来的一个月，理事会决定将资产购买金额减半，至每月 300 亿欧元，并持续到 2018 年 9 月。即使是最鹰派的官员也接受了将该计划再延长 9 个月的决定，因为这看起来是个很大的进步，这个计划终于结束在望了。但令他们恼火的是，德拉吉发自内心地感叹道：只要购买没有突然停止，就意味着资产购买计划还可能再延期。"那根本不是讨论的气氛。"一位行长回忆道，"争论的焦点是：我们是否应该宣布停止购买？德拉吉不想这样做。"当时，已经出台的不少干预措施显示，这应该是最后一次延期。

2018 年 6 月，欧洲央行宣布，自 10 月起，每月资产购买的金额将减至 150 亿欧元，到 12 月将结束购买。自 2015 年年初以来，欧元区各成员国央行已经积累了逾 2.5 万亿欧元的公共和私营部门债务，相当于欧元区经济的 22% 左右。

把脚从汽车油门踏板上抬起来是一个很微妙的操作：脚抬得太快，你就会把过去所有的成绩都置于危险之中；脚抬得太慢，经济运行就会继续依赖刺激计划，使欧洲央行缺少应对下一次危机的工具。德拉吉对退出时机的最终决定尚未公布，但很可能不是 2019 年夏天，这时市场观点已经

⊖ Annette Weisbach: Interview with Vítor Constâncio. CNBC, 28 June 2017. https://www.ecb.europa.eu/press/inter/date/2017/html/ecb.in170628.en.html.

转向希望欧洲央行增加而不是减少政策支持。对银行的新一轮长期贷款已经准备就绪，进一步降息和购买新的资产等操作都在考虑之中。

这种现象并非欧元区独有。在其他地区，政策制定者也在尝试理解，为什么投资者不再信任央行对提振通货膨胀的努力。但事实是，大多数观察人士已经认识到，比起那些曾退出部分刺激措施的央行，欧洲央行应对新一轮经济下滑的行动空间要小得多。德拉吉以极为谨慎的态度来缩减量化宽松政策，使得其继任者克里斯蒂娜·拉加德面临的欧洲央行资产负债表超过 4.5 万亿欧元，规模是金融危机前的 3 倍，利率几乎不能再下调。而此时，经济既有可能走上继续温和扩张的道路，也有可能因为全球经济增长放缓、美国主导的贸易战和众多其他问题以及对消费者价格的影响而走向断崖。

越来越明显的是，欧元区需要的不仅仅是货币政策带来的又一轮刺激，还需要明智的财政刺激，需要雄心勃勃的结构性改革——简言之，需要欧洲央行从一开始就告诉各成员国政府的内容。并不是所有的政府领导人都会对欧洲央行的话充耳不闻，或仅仅耸耸肩表示遗憾，想着他们只要无视欧洲央行的呼吁足够久，就可以迫使欧洲央行来做事。在过去的几年里，大多数成员国都或多或少做出过努力。但事实上，欧元区仍然需要更加灵活和果断的策略来对欧洲央行的货币政策措施加以补充。

客观地说，欧洲央行很难回到过去那种常态化调控货币的做法——简单地提高和降低借贷成本，同时为银行提供流动性。就像德拉吉一样，拉加德需要找到创造性的手段，将资金注入企业和家庭，使它们在充满挑战的时期保持繁荣，并尽量发挥想象力推动各国央行对货币政策工具进行创新。

| 第 12 章 |

意大利的现实

2019 年年中，在马里奥·德拉吉的任期即将结束的几个月里，局面与他到任时惊人地相似：意大利处于经济混乱的边缘，投资者质疑其支撑巨额债务的能力，欧元崩溃的风险不仅仅是一个遥远的可能性。到 9 月，一个相对稳定的新政府上台了，取代了上一届咄咄逼人的联合政府，但仍无法淡化意大利政府极不稳定的形象。对于这位欧洲央行行长来说，他的祖国之所以一直令他头痛，原因之一是除了希腊之外没有哪个国家在欧元问题上表现得像意大利那样糟糕。

自 2011 年以来，意大利人均国内生产总值下降了 10% 以上，失业率一直徘徊在 10% 附近。意大利作为欧洲第二大制造业大国的地位受到法国的威胁，曾以不需要救助就安然度过危机为荣的银行体系，也被多年的低速增长乃至零增长严重削弱，经营能力摇摇欲坠，改革举步维艰。

在整个过程中，意大利的政治和社会凝聚力明显恶化。想知道意大利究竟有多不稳定，只需看看近年来的总理名单——西尔维奥·贝卢斯科尼、马里奥·蒙蒂、恩里科·莱塔（Enrico Letta）、马泰奥·伦齐（Matteo Renzi）、保罗·真蒂洛尼（Paolo Gentiloni）和朱塞佩·孔特（Giuseppe Conte），以及财政部部长名单——朱利奥·特雷蒙蒂、马里奥·蒙蒂、维托里奥·格里利、法布里齐奥·萨科曼尼、皮耶尔·卡洛·帕多安、乔瓦尼·特里亚和罗伯托·瓜尔蒂耶里。这些都是在德拉吉担任欧洲央行行长期间，曾在布鲁塞尔和国际舞台上代表意大利的领导人。

对于这位欧洲央行行长来说，更令人沮丧的是，欧元已成为许多意大利人感到绝望和愤怒的目标，因为在过去十年里，经济危机、紧缩措施、承诺的改革和生活水平的下降接踵而至，直到目前还看不到尽头。2014年和2016年，几乎一半的意大利人认为欧元对他们的国家来说是一件"坏事"，这一人数超过了对欧元作为欧洲单一货币持积极态度的人。直到最近，对欧元的支持率才回升到50%以上。

2019年8月以前的意大利政权长期由民粹主义者把持，尽管"意大利脱欧"成为现实还很遥远，但这一话题一直是重要的政治议题。真正希望恢复使用里拉作为货币的意大利人并不多。民调显示，当脱离欧元区的前景稍微变得更明确时，民众对欧元的支持率就会反弹。但一届又一届政府都无力减轻巨额的债务负担，使得意大利发生灾难性事故的可能总是难以挥去。

在令人眼花缭乱的日子中，德拉吉一直以极大的兴趣关注着意大利的政治进程，同时保持着实质上的超然。这或许是因为在他任期内，欧洲南部的人总是给人留下快乐消费的刻板印象，他们会制造失控的通货膨胀，使欧洲央行针对像意大利一样爱挥霍的国家的救助政策失灵。面对外界对他过于维护祖国的质疑，以及他不适合担任这项工作的暗示，这位欧洲央行行长有时会以幽默的方式回应，但更多的时候是难以掩饰的不耐烦。他的观点是：要建设欧洲的未来，就必须将"过去的陈词滥调"抛之脑后。2013 年，德国《明镜》周刊怀疑他在维护不负责任的"地中海俱乐部"国家的利益。德拉吉回应说："这不会影响到我。"他继续说，在理事会中，没有人"以民族主义者的方式思考问题，这种毫无道理的批评恰恰适用于他们自己"。⊖

他这话也许说得不太实在，也可能是随着欧洲大陆民族主义的卷土重来，他对这套陈规旧俗越来越失望，以至于一年后，当德国《时代周报》问他是否因"被指控为欧洲南部国家的代理人而感到不快"时，德拉吉简短地回答："是的。"他不准备对这种攻击视而不见，但也不准备放下工作去反驳这一点。"我不接受任何标签，但我陈述事实。我只能引用保罗·克鲁格曼（Paul Krugman）的话：'当信仰遇到证据，证据就没有机会了。'"⊖

意大利人的身份让德拉吉在法兰克福的工作更为复杂，但这肯定也没有让他在家乡的工作更简单。他早年获得的绰号之一是"美国人"，这不是偶然的。2016 年英国首相特雷莎·梅（Theresa May）在英国保守党大会上演讲时提出的"不属于任何一个国家"（citizens of nowhere）可能正适用于德拉吉。不管他与祖国的渊源有多深——米兰的家人、经常访问家乡罗马、在翁布里亚（Umbria）拥有乡村别墅、在海滨胜地拉维尼奥（Lavinio）有度假小屋，他的政策、他的个性、他的事业都经常被认为与他的祖国几乎没有什么交集。可以肯定的是，他难以容忍意大利和意大利人的许多缺点，也从未试图为这些缺点辩解或隐瞒，以至于他有时被指责为"反常的意大利人"，甚至被认为是反意大利人的。再加上他的世界主义、精英关

⊖ Unnamed: Interview with Mario Draghi. Spiegel, 30 December 2013. https://www.ecb.europa.eu/press/inter/date/2013/html/sp131230.de.html.

⊖ Giovanni di Lorenzo: Interview with Mario Draghi. Die Zeit, 15 January 2015. https://www.ecb.europa.eu/press/inter/date/2015/html/sp150115.de.html.

系、大金融的神秘感以及意大利对阴谋论的偏爱，外界往往会夸大他的影响力。

在意大利，这位欧洲央行行长被认为具有强大的幕后人脉，扮演着密室政治的导演角色，甚至可以运用欧洲央行的金融实力秘密掌控国家的命运。显然，他与各国总理（他们定期在欧洲理事会会晤）、财政部部长（他们一起参加欧元集团和欧盟经济财政理事会的会议）、商界领袖和银行首席执行官之间有着频繁的联系。但是，并没有任何证据显示，德拉吉有直接干预意大利国家政治的迹象。在经历了一场戏剧性的政治地震之后，意大利在 2018 年的选举中重新形成了统治阶层，德拉吉在新的政府高层中已经没有什么人脉了。

这并不意味着德拉吉对家乡发生的一切视而不见。在德拉吉参加欧洲和国际会议期间，他会对意大利政坛的变化以及意大利拜占庭式的复杂政治提供意见，过去几年他甚至向同事、部长和学者提供了详尽的分析。但他很少（即使有也都是间接地）大胆地提出一个可能更合适或更有效的具体行动方案。因此，许多意大利人认为德拉吉具有巨大的影响力，部分是由于他过去几年的成功，另一部分是由于他给自己塑造了超然的实用主义形象。

但在某种程度上，这也是时代的产物。越是在既有权力（包括政治、金融、宗教还有文化）受到挑战之时，公众就越相信小部分人有能力在幕后上下其手。尽管社会组织和各种机构的复杂性迅速增加，但简单、迅速、口号式的政策更能够抓住选民。选民们常常认为，真正的权力已经在黑暗中由一个对他们不负责的人行使了，我们这个愚笨的世界被一群金融家和政治人物秘密控制着——这也许是应对某种不安全感的方式。

中央银行具有崇高的独立性，具有世人很难理解但影响深远的权力，并且偏爱使用并严重依赖于那些难以理解的首字母缩略词，因此自然成为阴谋论的完美目标。在过去几年里，德拉吉反复强调不能仅仅依靠货币政策，呼吁各国政府和政界人士尽到自己的责任，不要指望各国央行来做救世主，但收效甚微。

　　2012 年，德拉吉用一句简单的"不惜一切代价"改变了欧债危机的发展方向。之后，德拉吉在世界金融精英中近乎神话般的地位，让人们对他在意大利的角色（现在的或未来的）抱有更高的期望。

　　西尔维奥·贝卢斯科尼的政府经常与德拉吉发生冲突，但还是在 2011年把德拉吉推举为欧洲央行行长候选人。2019 年春季，贝卢斯科尼对民众情绪一贯的感知力使他注意到了人们对德拉吉的期待。他在 5 月欧洲议会选举前接受采访时说，德拉吉"将是担任一个引人注目的角色的合适人选"。⊖

　　在法兰克福的这段时间里，德拉吉曾多次对意大利的未来抱有希望，但随着政府的更迭，他失望不已。在担任欧洲央行行长期间，他与祖国的关系经历了三个阶段。

　　第一个阶段很短，甚至不到两个星期。此前有过重要的铺垫，涉及德拉吉在意大利银行的最后几年，这对于他后来的一些大胆举措至关重要。

　　德拉吉刚接任欧洲央行行长一职，金融市场便开始对意大利发动一次接一次的攻击，西尔维奥·贝卢斯科尼也入住了意大利总理府基吉宫。为了恢复稳定，欧洲各国敦促贝卢斯科尼接受国际货币基金组织的计划，兑现改革承诺，改组政府，结束与财政部部长朱利奥·特雷蒙蒂之间的不稳定关系，或者辞职——简言之，做点什么，做什么都行，不要在意大利处于危急时还在无所事事地执掌权力。

　　时隔三年半之后，这位传媒大亨终于在 2011 年 11 月 12 日卸任，但

　　⊖　Pietro Perone: Berlusconi rilancia Forza Italia e il governo tecnico: " Draghi premier, è lui l'uomo giusto." Il Mattino di Napoli, 18 May 2019. https://www.ilmattino.it/primopiano/politica/elezioni_europee_intervista_silvio_berlusconi_draghi_premier-4499014.html.

留给意大利的时间已经不多了，犹豫不决的时期也结束了。投资者需要政府能够平衡预算、培养信心和增强低迷经济的竞争力。2011 年夏天，德拉吉就和时任欧洲央行行长特里谢发出了一封共同署名的信，要求政府承诺采取一系列紧缩措施。但这除了引起了公众对央行过于插手政治的强烈抗议外，几乎没有引发任何行动。欧洲央行试图通过证券市场计划购买部分国家的主权债券，来安抚投资者的紧张情绪，但也同样失败了。

对于德拉吉来说，他将在第二年制订直接货币交易计划时充分吸取这个重要的教训。此项计划按照他"不惜一切代价"的承诺，大大加强了欧洲央行的火力部署与附加条件的可执行性之间的联系。

就在德拉吉出任欧洲央行行长之际，贝卢斯科尼政府的危机达到顶峰。在上任三天的第一次新闻发布会上，他向意大利及其领导层传达的信息非常明确。他认为："寄希望于通过外部干预来降低主权债券利率是毫无意义的。新计划的主要支柱来自国家经济政策回应，它由两个部分组成——第一，整顿公共财政；第二，进行结构性改革。如此，竞争力得到增强，从而促进增长和创造就业机会。"⊖

到这个时候，意大利已经开始接受一个新的、更可信和更有力的政府的领导。

蒙蒂在 2011 年 11 月初被总统乔治·纳波利塔诺（Giorgio Napolitano）任命为终身参议员。随着蒙蒂的就职，意大利开始了痛苦的改革，以使国家从失败的边缘恢复过来，并解决一些长期存在的困难。在蒙蒂及其继任者莱塔、伦齐和真蒂洛尼的领导下，尽管这一进程充满了矛盾、倒退和噪声，但意大利政府至少在口头上支持欧洲央行提出的经济现代化和优化国家机构的呼吁。莱塔和真蒂洛尼都是几十年来一直当权的既得利益者，

⊖ Mario Draghi: Press conference following Governing Council meeting. 3 November 2011. https://www.ecb.europa.eu/press/pressconf/2011/html/is111103.en.html.

但马泰奥·伦齐却是一个新的领导人。德拉吉很想了解他的计划、想法和抱负。

欧洲央行行长德拉吉在伦齐政府中有一位值得信赖的同事——财政部部长皮耶尔·卡洛·帕多安。自从 20 世纪 90 年代德拉吉和帕多安开始合作以来，他们建立了良好的关系。两人在许多国际会议期间经常交谈，有时还会谈到他们对家乡罗马的足球队的共同热爱。帕多安的话带来了谨慎乐观的情绪，他认为伦齐这位鲁莽而精力充沛的前佛罗伦萨市长将有所作为。伦齐在任意大利总理后的第一年推行了一系列改革，这似乎印证了他的实用主义。他也会敞开心扉，听取来自外部的建议。

伦齐会寻求德拉吉对经济的看法，并花了相当长的时间进行私下交谈。2014 年夏天，伦齐赴皮耶韦城拜访德拉吉，这个城市位于罗马以北约150 公里的地方。尽管政府采取了刺激措施，但意大利的经济形势并不好，还没有摆脱经济衰退的影响，而且改革所需的时间比预期的要长。2011 年5 月，伦齐与意大利人还处于蜜月期，这让他在欧盟选举中获得了前所未有的 40% 的选票。而现在，蜜月已经接近尾声。伦齐与德拉吉的会面本来是正式行程之外的非正式磋商，可由于伦齐的直升机要在足球场上停留两个半小时，足球训练被迫取消，这个秘密就很难保守了。⊖

经济疲软和通货紧缩的威胁在德拉吉担忧的问题中排在前面。这不仅针对意大利，还针对整个欧元区。他反复强调，解决这个问题的关键之一是开放劳动力市场。第二年，伦齐完成的改革赢得了布鲁塞尔内外的赞誉，确立了他作为改革者的信誉。尽管德拉吉对公开评价意大利的发展变化非常谨慎，但他也同意就业法案是在欧洲央行货币政策所创造的积极环境下，能够而且应该采取结构性变革的典范。

但和其他许多届意大利政府一样，伦齐政府的任期并不长久。伦齐这

⊖　Guido Gentili and Alessandro Merli: Incontro segreto Renzi-Draghi a Città della Pieve. Il premier conferma: lo vedo spesso. L'Italia non è osservato speciale. Il Sole 24 Ore, 13 August 2014. https://www.ilsole24ore.com/art/notizie/2014-08-13/incontro-segreto-renzi-draghi-citta-pieve-132401.shtml?uuid=AB2BAujB.

位年轻的总理决定在 2016 年 12 月举行宪法公投，以此来决定自己的政治生涯。对此，德拉吉并没有掩饰自己的失望。一些欧洲领导人也恳求伦齐不要迈出这一步。此外，意大利银行体系日渐萧索的状况开始对伦齐的政治形象造成伤害。在过去的几年里，已有四家小型的银行出现了问题：维琴察人民银行和威尼托银行倒闭，锡耶纳牧山银行在长期谈判后得以资本重组，卡里奇银行仍处于危机边缘。德拉吉随时掌握上述最新进展，随时了解情况。但考虑到身份，他不会直接参与其中。

所有这些案例的共同症结在于全球金融危机后出台的新银行业规则，即在政府动用公共资金参与银行救助之前，私人投资者需要首先买单。只有在意大利，私人投资者不总是冷酷无情、追逐利润的对冲基金，也有一些普通人为了退休而希望用自己的储蓄进行投资。如果小投资者受到打击，政府就需要以适当的形式予以支持。

问题是，似乎很少有意大利人注意到这一点，或者说，部分由于德拉吉在欧洲央行制定的政策，欧元区在经历了多年的经济挣扎之后，已经恢复了稳定的增长，意大利的形势自然就水涨船高了。但是，由于失业率仍然居高不下，经济增长弱于欧元区其他所有国家，大部分意大利人并没有感觉到明显改善。银行在过去几年的脆弱表现，除了对威尼托（Veneto）和托斯卡纳（Tuscany）等生产性地区的经济造成影响外，还强化了人们对意大利危机从未真正结束的看法。不少国家将部分责任归咎于欧洲央行和德拉吉本人。

2017 年，意大利议会成立了专门委员会，负责调查金融体系所面临的困境。一些议员希望德拉吉前来作证。但多亏了皮耶尔·费迪南多·卡西尼（Pier Ferdinando Casini）的巧妙斡旋，这一要求从未被正式提出。卡西尼是这个专门委员会的负责人，也是一位经验丰富的中间派政治家。意大利议会强调，考虑到欧洲央行在 2014 年年底才成为银行监管机构，听证会最终安排了参与过监管单一监管机制创建的伊尼亚齐奥·安杰洛尼代替德拉吉参加。

听证会在圣诞节前举行。在两个半小时的会议中，德拉吉的名字并未出现过。最终报告于 2018 年 1 月 30 日获得通过，其结论是，锡耶纳牧山银行未能恰当地向意大利银行披露其运营情况，目的是使其资本状况看起来比实际的更好。报告也未提及德拉吉，至少暂时驱散了笼罩在他工作上的阴云。

2018 年 3 月的选举彻底改变了意大利的政治格局，将意大利置于席卷欧洲的民粹主义和民族主义浪潮的中心。经过数周的犹豫和试探，联盟党和五星运动党之间的联合谈判终于在 5 月初开始。谈判桌上讨论的是：不再继续前几年的一些改革，突破欧盟提出的财政支出限制（即使这会导致国债增加），并在退出欧元区的问题上表现暧昧。金融市场很快注意到这一点，并开始要求更高的溢价购买意大利的债券，使收益率接近到了危机时的水平。

新政府最终于 2018 年 6 月 1 日成立，法律教授朱塞佩·孔特担任总理，经济学教授乔瓦尼·特里亚担任财政部部长。这两人都没有任何政治经验，是总统塞尔焦·马塔雷拉为安抚投资者对民粹主义者真实意图的担忧，并调停两党之间的紧张关系，引入的少数所谓超党派技术官僚。

对特里亚的任命具有特别重要的意义，因为他的职责是起草预算，并领导与欧洲当局就财政赤字进行的谈判。最初，执政的联盟党曾希望任命年龄较大的经济学家保罗·萨沃纳（Paolo Savona）担任这一职务。20 世纪 90 年代，他曾在卡洛·阿泽利奥·钱皮的内阁中任职，此后就成了欧元的严厉批评者。当萨沃纳在金融市场惨败（投资者否决）后转而担任欧洲事务部长这个象征意义更大的职务时，意大利报纸上充斥着这样的猜测：德拉吉本人向马塔雷拉推荐了特里亚。

事实是，德拉吉在特里亚成为财政部部长之前并不认识他，他是在飞往温哥华参加七国集团会议的旅途上得知这一任命的。当德拉吉被告知这位来自罗马第二大学的教授将要担任意大利财政部部长时，他的反应是：一个平淡的"嗯"，同样平淡的面部表情，一点点耸肩。

这两人在 2018 年 6 月下旬于卢森堡举行的欧元集团会议上首次会面。特里亚第一次出现在欧洲舞台上，受到了同行们的密切关注，人们希望发现意大利这一届民粹主义政府财政支出计划的迹象。欧洲央行行长与这位新科财政部部长之间的首次会晤是积极的。两人聊了很久，特里亚在接下来的几个月里慢慢站稳了脚跟。

德拉吉在与欧盟和欧洲国家领导人交流时，不断地提醒他们要以开放的心态与特里亚打交道，因为特里亚必将在财政部部长的位置上有所作为。

在民粹主义者掌权的情况下，德拉吉发现自己与意大利政界高层的关系愈加疏远。具有讽刺意味的是，正因为意大利政治的动荡，许多人期待德拉吉在欧洲央行任期结束后重返祖国的政坛。

德拉吉经常接触的只有 2015 年当选的马塔雷拉。那一年，欧洲央行开始实施量化宽松政策，意大利媒体经常八卦传说德拉吉将成为意大利总理的候选人，以至于这位央行行长不得不公开表示自己对这一职位并不感兴趣。2015 年 1 月，他对德国《商报》说："我不想成为一名政治家。"㊀他在私下里也会对各国部长和欧盟高层官员反复强调这一点。

在加入欧洲央行之前，德拉吉有过交集的政府成员只有贾恩卡洛·焦尔杰蒂。焦尔杰蒂是资深的联盟党成员，在孔特的内阁担任秘书长一职。在上台的头几个月，新政府反欧洲和反欧元的言论十分尖锐，市场运行非常紧张。德拉吉和焦尔杰蒂曾多次交换意见。德拉吉曾警告说，意大利联合政府的一些言论可能会对投资者情绪和欧洲伙伴产生不利影响。但考虑到欧洲央行的独立性，德拉吉也几乎是无言以对、无可奈何。

㊀ Gabor Steingart, Sven Afhüppe and Hans-Jürgen Jakobs: Mario Draghi: "Es gibt keinen Plan B." Handelsblatt, 2 January 2015. https://www.ecb.europa.eu/press/inter/date/2015/html/sp150102_1.en.html.

尽管力量对比发生了变化，但仍然没有迹象表明意大利国内的总体情绪出现了显著变化。马泰奥·萨尔维尼（Matteo Salvini）领导下的联盟党在其尖锐的反欧盟言论上已经加倍让步，在民调中仍然领先。意大利现任政府注定将像上任政府一样，面临着严重的矛盾冲突，且只有短暂的任期。这个国家的新一轮衰退可能就在眼前。

"复杂的问题往往有简单却错误的答案。"德国经济学家鲁迪·多恩布什⊖（Rudi Dornbusch）是德拉吉 20 世纪 70 年代在麻省理工学院求学期间的教授之一，他的这句俏皮话很好地总结了德拉吉对过去几年席卷欧洲的不满情绪和民族主义浪潮的态度。

这种现象表现在诸多方面：英国脱欧；怀疑论者、反移民政党在欧洲大陆（特别是德国、西班牙、荷兰和芬兰）的抬头；东欧国家的民族主义领导人发表了反对欧盟规则和价值观的好战言论，尽管这些国家因加入欧盟受益匪浅；还有玛丽娜·勒庞（Marine Le Pen），她差点在 2017 年法国总统选举中获胜；当然，还有意大利。

所有这些情况都各有不同。一些民粹主义者希望脱离欧盟，而大多数人希望从内部改变欧盟，削减其权力，或者只是调整其优先事项。一些国家希望在处理经济危机时更加团结一致，而另一些国家则希望加强预算规则的执行，减少欧洲内部的资金转移。少数人对单一货币欧元提出了质疑，而许多人反对进一步整合，使之更具可持续性。这些风起云涌的思潮和诉求，往往来自权利被剥夺的深深的无力感。

这并不是说民粹主义者的愤怒和沮丧的来源是错误的。德拉吉这位欧洲央行行长经常与这样的情绪不期而遇，尤其是在他的祖国意大利。当他在米兰或罗马探望家人时，他的生活相对更为随意，把他与外界隔离开来

⊖ 即鲁迪格·多恩布什（Rudiger Dornbusch）。鲁迪是鲁迪格的昵称。

的安保措施也没那么严。他喜欢去购物，遇到的路人常常向他表达意见，但这些意见并不总是悦耳的。

2013 年，在危机最严重的时候，德拉吉曾在罗马街头偶遇一位晚上打零工维持生计的年轻人。这位年轻人有一个简单的问题："你为什么不多印点钞票，让我们都有足够的钱维持生活？"要让这位年轻人了解正确的答案，需要长时间的争论，涉及通货膨胀风险、欧洲条约、经济史上的警示故事，以及德拉吉正在努力做的工作。显然，很难与一位正在承受生活之苦的年轻人进行心平气和的讨论。

这样的情况并不少见。面对政治人物们无力将长期以来承诺的改革付诸行动，面对他们在困难问题面前给出的"简单却错误的答案"，面对正在欧洲大陆上蔓延的反欧主义，德拉吉小心翼翼地不做出任何判断，即使在私下场合他也十分谨慎。毕竟，至少在德国，他被认为是引发民粹主义抬头的罪魁祸首。危机年代的艰难是显而易见的，欧元支持率的下降也是可以理解的——人总是很容易把自己面临的困境归咎于外部因素。移民、欧洲、全球金融、俄罗斯、唐纳德·特朗普（Donald Trump）、美国、欧洲央行——每个人都有自己喜欢的替罪羊。如果需要对规则制定者进行评价，无论如何也应保持谦逊的心态。

当然，从现实出发并不代表德拉吉对民粹主义者的论点抱有任何同情。他在行长任期最后几年的一系列演讲中所阐述的观点，可以这样总结：如果对民粹主义的推波助澜是面对移民、全球化、技术变革以及'更普遍地说'日益复杂的社会问题的无力感，那么要求成员国紧缩财政开支绝不是"夺回控制权"的有效方式。而"夺回控制权"正是英国脱欧运动中最有效的口号之一。

相反，在欧洲机构中分享权力是确保各国公民享有主权的正确方式，而不能仅仅依靠那些空洞的口号。"按照这种思维方式，如果公民希望能够对自己的命运施加更多的控制，就必须放松欧盟的政治结构。但这种想法是错误的，因为它将独立与主权混为一谈。"德拉吉在 2019 年年初于博洛尼亚大学（University of Bologna）获得荣誉法律学位时提出，"真正的主权并不是体现在制定法律的能力上，而是体现在满足人民基本需求的能力上——约翰·洛克（John Locke）将其定义为'和平、安全和公共服务'。独立决策的能力并不能保证国家拥有这样的控制权。换句话说，独立并不能保证主权。"⊖

对各央行行长来说，民粹主义时代还有另一个影响：几十年来，各国央行享有强大的权力，但几乎完全自由行事，现在他们珍视的独立性正在不断受到攻击。

率先提出指责的是唐纳德·特朗普，他习惯于呼吁美联储降低利率，公开批评美联储的决定，并试图让党派人士加入联邦储备委员会。欧洲也未能幸免。从拉脱维亚（2018 年该国央行行长被停职并被拘留，这是对黑市银行的复杂调查的一部分）到斯洛文尼亚（该国政府正试图迫使央行负担投资者在 2013 年救助计划中遭受的损失），从希腊到塞浦路斯，再到意大利，这些欧元区成员国的央行行长一直是调查、媒体报道和议会质询的目标。

对德拉吉来说，如果各国央行要保证物价稳定，并为经济强劲做出贡献，那么独立性至关重要。这在近几十年来取得了显著成功。自欧元引入 20 年来，欧元区的通货膨胀率平均为 1.7%。他说："央行不应受制于财政政策或由政治因素主导，而应自由选择最适合履行其使命的工具。"⊖

在幕后，当央行行长们在本国国内受到攻击时，德拉吉一直给予他们支持，在关键时刻出现在他们身边，并努力加强他们在国内和国际舞台上的地位。当涉及人身攻击时，他会打电话——如果需要的话，一天打几次电话，只是为了保持联系。当一些国家的大选过于政治化时，他会希望各国政府能够毫不含糊地理解："我们反对那些限制、威胁或破坏央行独立

⊖ Mario Draghi: Sovereignty in a globalized world. 22 February 2019. https://www.ecb.europa.eu/press/key/date/2019/html/ecb.sp190222~fc5501c1b1.en.html.

⊖ Mario Draghi: Central bank independence. 26 October 2018. https://www.ecb.europa.eu/press/key/date/2018/html/ecb.sp181026.en.html.

性的企图。" ⊖

　　但保持独立性自有其代价。只有当公众能够确信央行这些非民选官员的行为符合他们的最大利益时，央行独立性的原则才能得以继续存在。为了维护这一宝贵的信任，各个央行需要明确地定义其权力范围，并不断提高政策的透明度。正如欧洲央行自成立以来所做的那样，德拉吉一直努力加大这些方面的工作力度。2019年春季地区选举后，民粹主义情绪愈演愈烈，在欧洲政治格局中愈发根深蒂固，因此，建立和维护对欧元及相关人员机构的信心，很可能成为下一任欧洲央行行长最具挑战性的任务。

⊖　Jeff Black: Draghi Says ECB Takes 'Dim View' of Pressure on Cyprus Governor. Bloomberg, 12 October 2013.

Mario Draghi
l'artefice

| 第 13 章 |

继 任 者

"马里奥·德拉吉将有一位继任者，而不是替代者。"

在马里奥·德拉吉作为欧洲央行行长的任期结束前约 5 个月，欧盟负责经济和金融事务的委员皮埃尔·莫斯科维奇发表了这么一句颇为大胆的言论。他还讲述了这位意大利人留下的宝贵财富，在制定货币政策以保护欧元方面的成功举措，以及对欧元区和整个欧盟产生的深远影响。这也为德拉吉的继任者树立起在未来 8 年里必须达到的标准。

在 2019 年夏初，欧洲领导人还没有找到一致认为合适的人选，来监管这样一个已经增长至 12 万亿欧元、19 个国家和 3.42 亿人口的经济体。不过，人们普遍认为，这位从 2011 年开始执掌欧洲央行的人已经获得了空前的成就。德拉吉在欧元区深陷危机时临危受命，在任期的大部分时间里都在制定策略以确保继任者永远不会面临他曾不得不回答的严峻问题：

"欧元能存续下去吗？"

德拉吉的回答永远是"能"！ 2012 年，欧洲债务危机席卷意大利和西班牙，并促使他做出"不惜一切代价"的著名承诺；2014 年，欧元区正面临严重的通货紧缩；2015 年，当希腊的边缘政策将该国推向深渊边缘时，欧元区迎来最接近崩溃的一年——那一年，德拉吉在布鲁塞尔的欧洲理事会度过了无数漫长的日夜，和欧洲大陆的国家元首与政府首脑定期聚集并制定欧盟的政治路线。

2019 年 6 月，他最后一次出席这样的峰会。他一如往常地向出席者报告经济形势的最新进展、欧元区未来几个月的货币政策需求，以及一些制定财政政策的建议。当他告诉大家这是他 10 月退休前的最后一次访问时，与会领导人所表达的情意和感谢让德拉吉惊讶。欧洲理事会主席唐纳德·图斯克（Donald Tusk）、德国总理安格拉·默克尔以及各国领导人纷纷起立向他致意。包括法国总统埃马纽埃尔·马克龙（Emmanuel Macron）和意大利总理朱塞佩·孔特在内的许多人在发言中赞扬了德拉吉的工作，最后全场长时间地起立鼓掌。

德拉吉取得了广受认可的成绩，但是在欧洲央行任期的最后几个月，他的表现却难言成功。制造商们正因为出口的疲软而垂死挣扎，美国和中国之间贸易摩擦的威胁将对欧洲产生严重的影响，政治上的不确定性也越来越高——英国跌跌撞撞的退欧进程、世界与伊朗的复杂关系、中东战争的阴霾。再看意大利，新一届政府由两个刚刚走出刀光剑影的党派组成的脆弱联盟所支持，不见得就比之前的数十届政府更为稳定。

由于多重因素，德拉吉放弃了精心策划的计划来实现货币政策正常化。结束资产购买，让银行摆脱欧洲央行提供的无限资金，并开始加息，似乎是 2018 年年底的正确路径。但在 2019 年年中，关注的焦点已转移到欧洲央行如何在不缩减企业和家庭信贷的情况下将利率进一步降至零以下，购买更多债券，并向投资者保证，决策者将尽其所能扶持欧元区经济恢复元气。由于通货膨胀率仍远低于欧洲央行的目标，实施扩张性政策的风险远低于2007年，尽管当时经济出现了预警信号，但价格信号显示增长强劲。

还有另一个不确定因素，即德拉吉走后，谁来监管经济。在法兰克福欧洲央行大厦的走廊里，经常有人谈论欧盟政治平衡的复杂性和最新的权力结构变动，及其对选择40楼西南角办公室下一位主人的影响。

德拉吉并未直接参与其中。但就像任何一个有责任感的人一样，德拉吉认为找到适当的继任者对自己很重要。这不仅具有象征意义，也很实际：继任者是否会继续推行他已经启动的政策？是否会在欧洲央行已经积累的经验和搭建的框架上再接再厉？还是会或明或暗地另起炉灶？

最终，就像德拉吉总是会得到满意的结果一样，人选令德拉吉十分满意。2019年7月2日晚7点多，在欧盟领导人约30小时、历时3天的艰苦谈判后，克里斯蒂娜·拉加德被提名为欧洲央行第4任行长。

在某种程度上，这是一个不寻常的选择。不像德拉吉和他的两位前任都是经济学家出身，这位欧洲央行的首位女行长是一位律师。她是一名法国人。在一些狭隘地认为布鲁塞尔的职位应由各国轮流坐庄的人眼里，由于法国人让－克洛德·特里谢曾担任第二任欧洲央行行长，因此理论上讲，拉加德将失去资格。就在几个月前，拉加德自己也排除了这种可能性。她对英国《金融时报》表示："不，不，不，不……我对欧洲任何一个职位都不感兴趣——欧洲央行、欧盟委员会……不。"⊖

同时，有令人信服的理由表明，这一提名是自然而然的选择。拉加德从2011年起担任国际货币基金组织总裁，这是全球经济政策领域最引人注目的职位之一。在此之前，在萨科齐担任总统期间，她作为法国财政部

⊖ James Politi, Sam Fleming and Alex Baker: Christine Lagarde rules herself out of race for top jobs in EU. Financial Times, 12 September 2018. https://www.ft.com/content/1252e064-b606-11e8-bbc3-ccd7de085ffe.

部长曾处于欧元危机的中心。正是这场危机占据了德拉吉任期的前半段，并使欧洲央行现任和未来的行长在无数次通宵峰会上并肩工作，多年来相互形成了深刻的认识。他们定期在国际货币基金组织每年两次的华盛顿年会、G7 峰会和 G20 峰会上，以及在世界各地走马灯式的经济论坛上会见交流。他们毫不掩饰地相互表示尊重。

德拉吉在拉加德得到提名后的首次记者招待会上热情赞扬了拉加德，试图消除人们对她可能不适合担任这一职务的任何疑虑。

"她将是一位杰出的欧洲央行行长，我之所以这么说，是因为认识她的时间足够长。只要你想一想国际货币基金组织的决策方式，就会发现它既是学术化的，又依靠大量员工和经济学家的投入，还融入了来自同事、工作人员和国际货币基金组织各部门的讨论。这与我们在欧洲央行的做法没什么不同。"⊖

他关于决策程序的观点至关重要。虽然德拉吉的经济背景以及他在私营和公共部门的经验很难拷贝，但拉加德与德拉吉都拥有欧洲央行行长所需要的一项关键技能：能够充分利用经济学家、律师和学者各种各样的专业知识，并将他们的科研能力转化成能在各国央行行长和政治家之间寻求广泛共识的政策。

事实上，德拉吉有能力为自己在理事会的决定赢得支持，并与欧盟领导人保持互相尊重和富有成效的对话，而不让他们干涉他的选择。这可能是他在欧洲央行任职期间的主要成就之一。

拉加德本人在担任国际货币基金组织总裁期间经常称赞德拉吉的政策，并在这一过程中清楚了她可能要面对的工作基准。

"马里奥，你是一个有远见、勇气和决断力的人。全球金融危机让我们面临挑战，而且……我不知道有多少人表现出如此的远见卓识和如此坚定的决心……你尽了一切力量来维护欧洲——维护欧洲的统一，捍卫欧洲

⊖　Mario Draghi: Press conference following Governing Council meeting. 25 July 2019. https://www.ecb.europa.eu/press/pressconf/2019/html/ecb.is190725~547f29c369.en.html.

货币的稳定。你利用自己的影响力推动欧元区朝着正确的方向前进……你是一个勇敢的人……你也是一个有决断力的人……你执掌欧洲央行的工作注定是世界上最困难的工作之一，你被认定为真正的领导人之一也就不足为奇了……然而，尽管你的工作错综复杂，但你永远是那么幽默和富有人情味……马里奥，你不仅是一个出色的央行行长，一个真正能带领欧洲向正确方向前行的欧洲人……你显然也是全球公民。"⊖

2015 年 10 月，在德拉吉任期过半之际，拉加德在纽约出席了大西洋理事会（Atlantic Council）的开幕式。她的演讲基调轻松愉快，甚至还有些小讽刺。"晚上好。"她用她一贯优雅的姿态开始发言，"你好，马里奥。不要担心，不要担心延斯·魏德曼。放心吧，朋友。"

在确定这位继任者几个月甚至几年之前，不少对欧洲央行有着泛泛了解的人都认为魏德曼是 2019 年接管央行最有力的人选。理由很简单：欧洲央行已经成立 20 多年了，是时候由一位德国人，一位欧元区最大经济体的代表，一位能够以其经济学思想来确立欧洲央行地位的人，来领导这个负责欧元运行的机构了。魏德曼正是德国央行的行长，也是让德拉吉总感到如芒在背的人。

魏德曼对德拉吉主要政策的态度，有时是旁敲侧击，有时是断然拒绝，但总是比他的前任阿克塞尔·韦伯更温和和务实。韦伯能言善辩，但为了抗议特里谢应对首次危机时的举措，最终愤而辞职，实际上放弃了在 2011 年获任欧洲央行行长的可能性。此外，在关于继任者的争论达到高潮时，德拉吉的任务算是完成了。欧元面临的生存挑战已被有效应对，经济已回到稳定增长的轨道。尽管任务完成得不算太出色，但也不算特别令人失望，足以确保通货膨胀率回到低于但接近 2% 的目标——这是欧洲央行

⊖ Christine Lagarde: Speech at Atlantic Council 2015 Global Citizen Award ceremony. 13 October 2015. https://www.atlanticcouncil.org/news/transcripts/2015-global-citizen-awards.

衡量一切的标准。欧元区本可以采取更为传统的货币政策，但时机稍纵即逝。

　　谁来接任德拉吉？这早早就引发了争夺。2017 年 5 月，据德国《明镜》（*Spiegel*）周刊报道，默克尔希望德国央行行长成为欧洲央行行长。[⊖]与许多信源模糊的报道一样，我们没法搞清楚这篇文章反映的是当时实际的人事安排，还是模糊的计划，抑或仅仅是某个低级别工作人员的一厢情愿。但这至少说明当时欧洲央行的继任者问题已经在某种程度上被柏林政府关注了。

　　尽管魏德曼很有魅力，但由他接手欧洲央行这个想法缺乏得以实现的稳固基础。事实上，默克尔从未公开表示将魏德曼作为这一职位的候选人。这可能还是其中最小的问题。魏德曼以德国央行行长的身份，曾公开反对名为直接货币交易的债券购买计划。而正是靠这项计划的支持，德拉吉才得以实现 2012 年拯救欧元的承诺，并为欧洲主权债务危机的解决奠定了基础。魏德曼还面对以意大利为首的南欧国家的坚决反对。因为魏德曼多年来都在直言不讳地呼吁，要进行更为痛苦的改革并减少欧洲央行的帮助，所以这些国家一直感到恼火。这些国家甚至认为，由德国人掌管欧元区相当于面临生死存亡的威胁。

　　魏德曼本人也做了一些尝试，试图改变他作为德国紧缩型货币经济古板守护者的正统形象。他对批评者做出了有限的让步，承认了欧盟最高法院批准的直接货币交易计划的合法性，并强调他从未表示该计划违反法律，只是对其风险和潜在的法律后果表示怀疑。更重要的是，他表示，作为欧洲央行行长的职责，可能与他担任的德国央行行长的职责有所不同。2018 年年初，他对满屋子的记者说："一家机构也能重塑自己的官

　⊖　Christian Reiermann: Merkel und Schäuble wollen deutschen EZB-Chef. 19 May 2017. https://www.spiegel.de/wirtschaft/soziales/angela-merkel-und-wolfgang-schaeuble-wollen-deutschen-ezb-chef-a-1148477.html.

员。"⊖这是魏德曼的"托马斯·贝克特（Thomas Becket）时刻"。对于那些怀疑魏德曼适当性的人来说，这个比喻只会加深魏德曼思维僵化的印象：贝克特确实在加入教会后改变了自己的立场，但最后他选择了死亡而不是妥协。

归根结底，未能使魏德曼接任的，并不是他过去对德拉吉的批评，也不是他的政策选择可能对欧元存续产生影响的担心，而是欧盟政治的复杂"炼金术"。

选择一位欧洲央行行长从来不是一个孤立的决定，高层职位的分配必须以某种方式平衡这一地区成员国、政党（理想情况下也包括男性和女性）之间的权力分配，同时寻找各自领域最有能力的人。2019 年夏天恰好出现了 40 年难遇的历史性局面——欧洲必须在同一时间任命四位欧洲机构负责人和一位外交政策负责人。

在布鲁塞尔度过的漫漫长夜、没完没了的会见会议、挤在走廊和会议室里的争吵不休，换来的主要收获是确定了欧盟的执行机构欧盟委员会的主席人选，进而为其他事务定下了基调。这些事务囊括了与美国的贸易谈判、对俄罗斯的制裁，以及对欧盟内部竞争和移民的新规定。一旦欧盟委员会主席被正式任命，其他重要职位的人选就容易确定了，包括欧洲理事会主席、欧洲议会主席、欧盟外交事务和安全政策高级代表以及欧洲央行行长。

争夺第一个职位的竞争者来源相当广泛。最初的讨论围绕着一个德国人、一个荷兰人和一个丹麦人展开，但没有一个能够获得足够的支持。法国总统马克龙的提议打破了僵局。他建议让德国国防部长乌尔苏拉·冯德莱恩（Ursula von der Leyen）担任欧盟委员会主席，拉加德出任欧洲央行

⊖ Jana Randow and Zoe Schneeweiss: Weidmann Cites Thomas Becket Example for Guindos Shift to ECB. Bloomberg, 27 February 2018.

行长。这两名女性分别来自两个欧盟的主要大国，都是温和派人士，都有亲欧洲的身份——这是大多数观察人士认为永远不会出现的局面。

　　拉加德将要接手的欧洲央行，是一个希望最大限度地延续过去的欧洲央行。在她 2019 年 11 月到任时，德拉吉已经制定出未来数年的货币政策路线——利率长期低于零，资产负债表规模高达 5 万亿欧元，为银行提供流动性支持的计划将维持到 2023 年。另一个保证平稳过渡的因素是欧洲央行基于共识的决策程序。在指导欧洲央行和制定既有效又得到多数人支持的政策方面，尽管德拉吉拥有很大的权威，但真正要得到欧元区各成员国央行行长的支持，欧洲央行行长的基本取向必须是"鸽派"的——这是央行观察人士最钟爱的术语。大多数理事会成员不需要过多的说服，就能接受货币政策必须下场去支撑经济增长，避免通货紧缩。简而言之，他们早就同意了德拉吉的基本原则。在拉加德的领导下，这种情况不太可能改变，尽管 2019 年欧洲央行的决策团队出现了大量人员更替，有 7 位新行长加入。尽管一些决策者可能被认为不那么热衷于货币政策的持续宽松，但在最为重要的首席经济学家的人选上，鸽派将占上风。

　　从一开始，接替彼得·普拉特的领跑者就是备受尊敬、拥有哈佛学历的爱尔兰央行行长菲利普·莱恩。在 2019 年年初，他的任命并无任何竞争对手，这也反映出莱恩在学术界和经济学家中享有广泛的尊重，甚至连他说话温和的风格都受到大家的赞赏，更何况自 2015 年加入理事会以来，他一直是德拉吉政策立场的明确和一贯的支持者。考虑到欧洲央行那段时间的许多新任命都有一定的政治背景——副行长路易斯·德金多斯（Luis de Guindos）、代表芬兰的奥利·雷恩、代表斯洛伐克的彼得·卡济米尔（Peter Kazimir），还有拉加德，讨论经济问题就要由莱恩主导了。

　　这样反倒有好处。尽管各个央行总会保证永远有用不完的政策工具，但在危机状况下，还是会有货币政策捉襟见肘、额外刺激空间有限的情形，这时就需要各个国家用财政手段顶上去。在这种情况下，那些曾经担任过财政部部长的央行官员可能最清楚自己的政府能够提供什么样的帮助，以及如何说服乃至迫使成员国政府走上正轨。

这意味着，在欧洲央行行长拉加德的领导下，各国政府既会充分尊重欧洲央行的独立性，又将密切参与保护和捍卫欧元区经济以及欧元区人民的福祉。这一地区所面临的挑战不胜枚举：增长势头的减弱；过去数十年以共识为导向的多边世界秩序的崩溃；全面贸易战和保护主义的重新抬头；中国经济放缓，使欧洲企业少了一个重要出口市场，并变得更加公开地与世界其他国家对抗；有必要将货币政策推向更未知的领域，包括购买股票、事实上承接欧元区成员国的主权债务，甚至绕过银行直接向私人经济提供信贷，以重振奄奄一息的经济；英国脱欧；民粹主义的进一步抬头，可能会破坏欧洲央行赖以建立的欧洲一体化进程；意大利这个欧元区第三大且"大而不能倒"的经济体遇到的债务危机，可能会威胁到欧元区的生存。这些已经列举的威胁实际上反倒不太可能带来什么威胁，因为决策者或多或少都做了一定准备。那些难以列举的风险才是真正的问题所在。

"过去的业绩不能保证未来的成功"，这是投资说明书上常见的免责声明。它提醒抱有期冀的买家，当涉及资金投入时，没有任何东西是可以保证的。这也是对欧元未来 20 年命运的一种警示。尽管悲观的理由很多，但希望就在于，那些具有远见卓识的人能确保欧洲和欧元区的生存。他们的出发点简单优雅：别无选择。

这是德拉吉在公开场合和私下里经常提到的一点。鉴于日益增长的复杂性和令人望而生畏的挑战，欧洲人别无选择，必须继续维护和建立一个更加紧密的联盟，以确保子孙后代繁荣发展。

"塑造了我们大部分历史的陈旧思想得以复活，使得一些人想要富裕就要另一些人贫穷；国际和超国家的组织不再是谈判和寻求妥协方案的适当场所；对自我的肯定成为每项政策的首要要求。在这样一个世界里，自由与和平成为非必需的附属品。但是，如果我们想让自由与和平仍是基础、根本的价值观，就必须另辟蹊径：调整现有的制度以寻求改变……毫无疑问，这种调整必须像揭示现有秩序脆弱性一样深刻，也必须像对欧洲越来越不利的地缘政治秩序的范围一样广泛……只有一个答案：重建共同的愿景和行动。只有这样才能把这些迥然不同的国家团结在一起……我们需要回应这样一种看法，即国家和社会阶层之间缺乏公平。我们需要先倾听，然后才是行动和解释。"⊖

2019 年 2 月，德拉吉在意大利的博洛尼亚发表了上述演讲。他的这些忧虑并不仅仅是对眼前的现象发表的感叹。

他相信将欧元交到拉加德手中是安全的，他对此毫不怀疑。他会欣然将接力棒交给这位志同道合的女性。但这并不意味着他的职业生涯已经结束。

⊖　Mario Draghi: Sovereignty in a globalized world. Speech in Bologna, 22 February 2019. https://www.ecb.europa.eu/press/key/date/2019/html/ecb.sp190222~fc5501c1b1.en.html.

致　　谢

　　每一本书都是作者以外的许多人工作的成果。感谢他们所有人是不可能的，但我们至少要努力承认过去两年来为我们提供时间、建议和支持的人所做的贡献。

　　记录马里奥·德拉吉担任欧洲央行行长期间的历史，起意于2012年，当时德拉吉做出了"不惜一切代价"拯救欧元的承诺。几次危机过后，在2017年年底，我们终于开始了这项工作。

　　接下来是对来自央行、各国政府、国际组织和金融机构的曾任和现任的大约60名官员的访谈，历时18个月，跨越3大洲。我们采访过的许多人在匿名的条件下提供了他们的见解。我们要再次感谢他们在百忙之中为我们安排的时间。很荣幸听到你们的故事。

　　本书中的许多轶事都是基于个人的记忆和对法兰克福、欧洲等地亲身经历的事件的回忆。我们感谢他们的灵感、意见和支持。

　　如果没有彭博社同事的耐心和慷慨，这一切都不可能发生。这家大公司里真的有太多的人应该提及。如果要挑出几个，首先是从一开始就支持这个项目的执行编辑西蒙·肯尼迪，他的热情和来自财经新闻领域的故事令人鼓舞。克雷格·斯特林的真知灼见帮助我们更好地讲述了这个故事。我们非常感谢费格尔·奥布莱恩和保罗·戈登，他们利用大量的业务时间阅读我们的草稿，并提出了自己的看法。看到他们对我们的工作如此感兴趣，我们非常自豪每天能够与他们一起工作。感谢彼得·斯科利莫夫斯基和卡罗琳·卢克为我们放下自己手头的工作。要特别向布鲁塞尔的维多利亚·登迪鲁努、华盛顿的克里斯·康登、克雷格·托雷斯和萨莉哈·穆赫辛表达敬意，他们向我们开放了自己的电话簿，引见了不少非常有帮助的朋友。

在央行的圈子里，和在其他任何地方一样，最高官员们都得到了非凡团队的支持。我们不能一一列举这些团队成员的姓名，但对欧洲央行和全球其他几家机构的对外沟通部门人员，我们欠下了一笔不小的人情债。

如果没有欧洲央行负责沟通事务的总干事克里斯蒂娜·格雷夫的慷慨支持，这本书就不会存在。她信任我们，为我们花费的时间远远超过我们的希望，并且她说服了许多曾与德拉吉并肩战斗的人也为我们付出了大量时间。

当时，在国际货币基金组织工作的维克托·克尔扎诺诺夫斯基是第一个全心全意赞同这一想法的人，部分由于他的鼓励和帮助，这本书才能到达各位读者手中。

还要感谢尼克·马修斯和相关专家、官员与经济学家，他们阅读了各个章节，认真梳理了我们的工作，指出了我们的缺陷和错误。如果还有错漏之处，我们才是罪魁祸首。

里佐利（Rizzoli）出版社的克里斯蒂亚诺·佩迪斯特别值得一提。他和曼努埃拉·加尔比亚蒂一起耐心地帮助我们，倾听我们的每一个想法、抱负和关切。作为第一次出书的作者，他们是最好的向导。

写一本书可能是一次令人难以置信的孤独经历。没有我们的家人和朋友，我们不可能做到这一点，他们容忍我们，给我们带来咖啡和零食，承担我们的家务活。海德罗泽和霍斯特·兰多、韦罗妮卡·文图里尼、埃尔达·帕拉迪西、科斯坦扎和贝尔纳多·斯佩恰莱、约翰娜·特里克、米拉·路易斯、克里斯蒂亚娜·耶利内克、马亚·罗西希、阿涅塞·莱奥内洛、詹卢卡·格雷科、阿德里亚诺·焦万尼尼、劳拉·巴基尼——你们值得我们最深切的感谢。我们爱你们！